プリント形式のリアル過去問で本番の臨場感！

山形県

東北文教大学山形城北高等学校

2025年春受験用 解答集

本書は，実物をなるべくそのままに，プリント形式で年度ごとに収録しています。
問題用紙を教科別に分けて使うことができるので，本番さながらの演習ができます。

■ 収録内容

・解答集（この冊子です）

書籍ＩＤ番号，この問題集の使い方，最新年度実物データ，リアル過去問の活用，
解答例と解説，ご使用にあたってのお願い・ご注意，お問い合わせ

・2024（令和６）年度 ～ 2022（令和４）年度　学力検査問題

○は収録あり	年度	'24	'23	'22			
■ 問題(一般入試)		○	○	○			
■ 解答用紙		○	○	○			
■ 配点		○	○	○			
■ 英語リスニング原稿※		○	○	○			

解答はありますが
解説はありません

2022年度より校名変更
（旧 山形城北高等学校）
※リスニングの音声は収録していません

☆問題文等の非掲載はありません

■ 書籍ＩＤ番号

入試に役立つダウンロード付録や学校情報などを随時更新して掲載しています。
教英出版ウェブサイトの「ご購入者様のページ」画面で，書籍ＩＤ番号を入力してご利用ください。

書籍ＩＤ番号 103305

（有効期限：2025年9月30日まで）

【入試に役立つダウンロード付録】
「ラストチェックテスト(標準／ハイレベル)」
「高校合格への道」

■ この問題集の使い方

年度ごとにプリント形式で収録しています。針を外して教科ごとに分けて使用します。①片側，②中央のどちらかでとじてありますので，下図を参考に，問題用紙と解答用紙に分けて準備をしましょう（解答用紙がない場合もあります)。

針を外すときは，けがをしないように十分注意してください。また，針を外すと紛失しやすくなりますので気をつけましょう。

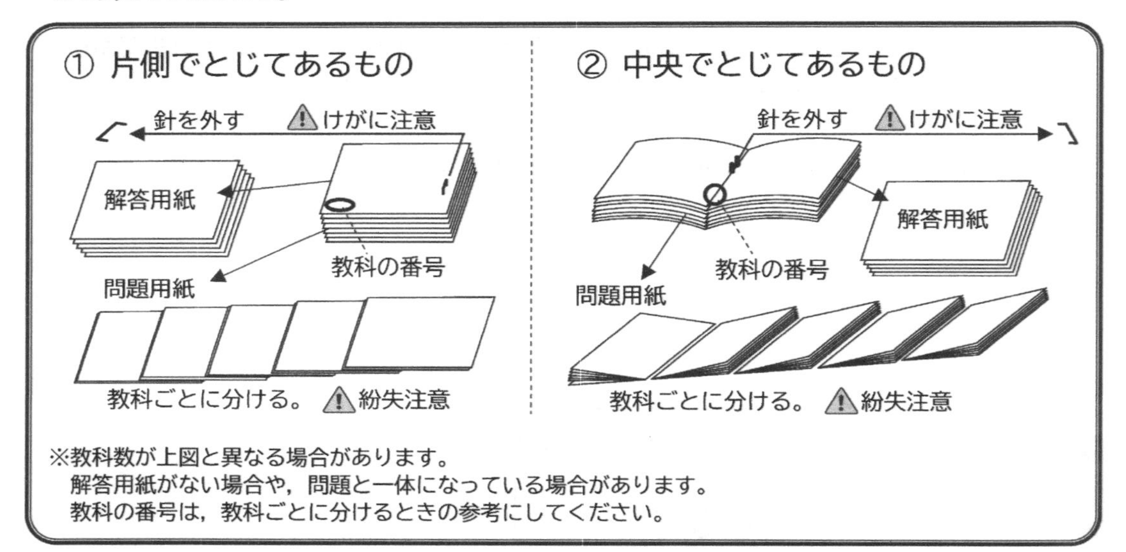

■ 最新年度 実物データ

実物をなるべくそのままに編集していますが，収録の都合上，実際の試験問題とは異なる場合があります。実物のサイズ，様式は右表で確認してください。

問題用紙	Ａ４冊子(二つ折り)
解答用紙	Ａ３片面プリント

リアル過去問の活用

～リアル過去問なら入試本番で力を発揮することができる～

本番を体験しよう！

問題用紙の形式（縦向き／横向き），問題の配置や余白など，実物に近い紙面構成なので本番の臨場感が味わえます。まずはパラパラとめくって眺めてみてください。「これが志望校の入試問題なんだ！」と思えば入試に向けて気持ちが高まることでしょう。

入試を知ろう！

同じ教科の過去数年分の問題紙面を並べて，見比べてみましょう。

① 問題の量

毎年同じ大問数か，年によって違うのか，また全体の問題量はどのくらいか知っておきましょう。どのくらいのスピードで解けば時間内に終わるのか，大問ひとつにかけられる時間を計算してみましょう。

② 出題分野

よく出題されている分野とそうでない分野を見つけましょう。同じような問題が過去にも出題されていることに気がつくはずです。

③ 出題順序

得意な分野が毎年同じ大問番号で出題されていると分かれば，本番で取りこぼさないように先回りして解答することができるでしょう。

④ 解答方法

記述式か選択式か（マークシートか），見ておきましょう。記述式なら，単位まで書く必要があるかどうか，文字数はどのくらいかなど，細かいところまでチェックしておきましょう。計算過程を書く必要があるかどうかも重要です。

⑤ 問題の難易度

必ず正解したい基本問題，条件や指示の読み間違いといったケアレスミスに気をつけたい問題，後回しにしたほうがいい問題などをチェックしておきましょう。

問題を解こう！

志望校の入試傾向をつかんだら，問題を何度も解いていきましょう。ほかにも問題文の独特な言いまわしや，その学校独自の答え方を発見できることもあるでしょう。オリンピックや環境問題など，話題になった出来事を毎年出題する学校だと分かれば，日頃のニュースの見かたも変わってきます。

こうして志望校の入試傾向を知り対策を立てることこそが，過去問を解く最大の理由なのです。

実力を知ろう！

過去問を解くにあたって，得点はそれほど重要ではありません。大切なのは，志望校の過去問演習を通して，苦手な教科，苦手な分野を知ることです。苦手な教科，分野が分かったら，教科書や参考書に戻って重点的に学習する時間をつくりましょう。今の自分の実力を知れば，入試本番までの勉強の道すじが見えてきます。

試験に慣れよう！

入試では時間配分も重要です。本番で時間が足りなくなってあわてないように，リアル過去問で実戦演習をして，時間配分や出題パターンに慣れておきましょう。教科ごとに気持ちを切り替える練習もしておきましょう。

心を整えよう！

入試は誰でも緊張するものです。入試前日になったら，演習をやり尽くしたリアル過去問の表紙を眺めてみましょう。問題の内容を見る必要はもうありません。どんな形式だったかな？受験番号や氏名はどこに書くのかな？…ほんの少し見ておくだけでも，志望校の入試に向けて心の準備が整うことでしょう。

そして入試本番では，見慣れた問題紙面が緊張した心を落ち着かせてくれるはずです。

※まれに入試形式を変更する学校もありますが，条件はほかの受験生も同じです。心を整えてあせらずに問題に取りかかりましょう。

東北文教大学山形城北高等学校

《国　語》

一　問一．a．ていこう　b．と　問二．エ　問三．子供の機嫌を取る　問四．イ　問五．Ⅰ．成長　Ⅱ．意向をまず問うべきだったと気づき、反省する　問六．ウ　問七．Ⅰ．匂い　Ⅱ．反発されるようなことにならずに済んで、安心する

二　問一．a．おとろ　b．ふたん　問二．ア　問三．自分の視点を絶対化　問四．自己が他者と密接につながった世界にいるため、相手の視点に立って立場や気持ちに配慮しながら、自分の思うところを伝える。
問五．個としての自己を生きている　問六．Ⅰ．主体性がない　Ⅱ．自己中心的　問七．エ

三　問一．なみいたり　問二．風吹か～なきか　問三．島に麻の衣があるのに身につけない　問四．ウ

四　問一．1．築　2．群　3．衛星　4．散策　5．根幹　問二．(1)Ⓑ→Ⓒ→Ⓐ→Ⓓ　(2)ⓐ，ⓑ

五　(1字あける)グラフからは、歌舞伎などの伝統芸能と、マンガ、アニメーション映画とでは、諸外国に発信すべきと回答した人の割合に、年代による差があることがわかる。一方、食文化については年代による差が小さく、どの年代も二〇%前後の人が発信すべきと考えている。(改行)私は、食文化を諸外国に発信するのがよいと思う。食べ物には、幅広い年代の人が関心をもつと考えられるからだ。また、日本の中でも地域によって大きな違いがある。旅行で来日する外国人に、さまざまな地域を訪問したいと考えてもらうことにつながると思う。

《数　学》

1　1．(1)2　(2)$\frac{1}{8}$　(3)$5xy^3$　(4)$10-2\sqrt{6}$
2．$4x^2-7=x^2+x-6$　$3x^2-x-1=0$　$x=\frac{1\pm\sqrt{13}}{6}$　答…$x=\frac{1\pm\sqrt{13}}{6}$
3．1　4．$10\sqrt{3}$　5．ウ

2　1．(1)$\frac{1}{4}$　(2)27　2．色が異なる場合の確率は，$\frac{18}{30}=\frac{3}{5}$　色が同じ場合の確率は，$\frac{12}{30}=\frac{2}{5}$
よって，色が異なる場合の方が起こりやすい。
3．(1)新聞紙と交換できるトイレットペーパーの数をx個とする。$12x+17(41-x-20)+14\times20=577$
〔別解〕新聞紙と交換できるトイレットペーパーの数をx個，雑誌と交換できるトイレットペーパーの数をy個とする。$\begin{cases}x+y+20=41\\12x+17y+14\times20=577\end{cases}$
(2)144　4．右図

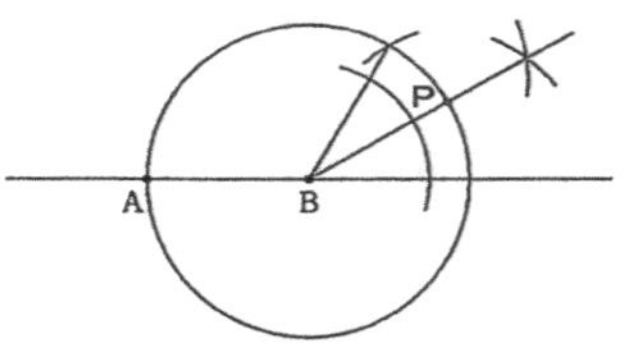

3　1．(1)6　(2)ア．$6x^2$　イ．36　ウ．$108-18x$　(3)右グラフ
2．$\sqrt{3}$，5

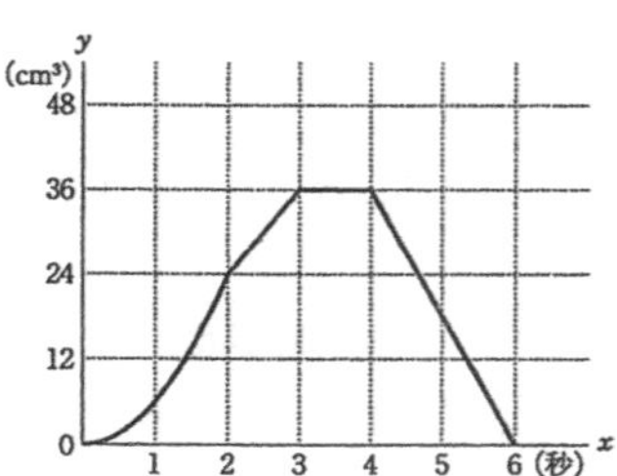

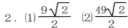

4　1．△ABEと△ACDにおいて，
$\overset{\frown}{BC}=\overset{\frown}{CD}$より円周角が等しいから，∠EAB＝∠DAC…①
$\overset{\frown}{AD}$の円周角が等しいから，∠ABE＝∠ACD…②
①，②より，2組の角がそれぞれ等しいので，△ABE∽△ACD
2．(1)$\frac{9\sqrt{2}}{2}$　(2)$\frac{49\sqrt{2}}{2}$

《社　会》

1 1．記号…ウ　名称…赤道　　2．(1)ベルリン　(2)記号…イ　名称…ＥＵ〔別解〕ヨーロッパ連合
3．プランテーション　　4．(1)マオリ　(2)南半球に位置しているため日本と季節が逆になり，収穫時期がずれる
5．(1)ＯＰＥＣ　(2)埋蔵量に限りがある石油資源への依存を減らす

2 1．エ　　2．ウ　　3．(1)イ　(2)山の雪解けにより水が多く流れこむ　(3)記号…エ　県名…静岡　(4)ウ

3 1．(1)調　(2)新しく開墾した土地を永久に私有する　　2．(1)エ　(2)わかりやすく，実践しやすい教えだった
3．ア　　4．(1)ウ→ア→エ→イ　(2)イ

4 1．イ　　2．貴族院　　3．ア　　4．イギリス　　5．ヒトラー　　6．イ→ウ→エ→ア　　7．ウ

5 1．国民主権　　2．ウ　　3．公共の福祉　　4．イ　　5．小選挙区制に比べて比例代表制の方が，得票数に占める死票の割合が低いから。　　6．4000

6 1．エ　　2．(1)貸し出しの利子を，預金の利子よりも高く設定している　(2)ウ　　3．(1)直接税　(2)ａ．イ
ｃ．エ

《理　科》

1 1．(1)エ　(2)双子葉類　　2．(1)ａ．Ａ　ｂ．花粉のう
(2)胚珠が子房につつまれておらず，むき出しになっている

2 1．青紫色になった。　　2．アミラーゼ　　3．エ　　4．ウ

3 1．イ　　2．右グラフ　　3．18　　4．ア　　5．イ

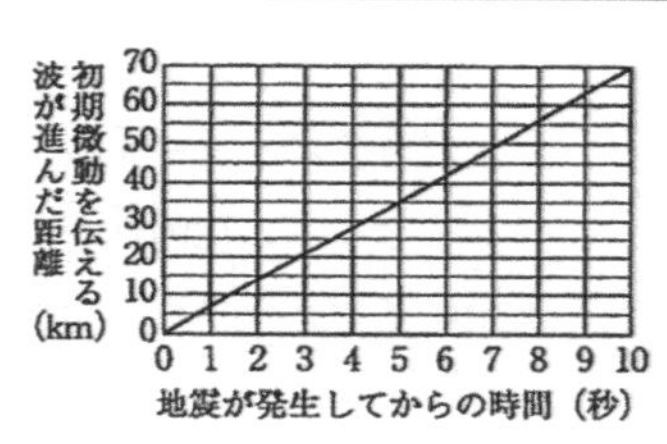

4 1．右図　　2．(1)西高東低　(2)イ　(3)エ　(4)エ

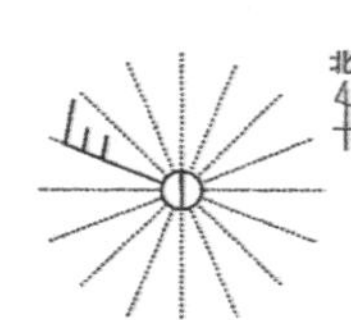

5 1．イ　　2．P＜Q＜R　　3．$4Fe+6H_2O+3O_2 \rightarrow 4Fe(OH)_3$
4．袋の中の酸素がなくなったから。

6 1．融点　　2．イ　　3．ウ　　4．パルミチン酸の沸点は水の沸点よりも高い

7 1．エ　　2．音よりも光の伝わる速さの方が速いから。　　3．850　　4．F

8 1．4　　2．X．0.5　Y．2　Z．4　　3．240

《英　語》

1 1．No.1．イ　No.2．ア　　2．ア．6か月　イ．サッカー　ウ．美術館　　3．No.1．ウ　No.2．エ
4．he runs the fastest of all the boys

2 1．(1)color　(2)birthday　(3)like　　2．(1)エ　(2)イ　　3．(1)X．ウ　Y．カ　Z．オ
(2)X．オ　Y．ア　Z．エ

3 1．X．北海道　Y．山形　Z．青森　　2．海外からの多くの種類のさまざまな食べ物が日本人に好まれている。
3．イ，エ

4 1．ウ　　2．B　　3．桜の花びらをコルクボードに貼ってウサギの絵を描くこと。
4．(1)Because their parents are busy.　(2)It will start on April 5.　　5．エ→オ→イ→ア→ウ
6．Ⅰ．<u>which</u> was made with（下線部は <u>that</u> でもよい）　Ⅱ．sister was in hospital

5 I get information from the Internet. I do that because the Internet has different kinds of information. I can find it quickly by using a computer and I can also share it with other people easily. Getting information from the Internet is very useful for me.

2023 解答例 令和５年度 東北文教大学山形城北高等学校

《国　語》

一　問一．ａ．なな　ｂ．くちょう　　問二．ウ　　問三．イ　　問四．Ⅰ．紙に線が見える　Ⅱ．気兼ねした　Ⅲ．エ　　問五．永承は師匠　　問六．Ⅰ．おのれの甘さ　Ⅱ．描きたいものの大きさや造りを身体の芯に覚え込ませようとする心がけ　Ⅲ．前向き

二　問一．ａ．のき　ｂ．そうしょく　　問二．イ　　問三．Ⅰ．単なる駅　Ⅱ．都市計画　Ⅲ．稠密かつ複雑なダイヤ　　問四．手業に対する評価が低く尊敬がないという文化なので手業が浸透しておらず、個々人で器用さに大きな差がある　　問五．Ⅰ．駅の機能　Ⅱ．大工事　　問六．エ　　問七．ウ

三　問一．はず　　問二．Ｂ　　問三．下男が、大して利益にならない　　問四．イ　　問五．エ

四　問一．１．**染**　２．**率**　３．**規律**　４．**郷里**　５．**遺産**　　問二．ア

五　（例文）

　グラフからは、令和元年度から令和二年度にかけて、「利用する時間」以外のルールの数値がいずれも増えており、家庭でさまざまなルールを決めている人が増加していることがわかる。

　これは、インターネットを利用することで起こるトラブルが増えたことを意味しているのではないだろうか。インターネットの危険性を理解し、被害にあうことを未然に防ぐためには、家庭でルールを決め、それを守ることで安全にインターネットを利用することが大切になると思う。

《数　学》

1　１．(1) -3　(2) $\frac{1}{12}$　(3) $3a+31b$　(4) $7+3\sqrt{3}$

２．$x^2-3x-28=2x-4$　$x^2-5x-24=0$　$(x+3)(x-8)=0$　$x=-3,\ 8$　答…$x=-3,\ 8$

３．$\frac{11}{72}$　　４．$36\sqrt{5}\pi$　　５．エ

2　１．(1) $\frac{1}{2}$　(2) 27　　２．右図

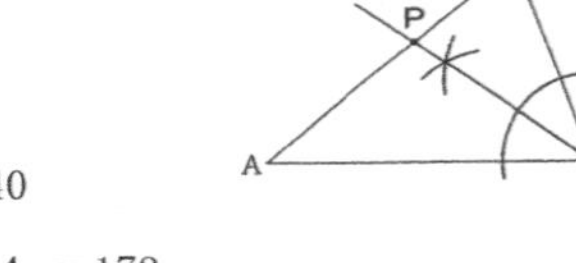

３．(1)中学校の男子生徒の人数をx人とする。$0.6x+0.4(340-x)=172$

〔別解〕中学校の男子生徒の人数をx人，女子生徒の人数をy人とする。$\begin{cases} x+y=340 \\ 0.6x+0.4y=172 \end{cases}$

(2) 108　　４．$2n+3$と表される。このとき，大きいほうの奇数の２乗から小さいほうの奇数の２乗をひいた差は，

$(2n+3)^2-(2n+1)^2=(4n^2+12n+9)-(4n^2+4n+1)=$

$8n+8=8(n+1)$　$n+1$は整数だから，$8(n+1)$は８の倍数である。

3　１．(1) 225　(2)ア．$6x^2$　イ．$75x-225$　(3)右グラフ　　２．８

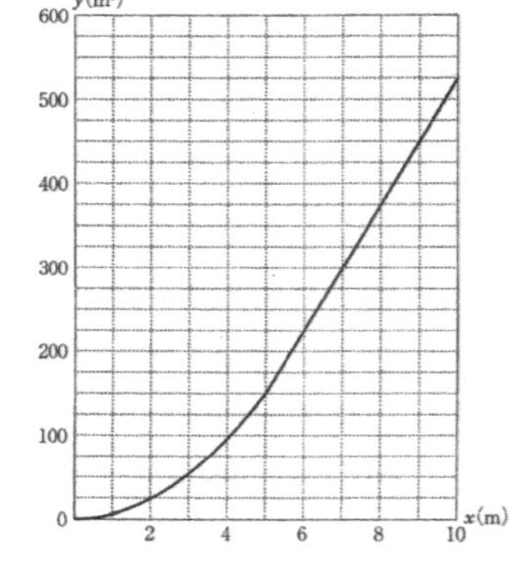

4　１．△ＡＢＥと△ＢＤＣにおいて

仮定より　∠ＡＥＢ＝∠ＢＣＤ＝90°…①

ＡＢ//ＤＣより，平行線の錯角は等しいから　∠ＡＢＥ＝∠ＢＤＣ…②

①，②より，２組の角がそれぞれ等しいので　△ＡＢＥ∽△ＢＤＣ

２．(1) $\frac{4\sqrt{5}}{5}$　(2) 6

《社　会》

1 1．イ　2．(1)国土が東西に長い　(2)X．東経 45　Y．ウ　3．原材料や製品の輸送に便利である　4．ウ　5．適地適作　6．ア

2 1．①，④　2．イ　3．水害を防ぐため，集落の周りを堤防で囲んでいる地域。　4．(1)地場　(2)冬の降水量が多く，積雪で農作業ができない　5．記号…エ　県名…長野　6．ウ

3 1．(1)蝦夷を朝廷に従わせる　(2)ア　2．奥州藤原氏　3．イ　4．南蛮貿易　5．(1)田沼意次　(2)化政

4 1．(1)殖産興業　(2)エ　2．大臣のうちほとんどが，第一党である立憲政友会の党員であったから。
3．(1)ウ　(2)ポツダム宣言　4．エ→ア→ウ→イ

5 1．(1)議院内閣制　(2)エ　2．(1)高齢化が進んでいるから。　(2)国庫支出金　3．(1)条例　(2)知る

6 1．(1)配当　(2)銀行などの金融機関からの借り入れで　2．エ　3．(1)平和維持活動〔別解〕ＰＫＯ　(2)ＮＧＯ　(3)イ

《理　科》

1 1．(1)①えら　②皮ふ　③肺　④卵生　(2)ア　2．(1)a．外骨格　b．節足　(2)イ

2 1．食物連鎖〔別解〕食物網　2．ウ　3．ア→イ→ウ

3 1．火山噴出物　2．(1)a．イ　b．ウ　(2)流もん岩　3．雲仙普賢岳…ア　マウナロア…エ

4 1．コップの表面の温度が水温と同じになるようにするため。　2．露点　3．80.1　4．15.4　5．ウ

5 1．(1)a．還元　b．酸化　(2)ウ　2．$2CuO+C \rightarrow 2Cu+CO_2$　3．3：11　4．4.54

6 1．電解質　2．エ　3．水溶液中のイオンが少なくなったから。　4．イ

7 1．浮力　2．0.8　3．変化しない。　4．物体の下面にはたらく力が上面にはたらく力よりも大きいから。

8 1．a．直列　b．並列　2．右グラフ　3．b＞c＞d＞a　4．60

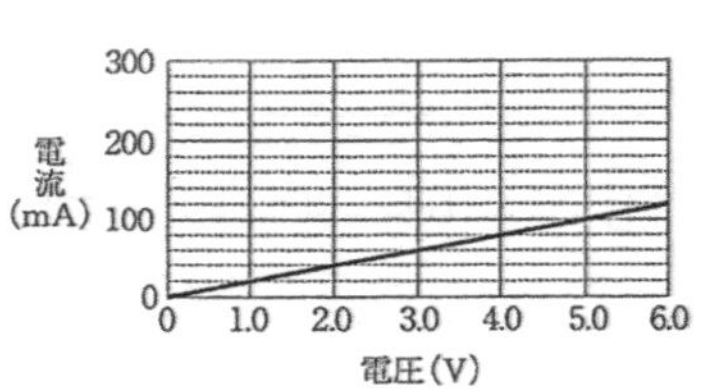

《英　語》

1 1．No. 1．エ　No. 2．ウ　2．ア．11　イ．伝統的　ウ．文化　3．No. 1．ウ　No. 2．ア
4．is more interesting than any other book

2 1．(1)date　(2)subject　(3)accident　2．(1)イ　(2)エ　3．(1)X．イ　Y．カ　Z．エ
(2)X．エ　Y．オ　Z．カ

3 1．X．香港　Y．中国　Z．タイ　2．外国人旅行者の数が激減したこと。　3．ア，オ

4 1．B　2．イ　3．公立図書館が若い人々にとってよい場所になろうと努力すること。
4．(1)She uses it six or seven times in a month.　(2)Yes, they do.　5．イ→エ→オ→ア→ウ
6．Ⅰ．which books are useful　Ⅱ．was happy to talk

5 This table shows that more students answered “Yes.”　It is good for me to join a club.　I think in our club activities we have to communicate with each other.　In my soccer club, I have learned that communicating is important through playing with my teammates.

山形城北高等学校

《国　語》

一　問一．a．いげん　b．さぐ　　問二．手　　問三．Ⅰ．座り方を工夫している　Ⅱ．哲学とはいったい何なのか　Ⅲ．自分自身で考える　　問四．イ　　問五．Ⅰ．驚き　Ⅱ．ライオンは自分を認めて受け入れてくれる存在を求め、かたつむりはライオンを受け入れる存在になろうとした　Ⅲ．かたつむり　　問六．エ

二　問一．a．おおぜい　b．こ　　問二．ウ　　問三．しかし、地　　問四．エ　　問五．運営組織による管理がなく、スマホで連絡を取り合い集合した人々により自然発生的に始まる
問六．Ⅰ．自己　Ⅱ．個人を隠す〔別解〕個を捨てる　Ⅲ．感情爆発　　問七．過去の歴史時間によって組みこまれた群れへの依存性

三　問一．そこない　　問二．買主　　問三．ウ　　問四．Ⅰ．川は鵜ぢや　Ⅱ．水に入る　　問五．イ

四　問一．１．**歓迎**　２．**紛**　３．**操縦**　４．**妨**　５．**誇張**　　問二．⑴Ｂ，Ｅ　⑵Ⅰ．Ｄ　Ⅱ．Ａ

五　〈作文のポイント〉
・最初に自分の主張、立場を明確に決め、その内容に沿って書いていく。
・わかりやすい表現を心がける。自信のない表現や漢字は使わない。
さらにくわしい作文の書き方・作文例はこちら！→

https://kyoei-syuppan.net/mobile/files/sakupo.html

《数　学》

1　１．⑴22　⑵$-\frac{5}{4}$　⑶$\frac{3}{2}y$　⑷$\sqrt{7}$　　２．13　　３．$\frac{3}{10}$
４．⑴右図　⑵$\frac{64\sqrt{3}}{3}\pi$
５．平均値…7.7(点)　中央値…８(点)　最頻値…９(点)　記号…㊎

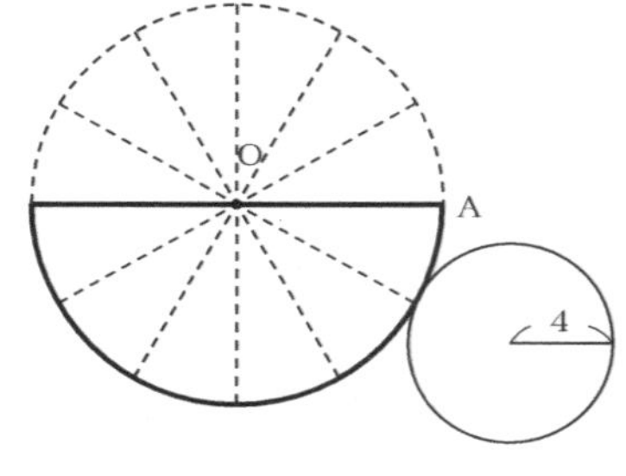

2　１．⑴２　⑵$\frac{1}{2}$　⑶$\frac{5}{4}x$
２．ア．b＋1　イ．(３，28)　ウ．(４，21)　エ．(６，14)
オ．(２，27)　カ．(３，20)　キ．(５，13)　ク．素数　ケ．65
３．⑴$\begin{cases} y=x-6 \\ 3y+4=x+10 \end{cases}$　⑵Ａ君　チョコレート…12　あめ…12　Ｂ君　チョコレート…６　あめ…22
⑶５：３　　４．右図

3　１．２　　２．ＢＣ＝５　ＣＤ＝７　　３．$a=\frac{13}{2}$　$b=\frac{35}{2}$　　４．$\frac{56}{9}$

4　１．30　　２．ア．ＦＯＥ　イ．20　ウ．２組の角がそれぞれ等しい
３．$\frac{1}{4}$

《社　会》

1　問１．イ　　問２．Ⅰ．50　Ⅱ．選挙管理委員会　　問３．⑴衆議院の優越　⑵イ　　問４．ア
問５．⑴Ｘ．法の下　Ｙ．門地　⑵ウ　　問６．エ　　問７．⑴多国籍企業　⑵ウ　　問８．ＯＤＡ
問９．持続可能

2　問１．Ａ．中華人民共和国〔別解〕中国　Ｂ．ドイツ　　問２．華人　　問３．減災　　問４．ハリケーン

問５．ア　問６．エ　問７．ハブ空港　問８．⑴イ　⑵食料自給率　問９．ウ　問10．⑴仙台(市)
⑵対馬海流　⑶太平洋ベルト

3 問１．⑴イ　⑵イ　問２．⑴Ⅰ．摂政　Ⅱ．関白　⑵エ　問３．⑴倭寇　⑵ア　問４．⑴朱印状　⑵ウ

4 問１．⑴八幡製鉄所　⑵田中正造　問２．イ　問３．ア　問４．ア　問５．⑴黒字になった
⑵Ｂ．シベリア出兵　Ｃ．小作争議　問６．エ

《理　科》

1 問１．イ　問２．⑴記号…イ　名称…上方置換(法)　⑵水に溶けやすい／空気より軽い
問３．［物質名／性質］　Ａ．［窒素／イ］　Ｂ．［酸素／ウ］　Ｃ．［二酸化炭素／ア］　問４．すぐにその

2 問１．酸性…ア，エ　アルカリ性…イ，ウ　問２．$HCl+NaOH \rightarrow NaCl+H_2O$
問３．Ａ，Ｂ，Ｃ　問４．⑴右図　⑵水素イオン…ア　水酸化物イオン…イ

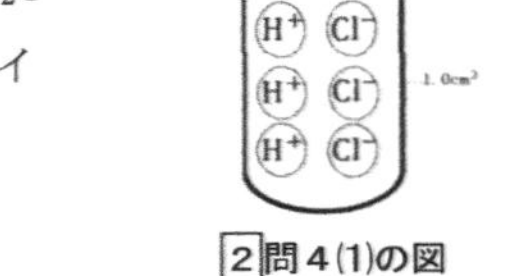

2問４⑴の図

3 問１．ＤＮＡ〔別解〕デオキシリボ核酸　問２．栄養生殖
問３．⑴(Ａ)体細胞　(Ｂ)減数　⑵分離の法則　⑶㋐オ　㋑オ，カ

4 問１．①肺胞　②表面積　③ア　問２．エ　問３．ア

5 問１．陸地　問２．エ　問３．低　問４．エ

6 問１．イ，エ　問２．3500　問３．エ　問４．右図
問５．距離

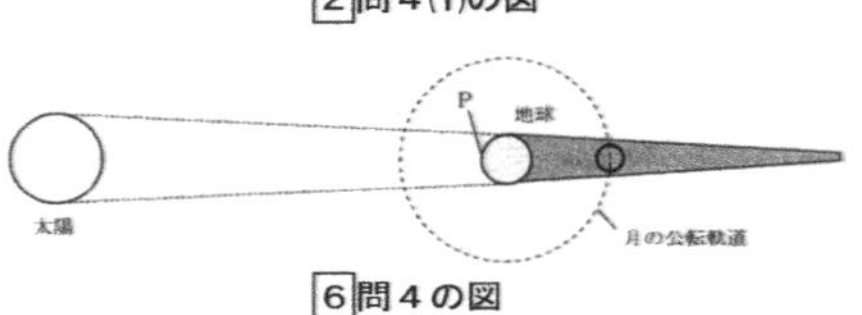

6問４の図

7 問１．エ　問２．＋　問３．放電
問４．名称…電子　性質…エ　問５．向き…ｂ　現象…ア

8 問１．⑴法則…フックの法則　力の大きさ…0.15
⑵①一直線〔別解〕直線　②大きさ　③逆〔別解〕反対
問２．⑴力の大きさ…0.4　どうなるか…イ　⑵右図

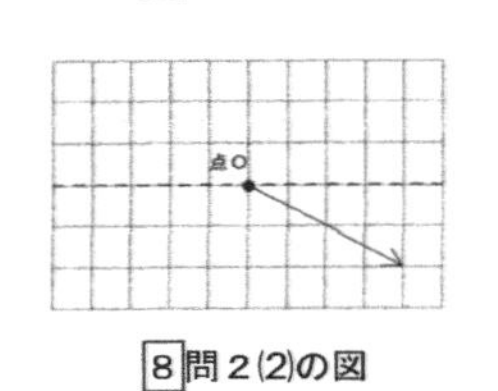

8問２⑵の図

《英　語》

1 No.１．エ　No.２．イ　No.３．エ　No.４．イ

2 ア．金　イ．土　ウ．11　エ．15　オ．スニーカー　カ．５

3 No.１．ウ　No.２．イ

4 Ａ．１．languages　２．taught　３．long　Ｂ．１．エ　２．ウ　３．ウ　Ｃ．１．Ｘ．オ　Ｙ．ア　Ｚ．エ
２．Ｘ．イ　Ｙ．カ　Ｚ．オ

5 問１．Ｘ．ウ　Ｙ．ア　Ｚ．イ　問２．他県の人たちが，山形がとても魅力的な県だということに気づいていないこと。　問３．イ，ウ

6 問１．Ｃ　問２．多くのランタンが空に広がっている　問３．⑴No, she hasn't.　⑵Because people believe that they connect dead people with living people.　問４．⑴ア，オ　⑵ア，エ　⑶イ，ウ　問５．エ，オ
問６．Ⅰ．Can you tell　Ⅱ．will show you

7 I want Emma to experience Japanese food culture. So I will make Japanese food like sushi with her at home. Then she can enjoy eating it and learning how to make it.

■ ご使用にあたってのお願い・ご注意

（1）問題文等の非掲載

著作権上の都合により，問題文や図表などの一部を掲載できない場合があります。
誠に申し訳ございませんが，ご了承くださいますようお願いいたします。

（2）過去問における時事性

過去問題集は，学習指導要領の改訂や社会状況の変化，新たな発見などにより，現在とは異なる表記や解説になっている場合があります。過去問の特性上，出題当時のままで出版していますので，あらかじめご了承ください。

（3）配点

学校等から配点が公表されている場合は，記載しています。公表されていない場合は，記載していません。
独自の予想配点は，出題者の意図と異なる場合があり，お客様が学習するうえで誤った判断をしてしまう恐れがあるため記載していません。

（4）無断複製等の禁止

購入された個人のお客様が，ご家庭でご自身またはご家族の学習のためにコピーをすることは可能ですが，それ以外の目的でコピー，スキャン，転載（ブログ，ＳＮＳなどでの公開を含みます）などをすることは法律により禁止されています。学校や学習塾などで，児童生徒のためにコピーをして使用することも法律により禁止されています。
ご不明な点や，違法な疑いのある行為を確認された場合は，弊社までご連絡ください。

（5）けがに注意

この問題集は針を外して使用します。針を外すときは，けがをしないように注意してください。また，表紙カバーや問題用紙の端で手指を傷つけないように十分注意してください。

（6）正誤

制作には万全を期しておりますが，万が一誤りなどがございましたら，弊社までご連絡ください。
なお，誤りが判明した場合は，弊社ウェブサイトの「ご購入者様のページ」に掲載しておりますので，そちらもご確認ください。

■ お問い合わせ

解答例，解説，印刷，製本など，問題集発行におけるすべての責任は弊社にあります。

ご不明な点がございましたら，弊社ウェブサイトの「お問い合わせ」フォームよりご連絡ください。迅速に対応いたしますが，営業日の都合で回答に数日を要する場合があります。

ご入力いただいたメールアドレス宛に自動返信メールをお送りしています。自動返信メールが届かない場合は，「よくある質問」の「メールの問い合わせに対し返信がありません。」の項目をご確認ください。

また弊社営業日（平日）は，午前９時から午後５時まで，電話でのお問い合わせも受け付けています。

2025 春

株式会社教英出版
〒422-8054　静岡県静岡市駿河区南安倍３丁目 12-28
TEL　054-288-2131　　FAX　054-288-2133
URL　https://kyoei-syuppan.net/
MAIL siteform@kyoei-syuppan.net

学校別問題集

北海道
①札幌北斗高等学校
②北星学園大学附属高等学校
③東海大学付属札幌高等学校
④立命館慶祥高等学校
⑤北海高等学校
⑥北見藤高等学校
⑦札幌光星高等学校
⑧函館ラ・サール高等学校
⑨札幌大谷高等学校
⑩北海道科学大学高等学校
⑪遺愛女子高等学校
⑫札幌龍谷学園高等学校
⑬札幌日本大学高等学校
⑭札幌第一高等学校
⑮旭川実業高等学校
⑯北海学園札幌高等学校

青森県
①八戸工業大学第二高等学校

宮城県
①聖和学園高等学校(A日程)
②聖和学園高等学校(B日程)
③東北学院高等学校(A日程)
④東北学院高等学校(B日程)
⑤仙台大学附属明成高等学校
⑥仙台城南高等学校
⑦東北学院榴ケ岡高等学校
⑧古川学園高等学校
⑨仙台育英学園高等学校(A日程)
⑩仙台育英学園高等学校(B日程)
⑪聖ウルスラ学院英智高等学校
⑫宮城学院高等学校
⑬東北生活文化大学高等学校
⑭東北高等学校
⑮常盤木学園高等学校
⑯仙台白百合学園高等学校
⑰尚絅学院高等学校(A日程)
⑱尚絅学院高等学校(B日程)

山形県
①日本大学山形高等学校
②惺山高等学校
③東北文教大学山形城北高等学校
④東海大学山形高等学校
⑤山形学院高等学校

福島県
①日本大学東北高等学校

新潟県
①中越高等学校
②新潟第一高等学校
③東京学館新潟高等学校
④日本文理高等学校
⑤新潟青陵高等学校
⑥帝京長岡高等学校
⑦北越高等学校
⑧新潟明訓高等学校

富山県
①高岡第一高等学校
②富山第一高等学校

石川県
①金沢高等学校
②金沢学院大学附属高等学校
③遊学館高等学校
④星稜高等学校
⑤鵬学園高等学校

山梨県
①駿台甲府高等学校
②山梨学院高等学校(特進)
③山梨学院高等学校(進学)
④山梨英和高等学校

岐阜県
①鶯谷高等学校
②富田高等学校
③岐阜東高等学校
④岐阜聖徳学園高等学校
⑤大垣日本大学高等学校
⑥美濃加茂高等学校
⑦済美高等学校

静岡県
①御殿場西高等学校
②知徳高等学校
③日本大学三島高等学校
④沼津中央高等学校
⑤飛龍高等学校
⑥桐陽高等学校
⑦加藤学園高等学校
⑧加藤学園暁秀高等学校
⑨誠恵高等学校
⑩星陵高等学校
⑪静岡県富士見高等学校
⑫清水国際高等学校
⑬静岡サレジオ高等学校
⑭東海大学付属静岡翔洋高等学校
⑮静岡大成高等学校
⑯静岡英和女学院高等学校
⑰城南静岡高等学校
⑱静岡女子高等学校
⑲常葉大学附属常葉高等学校
常葉大学附属橘高等学校
常葉大学附属菊川高等学校
⑳静岡北高等学校
㉑静岡学園高等学校
㉒焼津高等学校
㉓藤枝明誠高等学校
㉔静清高等学校
㉕磐田東高等学校
㉖浜松学院高等学校
㉗浜松修学舎高等学校
㉘浜松開誠館高等学校
㉙浜松学芸高等学校
㉚浜松聖星高等学校
㉛浜松日体高等学校
㉜聖隷クリストファー高等学校
㉝浜松啓陽高等学校
㉞オイスカ浜松国際高等学校

愛知県
①[国立]愛知教育大学附属高等学校
②愛知高等学校
③名古屋経済大学市邨高等学校
④名古屋経済大学高蔵高等学校
⑤名古屋大谷高等学校
⑥享栄高等学校
⑦椙山女学園高等学校
⑧大同大学大同高等学校
⑨日本福祉大学付属高等学校
⑩中京大学附属中京高等学校
⑪至学館高等学校
⑫東海高等学校
⑬名古屋たちばな高等学校
⑭東邦高等学校
⑮名古屋高等学校
⑯名古屋工業高等学校
⑰名古屋葵大学高等学校
(名古屋女子大学高等学校)
⑱中部大学第一高等学校
⑲桜花学園高等学校
⑳愛知工業大学名電高等学校
㉑愛知みずほ大学瑞穂高等学校
㉒名城大学附属高等学校
㉓修文学院高等学校
㉔愛知啓成高等学校
㉕聖カピタニオ女子高等学校
㉖滝高等学校
㉗中部大学春日丘高等学校
㉘清林館高等学校
㉙愛知黎明高等学校
㉚岡崎城西高等学校
㉛人間環境大学附属岡崎高等学校
㉜桜丘高等学校

㉝光ヶ丘女子高等学校
㉞藤ノ花女子高等学校
㉟栄徳高等学校
㊱同朋高等学校
㊲星城高等学校
㊳安城学園高等学校
㊴愛知産業大学三河高等学校
㊵大成高等学校
㊶豊田大谷高等学校
㊷東海学園高等学校
㊸名古屋国際高等学校
㊹啓明学館高等学校
㊺聖霊高等学校
㊻誠信高等学校
㊼誉高等学校
㊽杜若高等学校
㊾菊華高等学校
㊿豊川高等学校

三重県

①暁高等学校(3年制)
②暁高等学校(6年制)
③海星高等学校
④四日市メリノール学院高等学校
⑤鈴鹿高等学校
⑥高田高等学校
⑦三重高等学校
⑧皇學館高等学校
⑨伊勢学園高等学校
⑩津田学園高等学校

滋賀県

①近江高等学校

大阪府

①上宮高等学校
②大阪高等学校
③興國高等学校
④清風高等学校
⑤早稲田大阪高等学校
(早稲田摂陵高等学校)
⑥大商学園高等学校
⑦浪速高等学校
⑧大阪夕陽丘学園高等学校
⑨大阪成蹊女子高等学校
⑩四天王寺高等学校
⑪梅花高等学校
⑫追手門学院高等学校
⑬大阪学院大学高等学校
⑭大阪学芸高等学校
⑮常翔学園高等学校
⑯大阪桐蔭高等学校
⑰関西大倉高等学校
⑱近畿大学附属高等学校
⑲金光大阪高等学校
⑳星翔高等学校
㉑阪南大学高等学校
㉒箕面自由学園高等学校
㉓桃山学院高等学校
㉔関西大学北陽高等学校

兵庫県

①雲雀丘学園高等学校
②園田学園高等学校
③関西学院高等部
④灘高等学校
⑤神戸龍谷高等学校
⑥神戸第一高等学校
⑦神港学園高等学校
⑧神戸学院大学附属高等学校
⑨神戸弘陵学園高等学校
⑩彩星工科高等学校
⑪神戸野田高等学校
⑫滝川高等学校
⑬須磨学園高等学校
⑭神戸星城高等学校
⑮啓明学院高等学校
⑯神戸国際大学附属高等学校
⑰滝川第二高等学校
⑱三田松聖高等学校
⑲姫路女学院高等学校
⑳東洋大学附属姫路高等学校
㉑日ノ本学園高等学校
㉒市川高等学校
㉓近畿大学附属豊岡高等学校
㉔夙川高等学校
㉕仁川学院高等学校
㉖育英高等学校

奈良県

①西大和学園高等学校

岡山県

①[県立]岡山朝日高等学校
②清心女子高等学校
③就実高等学校
(特別進学コース〈ハイグレード・アドバンス〉)
④就実高等学校
(特別進学チャレンジコース・総合進学コース)
⑤岡山白陵高等学校
⑥山陽学園高等学校
⑦関西高等学校
⑧おかやま山陽高等学校
⑨岡山商科大学附属高等学校
⑩倉敷高等学校
⑪岡山学芸館高等学校(1期1日目)
⑫岡山学芸館高等学校(1期2日目)
⑬倉敷翠松高等学校
⑭岡山理科大学附属高等学校
⑮創志学園高等学校
⑯明誠学院高等学校
⑰岡山龍谷高等学校

広島県

①[国立]広島大学附属高等学校
②[国立]広島大学附属福山高等学校
③修道高等学校
④崇徳高等学校
⑤広島修道大学ひろしま協創高等学校
⑥比治山女子高等学校
⑦呉港高等学校
⑧清水ヶ丘高等学校
⑨盈進高等学校
⑩尾道高等学校
⑪如水館高等学校
⑫広島新庄高等学校
⑬広島文教大学附属高等学校
⑭銀河学院高等学校
⑮安田女子高等学校
⑯山陽高等学校
⑰広島工業大学高等学校
⑱広陵高等学校
⑲近畿大学附属広島高等学校福山校
⑳武田高等学校
㉑広島県瀬戸内高等学校(特別進学)
㉒広島県瀬戸内高等学校(一般)
㉓広島国際学院高等学校
㉔近畿大学附属広島高等学校東広島校
㉕広島桜が丘高等学校

山口県

①高水高等学校
②野田学園高等学校
③宇部フロンティア大学付属香川高等学校
(普通科〈特進・進学コース〉)
④宇部フロンティア大学付属香川高等学校
(生活デザイン・食物調理・保育科)
⑤宇部鴻城高等学校

徳島県

①徳島文理高等学校

香川県

①香川誠陵高等学校
②大手前高松高等学校

愛媛県

①愛光高等学校
②済美高等学校
③FC今治高等学校
④新田高等学校
⑤聖カタリナ学園高等学校

福岡県

①福岡大学附属若葉高等学校
②精華女子高等学校(専願試験)
③精華女子高等学校(前期試験)
④西南学院高等学校
⑤筑紫女学園高等学校
⑥中村学園女子高等学校(専願入試)
⑦中村学園女子高等学校(前期入試)
⑧博多女子高等学校
⑨博多高等学校
⑩東福岡高等学校
⑪福岡大学附属大濠高等学校
⑫自由ケ丘高等学校
⑬常磐高等学校
⑭東筑紫学園高等学校
⑮敬愛高等学校
⑯久留米大学附設高等学校
⑰久留米信愛高等学校
⑱福岡海星女子学院高等学校
⑲誠修高等学校
⑳筑陽学園高等学校(専願入試)
㉑筑陽学園高等学校(前期入試)
㉒真颯館高等学校
㉓筑紫台高等学校
㉔純真高等学校
㉕福岡舞鶴高等学校
㉖折尾愛真高等学校
㉗九州国際大学付属高等学校
㉘祐誠高等学校
㉙西日本短期大学附属高等学校
㉚東海大学付属福岡高等学校
㉛慶成高等学校
㉜高稜高等学校
㉝中村学園三陽高等学校
㉞柳川高等学校
㉟沖学園高等学校
㊱福岡常葉高等学校
㊲九州産業大学付属九州高等学校
㊳近畿大学附属福岡高等学校
㊴大牟田高等学校
㊵久留米学園高等学校
㊶福岡工業大学附属城東高等学校(専願入試)
㊷福岡工業大学附属城東高等学校(前期入試)
㊸八女学院高等学校
㊹星琳高等学校
㊺九州産業大学付属九州産業高等学校
㊻福岡雙葉高等学校

佐賀県

①龍谷高等学校
②佐賀学園高等学校
③佐賀女子短期大学付属佐賀女子高等学校
④弘学館高等学校
⑤東明館高等学校
⑥佐賀清和高等学校
⑦早稲田佐賀高等学校

長崎県

①海星高等学校(奨学生試験)
②海星高等学校(一般入試)
③活水高等学校
④純心女子高等学校
⑤長崎南山高等学校
⑥長崎日本大学高等学校(特別入試)
⑦長崎日本大学高等学校(一次入試)
⑧青雲高等学校
⑨向陽高等学校
⑩創成館高等学校
⑪鎮西学院高等学校

熊本県

①真和高等学校
②九州学院高等学校(奨学生・専願生)
③九州学院高等学校(一般生)
④ルーテル学院高等学校(専願入試・奨学入試)
⑤ルーテル学院高等学校(一般入試)
⑥熊本信愛女学院高等学校
⑦熊本学園大学付属高等学校(奨学生試験・専願生試験)
⑧熊本学園大学付属高等学校(一般生試験)
⑨熊本中央高等学校
⑩尚絅高等学校
⑪文徳高等学校
⑫熊本マリスト学園高等学校
⑬慶誠高等学校

大分県

①大分高等学校

宮崎県

①鵬翔高等学校
②宮崎日本大学高等学校
③宮崎学園高等学校
④日向学院高等学校
⑤宮崎第一高等学校(文理科)
⑥宮崎第一高等学校(普通科·国際マルチメディア科·電気科)

鹿児島県

①鹿児島高等学校
②鹿児島実業高等学校
③樟南高等学校
④れいめい高等学校
⑤ラ・サール高等学校

新刊
もっと過去問シリーズ

愛知県

愛知高等学校
7年分(数学・英語)

中京大学附属中京高等学校
7年分(数学・英語)

東海高等学校
7年分(数学・英語)

名古屋高等学校
7年分(数学・英語)

愛知工業大学名電高等学校
7年分(数学・英語)

名城大学附属高等学校
7年分(数学・英語)

滝高等学校
7年分(数学・英語)

※もっと過去問シリーズは入学試験の実施教科に関わらず、数学と英語のみの収録となります。

教英出版
〒422-8054
静岡県静岡市駿河区南安倍3丁目12−28
TEL 054-288-2131
FAX 054-288-2133
詳しくは教英出版で検索
教英出版 検索
URL https://kyoei-syuppan.net/

令和6年度

東北文教大学山形城北高等学校
入学試験問題

国　　語

（ 8：50 ～ 9：40 ）

注　　意

1 「開始」の合図があるまで，開いてはいけません。

2 問題用紙は，7ページまであります。

3 解答用紙は，問題用紙の中にはさんであります。

4 「開始」の合図があったら，まず，解答用紙を取り出し，受験番号を書きなさい。次に，問題用紙のページ数を確認し，不備があればすぐに手を挙げなさい。

5 答えは，すべて解答用紙に書きなさい。

6 「終了」の合図で，すぐに鉛筆（シャープペンシルを含む）をおき，解答用紙を開いて裏返しにしなさい。

2024(R6) 東北文教大学山形城北高
K 教英出版

一　次の文章を読んで、あとの問いに答えなさい。

（「杉原」は、本州と四国を結ぶ瀬戸大橋（一九八八年開通）を建設する仕事に従事している。中学二年生の「あかり」、小学四年生の「ゆかり」、小学一年生の「めぐみ」という三人の娘がいて、「あかり」が亡き母に代わって家事の中心になっていたが、ある日夕食を作ろうとして失敗してしまった。）

「話があるんだ。開けなさい」

無言のうちにドアは開いたが、あかりは父親の顔も見ず勉強机の椅子に坐って背を向けた。杉原はドアを閉め、娘のベッドに腰を下ろす。

「そっち向いてちゃ顔が見えんだろ。話をするときは向き合うもんじゃないかい」

[1]あかりは椅子を回したがうつむいたままでいる。何やら無言の[a]抵抗をしている。

「何をすねてるんだ。コロッケがうまく出来ないと言ったって何もお前が悪いんじゃない。何だって初めはうまくいかなくても当たり前だろ」

返事はない。

「何度失敗したっていいじゃないか。何遍もやってるうちに気づくことがあったり、判ってくるもんだよ。お父さんたちの仕事だってそうだ、何度も実験を繰り返して——」

「そんなんじゃない！　あたし、そんなこと……」

あかりは低く叫ぶように言い、不意にこみあげてきたのか、[2]しゃくりあげて泣き出した。杉原は困惑してしまう。

「じゃ、何だ。なにも泣くほどのことじゃないだろ。言ってくれなきゃ判らない、お父さんには」

「みんな……あたしが一生懸命やってるのに、みんな勝手なことばっかし言って……」

「わかってるよ、お前がよくやってくれてることは。お父さんはありがたいと思ってる。ゆかりは生意気なことを言いたい年頃なんだ。少々何か言われたぐらいでお前がめそめそするのなんかおかしいよ。あいつはまだ子供だぞ」

「……お父さんだって、お父さんだって……」

「どうした、お父さんが。言いたいことがあるならはっきり言いなさい」

「だって……文句言わずに食べろと言えばいいじゃない。あれだって食べられんことないのに、レストランへ行こう……子供の機嫌取るなんか情けない。そ

今日のところは何とか無事に切り抜けた。こんな躓きをあと何回繰り返せばいいのか。その答えが見つかるより先に、娘たちは大人になって巣立って行くのだろう。

〈井口泰子『小説　瀬戸大橋』による。〉

〔注〕

＊短兵急に＝　いきなり。

＊小まっちゃくれた＝　子どもが大人ぶって小生意気な言動をすること。

問一　＝＝部a、bの漢字の読み方を、ひらがなで書きなさい。

問二　〰〰部の「れ」と同じ用法のものは次のうちどれですか。次のア～エから一つ選び、記号で答えなさい。

ア　家から学校まで十分で行かれた。　イ　昔のことが思い出された。

ウ　先生はこの本を読まれましたか。　エ　後ろの走者に追い越された。

問三　——部1における「あかり」の心情を、次のような形で説明したとき、□に入る適切な言葉を、本文中から八字で抜き出して書きなさい。

> 妹たちが勝手なことばかり言うのでいらだっているうえに、父親が□姿をきわめて不愉快に感じている。

問四　——部2における「あかり」の心情を説明したものとして最も適切なものを、次のア～エから一つ選び、記号で答えなさい。

ア　自分が抱えているつらさや不満を父親にわかってもらいたいのに、うまく伝えられなかったために軽視されて、失望している。

イ　自分の思いを父親が全く理解していないことがわかって、怒りとともに今まで我慢してきたつらさや悲しみがあふれ出している。

ウ　父親が自分と向き合おうとしていることがわかり、ずっと強がってきた気持ちが緩んで、つらい感情を抑えきれなくなっている。

エ　コロッケをうまく作れないことについて、工夫や努力が足りないと責められているように感じて、悔しくてたまらなくなっている。

んなお父さん情けないよ」

3あ、と杉原は胸がつまった。

つい先ごろまで、この娘は、仕事だ仕事だ、と病気の母親に冷たかったと単純に父親を責め、反発していたのだ。それが今日は子供の機嫌を取る父親を不甲斐ないと怒っている。これが成長でなくて何だろう。

「そうか。お前のせっかくの努力も無視して悪いことを言ったね。けどな、お前たちのご機嫌取るつもりで言ったんじゃないよ。お父さん、明日からまた潜水するんで忙しくなる。明日だって晩めしまでに帰ってこられないかもしれん。今日はいい機会だから、みんな揃って何か美味しいものでも食べさせてやりたいと思ったんだよ。晩めしの仕度の手間も省けるだろ」

近ごろは丸亀の街にもファミリー・レストランというのがぽつぽつ出現している。久しぶりに娘三人引き連れて父親らしく振舞おうとしたのは、結論が*短兵急に過ぎたようだ。中学生の身で主婦代わりをつとめているこの娘の意向を問うてからにすべきだったのだ、と彼は気づいたのだった。

「どうしても行くのいやか」

返事はしないが娘の姿勢は少し和らいでいた。

「ゆかりもめぐみも、お姉ちゃんが行かないのなら行かんと言ってる。あいつらもお前の苦労はわかってるんだよ。小さいなりにあれでも気をつかってる。お前の気持次第だからね」

杉原はそう言い置いてあかりの部屋を出た。書斎でたばこを吸おうとすると、まだ手に油が匂うような気がした。いつもの機械油の匂いとは違う匂いだ。あかりも自分も神経過敏になっている。これから先のことを思うと暗澹たる想いがする。

だが、しばらくすると「お父さんお父さん」とゆかりがばたばたやって来た。

「お姉ちゃんが4プロのコックの味を盗みに行くのも悪くないって」

*小まっちゃくれた娘はニヤッと笑う。姉が前言を撤回する口実と見抜いている。

「よし。仕度しろ」

「仕度なんかできてるよ」とb跳んで行く。

お前のわがままのために妹たちが外へ食事に行けなくてもいいのか。よく考えろ、とあかりに言わなくてよかった、と杉原はホッとした。喉元まで出かかっていたそれを言っていれば、あかりは脅しと受け取ってさらに反発していただろう。

問五 ――部3の「杉原」の気持ちを次のような形で説明したとき、[Ⅰ]に入る適切な言葉を、本文中から二字で抜き出して書き、[Ⅱ]に入る適切な言葉を、本文中の言葉を使って、二十五字以内で書きなさい。

> 「あかり」の[Ⅰ]に気づいて感慨を覚える一方で、娘たちをレストランに誘うなら、「あかり」の[Ⅱ]気持ち。

問六 ――部4のように「あかり」が言った理由を説明したものとして最も適切なものを、次のア～エから一つ選び、記号で答えなさい。

ア　姉として、自分を気づかっている妹たちの希望に沿いたいと思ったから。
イ　自分は父親の気持ちを理解できていなかったと悟り、素直になったから。
ウ　父親と互いに向き合って正直に話せたことで、気持ちが落ち着いたから。
エ　時間がたって冷静になり、家族のいさかいを収めるべきだと考えたから。

問七 本文について、国語の授業で次のような話し合いが行われました。[Ⅰ]に入る適切な言葉を、本文中から二字で抜き出して書き、[Ⅱ]に入る適切な言葉を、本文中の言葉を使って、二十五字以内で書きなさい。

> Aさん　家庭内での小さないさかいを通して、不器用ながらも娘と向き合う父親の心情が表現された文章だね。
> Bさん　「杉原」は、父親として娘と向き合うことの難しさを痛感しているね。今後のことを思って、暗い気持ちになっているよ。
> Aさん　そうだね。たとえば[Ⅰ]の描写からも「杉原」の心情が読み取れると思うよ。
> Bさん　確かに、「杉原」がふだんとは違う[Ⅰ]を感じているという描写があるね。そこでは、「杉原」の不安定な気持ちが表されていると思うな。
> Aさん　でも、「あかり」がレストランに行くことにして、「今日のところは何とか無事に切り抜けた」と思っているね。「あかり」を追い詰めるようなことを言って[Ⅱ]気持ちになっているんだね。

二　次の文章を読んで、あとの問いに答えなさい。

ネット上で他人を叩く言動が目立つが、どうも他人に対する寛容さを持ち合わせない人が増えているように思われる。何かにつけて自分の視点を絶対化し、自分と違う考え方や行動パターンを取る人に対して、

「あり得ない！」

「許せない！」

と糾弾する。

でも、そのように[1]正義感を振りかざして他人を糾弾する人の言動を見ていると、あまりに一方的で、相手の視点に対する想像力が乏しすぎると思わざるを得ない。自分の視点に凝り固まっており、自分と違う視点もあるということがわからないのだろう。

自分の視点を絶対化せず、相手の視点に想像力を働かせることができれば、それなりの事情があってのことと理解することができ、一方的に糾弾するようなことにはならないだろうが、どうも他者の視点を想像する力が[a]衰えてきているようだ。

だが本来、私たち日本人は共感能力が高く、他者の視点に対して想像力を働かせるのが得意だったはずである。欧米かぶれの論者により、しばしば個として自立していないと批判される私たち日本人の自己は、他者から切り離されている欧米人の自己と異なり、他者と密接につながっている。

私たち日本人は、関係性としての自己を生きているのであって、欧米人のように個としての自己を生きているのではない。「個」の世界を生きているのではなく、「間柄」の世界を生きているのである。だからこそ、他者の視点を想像するのも容易なのだ。

「I」が「ｙｏｕ」に対して独立的に、つまり一方的に自分を出すというのが、「個」の世界のあり方の基本と言える。自分の思うことを伝える際に、とりあ

〔注〕

＊ 自称詞＝ 話し手が自分のことを指して使う言葉のこと。

＊ スキル＝ 学習などで得た技能のこと。

問一 ＝＝部a、bの漢字の読み方を、ひらがなで書きなさい。

問二 〰〰部「調整」と熟語の構成が同じものを、次の**ア**～**オ**から一つ選び、記号で答えなさい。

ア 衣服　**イ** 温泉　**ウ** 往復　**エ** 帰郷　**オ** 円高

問三 ――部1の言動について、次のような形で説明したとき、□に入る適切な言葉を、本文中から九字で抜き出して書きなさい。

> □していているため、他者の言動に違和感を覚えた場合、その人をとがめずにはいられなくなっている。

問四 ――部2「『間柄』の世界を生きる私たち日本人」は、どのように相手にものを伝えるのですか。「『間柄』の世界」がどのようなものであるかを明らかにしたうえで、次の三つの言葉を使って、六十字以内で書きなさい。なお、三つの言葉はどのような順序で使ってもかまいません。

世界　自己　視点

問五 ――部3のようなことが欧米人にできるのは、なぜですか。その理由を次のような形で説明したとき、□に入る適切な言葉を、本文中から十三字で抜き出して書きなさい。

4 下の図のように，線分ＡＢを直径とする半円の弧ＡＢ上に，∠ＢＡＣの大きさが 45° より小さくなるように点Ｃをとる。また，弧ＡＣ上に，弧ＢＣの長さと弧ＣＤの長さが等しくなるように点Ｄをとり，線分ＡＣと線分ＢＤとの交点をＥとする。点ＡとＤ，ＤとＣ，ＣとＢをそれぞれ結ぶ。このとき，あとの問いに答えなさい。

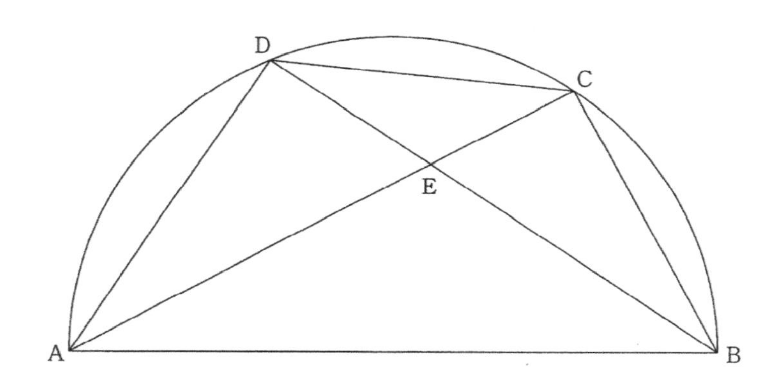

1　△ＡＢＥ∽△ＡＣＤを証明しなさい。

2　ＡＢ＝18cm，ＢＣ＝6cm のとき，次の問いに答えなさい。

(1)　ＢＥの長さを求めなさい。

(2)　△ＡＤＥの面積を求めなさい。

四　次の問いに答えなさい。

問一　次の＝＝部のカタカナを漢字に直しなさい。なお、楷書で丁寧に書くこと。

1　新入生をカンゲイする。
2　人ごみにマギれる。
3　ドローンをソウジュウする。
4　安眠をサマタげる。
5　コチョウした表現。

問二　次のA～Eの俳句を読み、(1)、(2)の問いに答えなさい。

A　たとふれば独楽のはぢける如くなり　高浜虚子
B　五月雨をあつめて早し最上川　松尾芭蕉
C　雪とけて村いっぱいの子どもかな　小林一茶
D　啄木鳥や落葉をいそぐ牧の木々　水原秋桜子
E　涼しさを風鈴一つそよぎけり　正岡子規

(1)　A～Eの俳句の中で、季節が同じものはどれとどれですか。A～Eから選び、記号で答えなさい。

(2)　次のⅠ、ⅡはA～Eのどの俳句の説明ですか。それぞれ、A～Eから最も適切な俳句を一つ選び、記号で答えなさい。

Ⅰ　聴覚と視覚の両方で季節の深まりを感じている様子。
Ⅱ　ライバルが互いに意見を出し合いぶつかり合う様子。

五　次のA、Bは、『朝日新聞』に掲載された鷲田清一さんの「折々のことば」の文章です。A、Bのどちらかを**一つ選び**、それについてまとまりのある二段落構成の文章を書きなさい。第一段落には、A、Bの内容に関わる自分の経験や見聞きしたことを書きなさい。それをふまえ、第二段落には、あなたの考えを書きなさい。

ただし、あとの**《注意》**に従って書くこと。

A　「陽気にならないと、人はいい仕事ができないぞ」ディエゴ・マルティーナ

日本文学研究家・詩人が引くイタリアの塗装職人の言葉。一日中マスクをしているからか、それとも世間の空気のせいか、仕事中は鼻歌をほとんど歌わなくなった。歌は嫌な仕事にものせてくれるし、まわりの空気もほぐす。適度のゆるみがないと、作業も軋んで不快な音を立てる。イタリア人は何より「余裕」を大事にする。無理をするのは御法度。『誤読のイタリア』から。

B　人はその行動によってのみならず、行動せぬことによっても他人に対して害悪を与えうる　ジョン・スチュアート・ミル

明白な不正や差別を目にしつつも、その兆しに気づいていても、声を上げずにいることが結果としてそれらを後押しし、より大きな災禍を招くという例を、私たちはこれまで何度も目にしてきた。個人にあっても、したことよりもしなかったことへの後悔、してもらったことよりしてもらえなかったことへの怨念の方が、傷は深い。19世紀英国の哲学者の『自由論』（早坂忠訳）から。

《注意》
◇　自分の選んだ文章の記号を、解答欄に記入すること。
◇　題名は書かないで、本文から書き始めること。
◇　二〇〇字以上、二四〇字以内で書くこと。
◇　文字は、正しく、整えて書くこと。

三　次の文章を読んで、あとの問いに答えなさい。

三　次の文章を読んで、あとの問いに答えなさい。

博労(ばくらう)[*]のもとにて馬を買ふ。「眼(まなこ)、爪髪、鞍下(くらした)[*]、その外そろうたる」（そのほかもすべてそろっている。）とほむる時、「川渡りはよきか」と問ふ。「なかなかの事。川は鵜(う)[*]ぢや」（「なかなかのものです。川では鵜のようだ。」）。「[1]めでたし」（「すばらしい。」）とて、わめき戻りしが（大声で喜びながら帰宅したが、）、十日ばかり過ぎ、荷をつけ川を渡るに、中程にてだうど（どしんと）臥(ふ)したり。

買主、気をそこなひ（機嫌を悪くし、）、博労がもとに来(きた)り、存分（不平不満）をいひけるに、「[2]さればこそ（だから、）、川は鵜ぢやと申したは。鵜といふ鳥の、水を見て入らぬやあらん（水を見て入らないものはいない。）」。

〈『醒睡笑』による。〉

〔注〕
＊博労＝馬を売る商人。
＊鞍下＝鞍の下の部分。その肉づき具合が悪いと重い荷物が付けられない。
＊鵜＝潜水して魚を捕る鳥。

問一　〰〰部「そこなひ」を現代かなづかいに直し、すべてひらがなで書きなさい。

問二　‖部「川渡りはよきか」とは誰の言葉ですか。本文中から抜き出して書きなさい。

問三　――部1のように買主が思ったのはなぜですか。その説明として最も適切なものを、次のア～エから一つ選び、記号で答えなさい。

ア　立派な馬を、たくさん買うことができたから。
イ　みすぼらしいが、丈夫そうな馬だと思ったから。
ウ　姿が立派で、泳ぎも得意な馬だと思ったから。
エ　良い馬ばかりそろっている店だったから。

問四　――部2とあるが、博労はどのようなことをいっていますか。そのことについて次のように説明したとき、[Ⅰ]に入る言葉を、五字で本文中から抜き出して書きなさい。また、[Ⅱ]に入る適切な言葉を、五字以内で考えて書きなさい。

「[Ⅰ 五字]」という言葉は、「馬が川では鵜のように[Ⅱ 五字以内]」という意味で言ったということ。

問五　この話の主題として最も適切なものを、次のア～エから一つ選び、記号で答えなさい。

ア　馬についての相談に親身に答える博労の対応の誠実さ
イ　売った馬への苦情をかわす博労のこじつけの上手さ
ウ　馬のことを我が子のように心配する買い主の人柄の良さ
エ　責任を博労に押しつける買い主の言い分の身勝手さ

こうした祭りには運営する組織があり、計画にしたがって準備され、当日も時間単位のスケジュールで祭りが管理されます。それと比較して渋谷のハロウィンにはプログラムもなければ、事前にどのくらいの規模になるのかさえ分かりません。この違いは大きい。というのもハロウィンのように自然発生的に始まり、数時間で終わってしまうような大きな祭りは、これまでなかったからです。3ハロウィンはネット時代が生みだした二一世紀的な「群れ」の現象なのです。

ハロウィンにa大勢の若者が集まってくるのは参加の手軽さと、もう一つは衣装やメークを自己表現として楽しめるからです。

*コスプレを楽しむという行動は、実はＴＤＬ（東京ディズニーランド）やＵＳＪ（ユニバーサル・スタジオ・ジャパン）で、以前から始まっていました。この場合、入場者の目的は、アトラクションを利用して楽しむことよりも仮装して園内を練り歩くことにあります。ハロウィン・イベントの期間中は入場者数も増加しました。

ＵＳＪではこのほかにもホラー・ナイトという夜のイベントを設けていて、ゾンビなどの衣装やメークをb凝らした若者が数千人も詰めかけるということで有名になりました。

4一見すると奇抜な仮装は強烈な自己主張にみえます。しかし本当のところどうなのでしょう。それは日本代表のサッカーの試合で、観客が顔に*フェイスペインティングしたり、映画「スター・ウォーズ」のオープニング上映会で*ダース・ベイダーのマスクをかぶったりすることと同じで、実は個人を隠す個性殺しです。記号としての扮装（ふんそう）を行うことで、自己の固有名詞を覆い隠してしまう。だからこそ、感情を爆発させたり、はじけたりできる。個を捨てることで群衆との一体感を得ることができるわけです。

スポーツ観戦での応援、コンサート会場での観客も群れのなかで「もまれる心地よさ」を味わえます。

現代の祭りにおける仮装とは、それを楽しむためにあるというより、自分を隠してふだんできない感情爆発の時間を手に入れると同時に、群れとの一体感を得るためにあるともいえます。

時を太古まで遡（さかのぼ）れば、人類が世界に拡散し文明を築けたのは、大きな群れを作ったからだといわれています。群れをつくることは狩猟にも、農耕にとっても合理的であり、多くの収穫物を手に入れるもっとも有効な方法でした。他の捕食動物との競争に打ち勝てたのも、群れがあったからです。力の弱い人類にとっては、できるだけ大きな群れを作ることが、他の集団に勝つ方法でもありました。

問四 ――部2「さまざまな祭りがご当地から移植され」るとはどういうことですか。それを説明したものとして最も適切なものを次の**ア**～**エ**から一つ選び、記号で答えなさい。

ア ある地域で開催できなくなった固有の祭りが、他の祭りと融合した新しいイベントとして根付くこと。

イ 開催する場所を失った地域の伝統的な祭りが、全く別の場所の新たな祭りとなって残っていくこと。

ウ さまざまな場所で行われていたそれぞれの祭りが、新しい祭りの形をとって周辺地域へ広がること。

エ ある特定の地域で行われていた祭りが、何のつながりもない別の地域でイベントとして開催されること。

問五 ――部3とあるが、これはどういうことですか。それを説明した次の文の［　］に合うように、次の三つの言葉を使って四十五字以内で書きなさい。なお、三つの言葉はどのような順序で使ってもかまいません。

運営組織　　管理　　スマホ

ハロウィンは［四十五字以内］現象であるということ。

問六 ――部4とあるが、渋谷のハロウィンにおける「奇抜な仮装」の目的を筆者はどのように考えていますか。それを説明した次の文の［Ⅰ］～［Ⅲ］に適切な言葉を、指定された字数で本文中から抜き出して書きなさい。

［Ⅰ 二字］表現を楽しむだけでなく、［Ⅱ 五字］ことによって、日常では味わえない［Ⅲ 四字］の体験や、群れとの一体感を得ること。

問七 ――部5とあるが、「渋谷の群衆が発するエネルギーの源」とは何だと筆者は考えていますか。本文中から二十五字以内で抜き出して書きなさい。

令和４年度

山 形 城 北 高 等 学 校

入学試験問題

数　学

（ 10 ： 00 ～ 10 ： 50 ）

注　意

1　「開始」の合図があるまで，開いてはいけません。

2　問題は，６ページまであります。

3　解答用紙は，問題用紙の中にはさんであります。

4　「開始」の合図があったら，まず，解答用紙を取り出し，受験番号を書きなさい。

5　答えは，すべて解答用紙に書きなさい。ただし，□の欄には何も記入しないこと。

6　「終了」の合図で，すぐに鉛筆をおき，解答用紙を開いて裏返しにしなさい。

1　次の問いに答えなさい。

1　次の式を計算しなさい。

(1)　$6-8\times(-2)$

(2)　$\frac{1}{4}-\frac{15}{8}\div\frac{5}{4}$

(3)　$4y^3\times(-3x)^2\div24x^2y^2$

(4)　$\sqrt{63}-\frac{14}{\sqrt{7}}$

2　$x=7$，$y=-3$ のとき，$4(x-y)-(3x-2y)$ の値を求めなさい。

3　下の図のように，Aの袋の中には－2，－1，0，1，2の数が1つずつ書かれた5枚のカード，Bの袋の中には－2，－1，1，2の数が1つずつ書かれた4枚のカードが入っている。A，Bの袋からそれぞれカードを1枚ずつ取り出すとき，取り出したカードの数の積が正の偶数になる確率を求めなさい。

　ただし，それぞれの袋において，どのカードが取り出されることも同様に確からしいものとする。

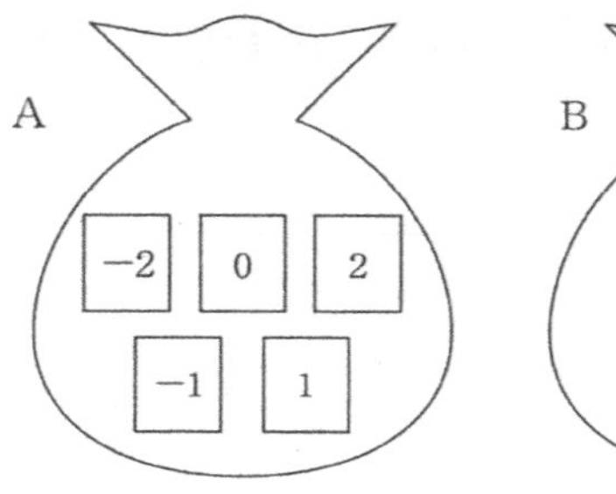

4　右の図のような，底面の半径が4cmで，母線の長さが8cmの円すいがある。このとき，次の問いに答えなさい。

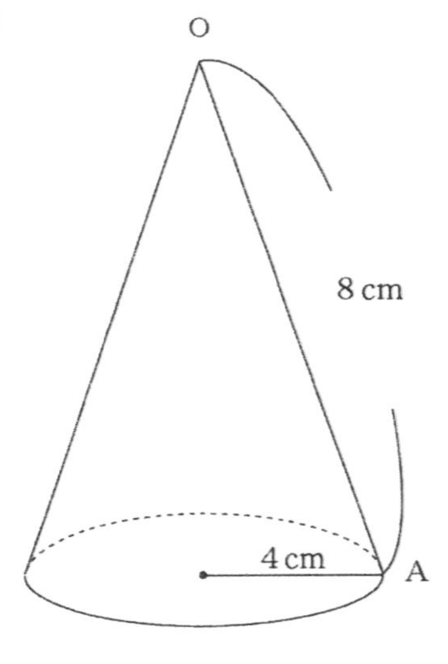

(1)　円すいの展開図の扇形の部分を，実線で完成させなさい。
ただし，円の内部の点線は円を12等分した線である。

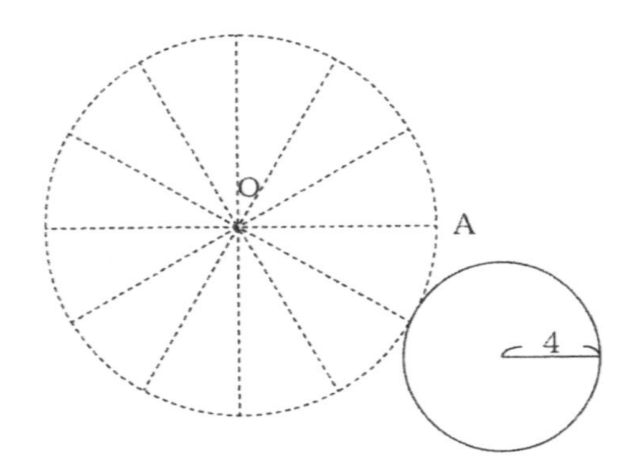

(2)　円すいの体積を求めなさい。

5　生徒30人に実施したテストの点数をヒストグラムに表すと，図1のようになった。この図1から，平均値，中央値，最頻値をそれぞれ求めなさい。ただし，割り切れない値となるときは小数第2位を四捨五入しなさい。また，図1のヒストグラムは，図2の箱ひげ図㋐～㋓のいずれかに対応している。その箱ひげ図を記号で答えなさい。

図1

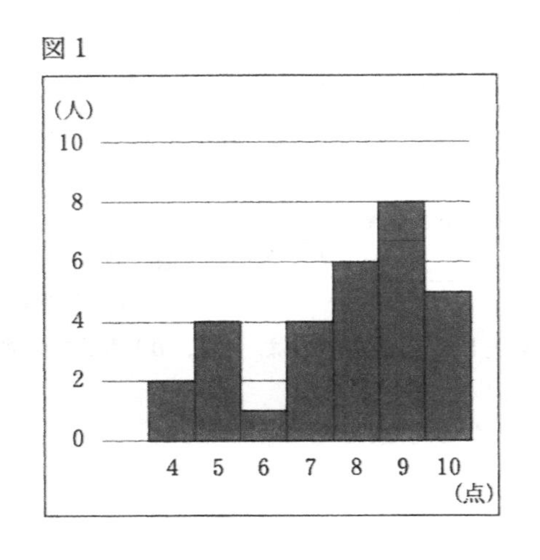

図2

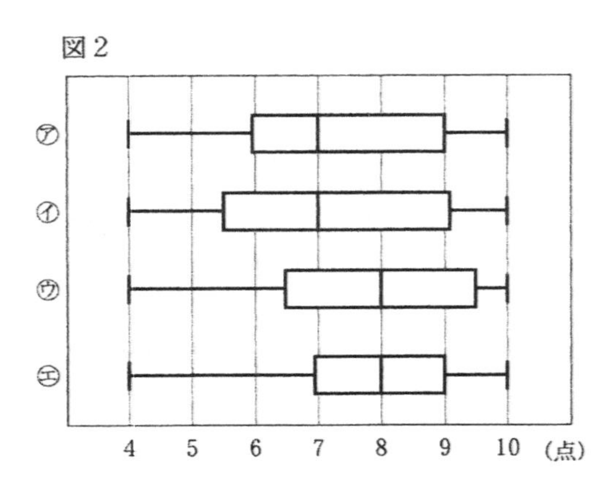

2　次の問いに答えなさい。

1　右の図において，①は関数 $y=2x^2$ のグラフ，②は関数 $y=ax^2$ のグラフである。A，Bはそれぞれのグラフにおける x 座標が1の点で，点Cは(1，0)である。また，AB：BC＝3：1が成り立っている。

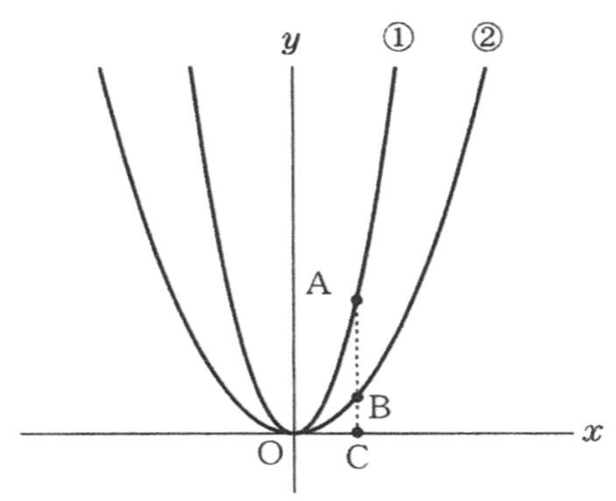

(1)　関数 $y=2x^2$ 上の点Aの y 座標を求めなさい。

(2)　関数 $y=ax^2$ の a の値を求めなさい。

(3)　原点Oを通り，△OABの面積を2等分する直線の式を求めなさい。

2　「自然数 n の正の約数は4個あり，その約数のすべての和は84である。このときの自然数 n を求めなさい。」という問題を優子さんと健司君が協力して解いている会話である。 ア ～ ケ に適するものを入れなさい。ただし， ク には下の語群から適するものを書きなさい。

優子さん：n の正の約数が4個だから，1と n とあと2個だよね。

健司君　：小さい方から　1，a，b，n　…①　とおいてみよう。

優子さん：4個の約数の和が84だから　$1+a+b+n=84$　…②が成り立つよね。

健司君　：a，b，n の関係から $a\times b=n$　…③も成り立つよね。

優子さん：じゃあ，③を②に代入すると，$1+a+b+ab=84$　…④となるね。

健司君　：④の式が $1+a+(1+a)b=84$　となるから，
$(a+1)\times($ ア $)=84$　　…⑤　と因数分解できるよ。

優子さん：⑤が成り立つ（$a+1$）と（ ア ）の組み合わせは，
（$a+1$， ア ）＝(1, 84)，(2, 42)，(イ)，(ウ)，(エ)，(7, 12)
の6通りだね。

健司君　：そうすると，a と b の組み合わせは，a が小さい順に並べれば，
(a, b)＝(0, 83)，(1, 41)，(オ)，(カ)，(キ)，(6, 11)
…⑥となるね。

優子さん：⑥の6通りのなかで，①が4つの約数として成り立つのは，（a，b）の2つの数字がともに ク になっている キ しかないよね。

健司君　：以上の理由から，自然数 n は ケ となるんだね。

【語群】
偶数，素数，公約数，指数，分数

令和４年度
山形城北高等学校
入学試験問題
社　　会

（ 11 ： 10 ～ 12 ： 00 ）

注　　意

1　「開始」の合図があるまで，開いてはいけません。

2　問題は，７ページまであります。

3　解答用紙は，問題用紙の中にはさんであります。

4　「開始」の合図があったら，まず，解答用紙を取り出し，受験番号を書きなさい。

5　答えは，すべて解答用紙に書きなさい。ただし，▭の欄には何も記入しないこと。

6　「終了」の合図で，すぐに鉛筆をおき，解答用紙を開いて裏返しにしなさい。

1　次の会話文は山形県の高校生と先生が2021年について振り返っている場面である。会話文を読み，問いに答えなさい。

先生：今年は①オリンピックとパラリンピックの年でしたね。観戦しましたか？
生徒：日本での開催ということで毎日見ていました。様々な国や地域の選手が参加していましたね。世界の広さを実感しました。
先生：そうですよね。実は今年は様々な分野で大きな動きがありました。政治では１月に山形での②県知事選挙，10月に③衆議院議員総選挙が行われましたね。
生徒：私は10月の選挙の投票に行きましたよ。一緒に最高裁判所の④裁判官の国民審査もしてきました。
先生：そうそう，最高裁判所でも大きな判決がありました。２月に⑤平等権に関わる判決が出たのですが，わかりますか？
生徒：はい。夫婦別姓に関する最高裁判決があったような気がします。
先生：正解です。これらの問題には今後も注目ですね。一方で国際情勢に目を向けると，世界では地域紛争も激化しています。今年は⑥アフガニスタンで大きな政変がありました。
生徒：私もニュースで見ました。現地の人たちや現地の⑦企業で働いている方々は大変な思いをしているでしょうね。
先生：これから⑧日本や⑨国際連合がどう関わっていくのか気になりますね。

問１　下線部①に関連して，前回の東京オリンピック・パラリンピックは高度経済成長期に開催された。高度経済成長期に起こったできごととしてあてはまるものを一つ選び，記号で答えなさい。

ア　日本国憲法公布　　**イ**　四大公害訴訟　　**ウ**　財閥解体　　**エ**　阪神・淡路大震災

問２　下線部②は住民の直接選挙で選ばれるだけでなく，直接民主制の考え方を取り入れた直接請求権によって解職されることもある。地方政治の直接請求権について，次の表の［Ⅰ］・［Ⅱ］にあてはまる数字や語句を書きなさい。

直接請求の内容	必要な署名数	請求先
条例の制定・改廃	［Ⅰ］分の１	首　長
首長の解職・議会の解散	３分の１	［Ⅱ］

問３　下線部③について，次の問いに答えなさい。

(1)　法律案の議決が参議院と異なったとき，下線部③の議決をもって国会の議決とする。このように衆議院が参議院より大きな権限を与えられていることを何というか，書きなさい。

(2)　(1)が認められる事項に**あてはまらないもの**を一つ選び，記号で答えなさい。

ア　予算の議決　　**イ**　条約の締結　　**ウ**　内閣不信任決議　　**エ**　内閣総理大臣の指名

問４　下線部④とともに国民が裁判員として裁判に参加する裁判員制度が2009年から始まった。裁判員制度の説明として正しいものを一つ選び，記号で答えなさい。

ア　原則として６人の裁判員と３人の裁判官で一つの事件の裁判を担当する。
イ　裁判員は刑事裁判と民事裁判を一件ずつ担当しなければならない。
ウ　裁判員は第一審から第三審まで参加しなければならない。
エ　多数決で決定した裁判員の代表者が，結審で判決を宣告する。

問５　下線部⑤について，次の問いに答えなさい。

⑴　次の文は日本国憲法第14条の条文である。（　X　）・（　Y　）にあてはまる語句を書きなさい。

> すべて国民は，（　X　）に平等であつて，人種，信条，性別，社会的身分又は（　Y　）により，政治的，経済的又は社会的関係において，差別されない。

⑵　共生社会を実現するための考え方として**適切でないもの**を一つ選び，記号で答えなさい。

ア　同性愛の意識がある人々や，身体的な性別と意識する性別との違いを感じている人々への配慮が必要とされてきている。

イ　障がいがあっても，教育や就職の面で不自由なく生活できるというインクルージョンの実現が求められている。

ウ　社会から差別をなくすためには，個人や同居している家族の生活状況を知る目的で情報公開制度を充実させる必要がある。

エ　日本で暮らす外国人の数が増えており，教育や社会保障などの面で言葉や文化の違いに対して配慮する必要がある。

問６　アメリカが下線部⑥を攻撃するきっかけとなった2001年のできごとを一つ選び，記号で答えなさい。

ア　イラク戦争　　**イ**　石油危機　　**ウ**　湾岸戦争　　**エ**　同時多発テロ

問７　下線部⑦について，次の問いに答えなさい。

⑴　多くの国に販売や生産の拠点を持ち，世界的に活動している企業を何というか。**漢字５字**で書きなさい。

⑵　日本の企業に関する説明として**あてはまらないもの**を一つ選び，記号で答えなさい。

ア　日本の企業数の約99％を占めるのは中小企業である。

イ　水道やガス，公立病院など国や地方公共団体で運営される企業を公企業という。

ウ　伝統にこだわり，古くから続いている中小企業をベンチャー企業という。

エ　企業は利潤を求めるだけでなく，企業の社会的責任を果たすべきだとされる。

問８　下線部⑧をはじめとする先進国は途上国への食糧援助，教育普及，社会資本整備などのために資金援助をすることで国際貢献をしている。この資金援助の略称を**アルファベット**で書きなさい。

問９　下線部⑨は2015年にSDGsを定めたが，これを日本語で何というか。次の空欄に入る**漢字４字**を書きなさい。

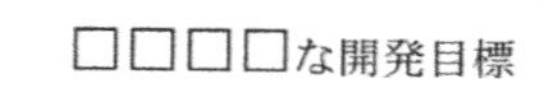

2 表１および表２は，山形県と世界とのつながりを示す資料（「令和元年６月発表　山形県貿易実態調査」より作成）である。資料を見て，問いに答えなさい。

表１　山形県への原産国別輸入額(上位10位)

順位	国　名	金　額 (百万円)	シェア (%)
1	A	106,556	42.2
2	B	55,764	22.1
3	ベトナム	17,484	6.9
4	アメリカ	13,084	5.2
5	スペイン	10,320	4.1
6	タ　イ	9,805	3.9
7	オーストラリア	7,549	3.0
8	シンガポール	5,665	2.2
9	台　湾	3,706	1.5
10	マレーシア	2,824	1.1
上位10か国計		232,757	92.2

表２　山形県への港湾(空港)別輸入額

港湾(空港)名	金　額 (百万円)	構成比 (%)
酒田港	22,082	8.7
C　港	3,219	1.3
東京港または横浜港	100,903	39.9
新潟港	12,658	5.0
成田空港	106,860	42.3
C空港	1	0.0
その他	6,332	2.5
不　明	692	0.3
合　計	252,747	100.0

問１　表１のA国，B国は，それぞれ日本との結びつきが強い北半球の国である。下記の説明を参考にして，A国，B国の国名をそれぞれ書きなさい。

【説明】

①　A国は，古代から日本と深いつながりがあり，2010年にはGDPで日本を抜き，世界での存在感が増している。

②　B国は，第二次世界大戦中，日本と同盟を結び，戦後はルール工業地域に代表される重工業が発達し，先進工業国として発展した。

問２　表１のA国から特に東南アジア各地に移住し，現地の国籍をとって，流通業をはじめとする様々な分野で活躍し，A国の文化を広めている人々がいる。この人々のことを何と呼ぶか，書きなさい。

問３　表１のB国を中心に隣国のオランダやベルギーで大雨による水害(2021年７月)が発生し，大きな問題となった。近年日本でも大雨による水害が多くなっており，災害への備えが重要視されている。日本の災害への備えについて述べた次の文中の［　　］にあてはまる語句を，**漢字２字**で書きなさい。

> 豪雨や台風など自然現象を止めることはできない。しかし日本では，こうした自然現象による被害が及ばないように防災や，被害をできるだけ少なくする［　　］のために，様々な取り組みが行われている。

問４　表１の４位の国では，メキシコ湾に面した地域で，８月から10月にかけて台風に似た熱帯低気圧が発生し，風雨や洪水の被害をもたらしている。この熱帯低気圧を何というか，書きなさい。

問５　表１の５位の国は標準時子午線が東経15度である。日本が８月９日午前11時の時，この国の現地時間にあてはまるものを一つ選び，記号で答えなさい。ただし，サマータイムは考えないものとする。

ア　８月９日午前３時　　**イ**　８月９日午後７時　　**ウ**　８月10日午前３時　　**エ**　８月10日午後７時

令和４年度
山形城北高等学校
入学試験問題

理　　科

（12 : 40 ～ 13 : 30）

注　　意

1　「開始」の合図があるまで，開いてはいけません。
2　問題は，７ページまであります。
3　解答用紙は，問題用紙の中にはさんであります。
4　「開始」の合図があったら，まず，解答用紙を取り出し，受験番号を書きなさい。
5　答えは，すべて解答用紙に書きなさい。ただし，[　　] の欄には何も記入しないこと。
6　「終了」の合図で，すぐに鉛筆をおき，解答用紙を開いて裏返しにしなさい。

1　美咲さんは，身のまわりにある気体に興味を持ち，気体の性質について調べた。次は，美咲さんが調べたことをまとめたレポートの一部である。あとの問いに答えなさい。

私たちの身のまわりにあるさまざまな気体には，それぞれに(a)色・におい・水へのとけやすさ・密度など特有の性質がある。例えば虫刺されの薬に使われることのある(b)アンモニアや，生ごみが腐ると発生することのある硫化水素には，特有の刺激臭がある。そのため，私たちはこれらの気体を少し吸い込むだけで，すぐにその気体の存在に気づくことができる。一方で，私たちが生活している地上付近の空気には，右図のような割合でさまざまな気体が含まれているが，無色無臭の気体が多い。そのため，これらの気体を区別するためには実験が必要である。

図

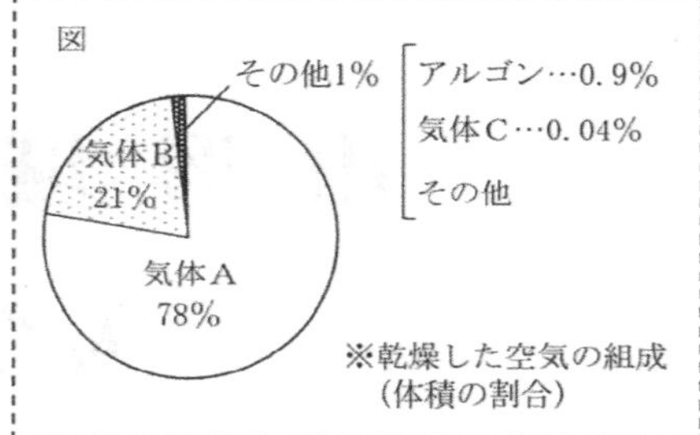

※乾燥した空気の組成（体積の割合）

問１　下線部(a)について，試験管に集めた気体の性質を正しく調べる方法として最も適切なものを次のア～ウから一つ選び，記号で答えなさい。

ア．気体の色は，試験管の後ろに黒い紙を置いて観察する。

イ．気体のにおいは，試験管から直接嗅がずに，手であおぐようにして嗅ぐ。

ウ．水へのとけやすさは，試験管に水を少量入れて，左右に振って調べる。

問２　下線部(b)について，次の問いに答えなさい。

(1)　アンモニアを発生させたときの気体の集め方として最も適切なものを，次のア～ウから一つ選び，記号で答えなさい。また，その集め方の名称を答えなさい。

ア．

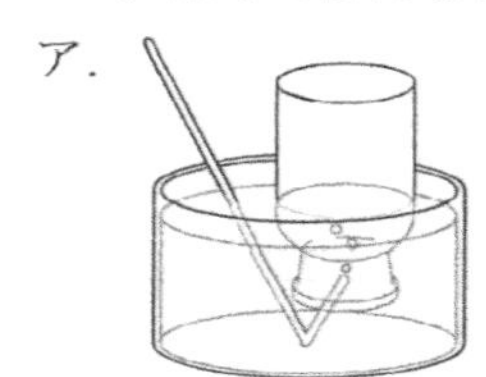

イ．

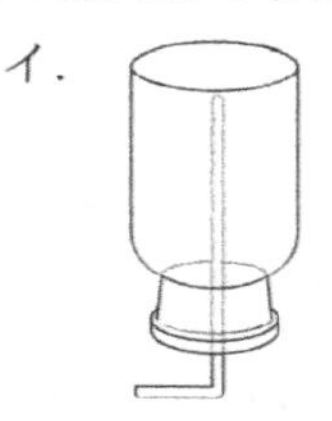

ウ．

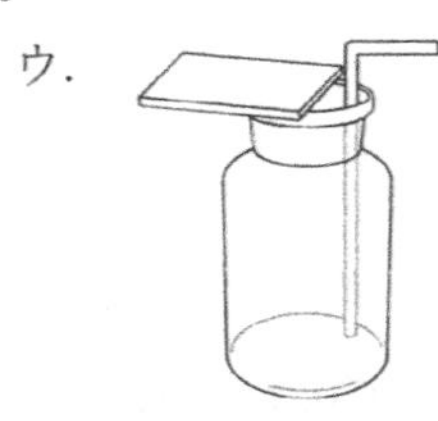

(2)　(1)の集め方が適しているのは，アンモニアにどのような性質があるからか。性質を**２つ**答えなさい。

問３　図中の気体Ａ～Ｃは酸素，二酸化炭素，窒素のいずれかである。気体Ａ～Ｃの物質名をそれぞれ答えなさい。また，各気体の性質を次のア～ウから一つずつ選び，それぞれ記号で答えなさい。

ア．水にとけると酸性を示す。

イ．ふつうの温度では反応しにくい。

ウ．ものを燃やすはたらきがあるが、それ自体は燃えない。

問４　家庭のガスコンロなどで利用されているメタンやプロパンは，それ自体は無色無臭だが，薬剤を加えてにおいがつけられている。次は，その理由を説明したものである。正しい説明になるように空欄（　　）に入る適切な言葉を，美咲さんがまとめたレポートから20字でさがし，その**最初の５字**を抜き出して答えなさい。

ガス漏れによって部屋にガスが充満すると，爆発を起こす危険がある。そこで，ガスににおいをつけることで，（　　）ようにしている。

2　塩酸と水酸化ナトリウム水溶液を用いて中和の実験を行った。あとの問いに答えなさい。

《実験》①ある濃度のうすい塩酸10 cm³を5本の乾いた試験管にそれぞれ2.0 cm³ずつ入れ，さらに各試験管に緑色にしたBTB溶液を数滴加えてよく混ぜ，図1のようにA，B，C，D，Eとした。

②試験管A～Eに質量パーセント濃度が1.0%の水酸化ナトリウム水溶液を異なる量ずつ加えてよく混ぜ，試験管中の水溶液の色を観察した。表は，その結果をまとめたものである。

図1

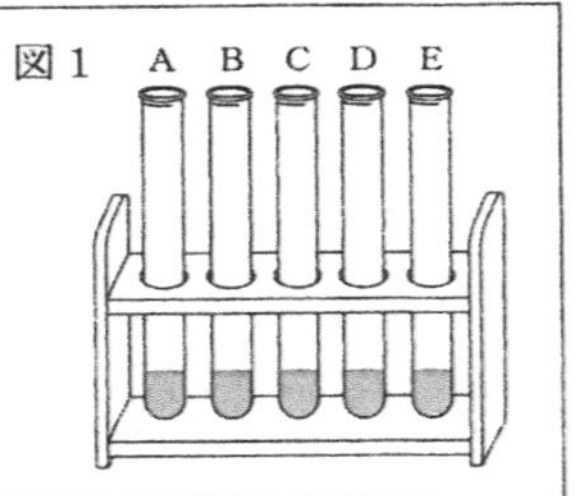

表

	試験管A	試験管B	試験管C	試験管D	試験管E
うすい塩酸[cm³]	2.0	2.0	2.0	2.0	2.0
1.0%の水酸化ナトリウム水溶液［cm³］	1.0	2.0	3.0	4.0	5.0
試験管中の水溶液の色	黄色	黄色	緑色	青色	青色

問1　次のア～エから，酸性の水溶液の性質とアルカリ性の水溶液の性質をそれぞれ**すべて**選び，記号で答えなさい。

ア．マグネシウムと反応して水素を発生する。　　イ．pHは7より大きい。

ウ．フェノールフタレイン溶液を加えると赤色に変わる。　エ．青色リトマス紙を赤色に変える。

問2　塩酸と水酸化ナトリウム水溶液の中和を化学反応式で表しなさい。

問3　試験管A～Eのうち，加えた水酸化ナトリウム水溶液がすべて塩酸と中和したと考えられるものはどれか。あてはまるものを**すべて**選び，記号で答えなさい。

問4　水酸化ナトリウム水溶液中のイオンの種類と数を簡単なモデルとして表すために，1.0%水酸化ナトリウム水溶液1.0 cm³中に含まれるすべてのナトリウムイオンを(Na⁺)，すべての水酸化物イオンを(OH⁻)と表すことにすると，濃度や体積の異なる水酸化ナトリウム水溶液のモデルは図2のようになる。

図2

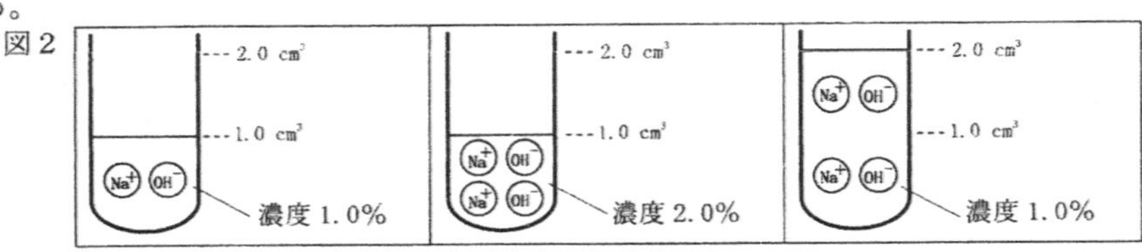

(1)　実験で使用したうすい塩酸 2.0 cm³ 中のイオンの種類と数をモデルで表すとどのようになるか，図2を参考にして解答用紙の図に書きなさい。

(2)　実験で使用したうすい塩酸に水酸化ナトリウム水溶液を加えていったとき，試験管内の水溶液に含まれる水素イオンと水酸化物イオンの数の変化はどのようになるか，最も適切なグラフを次のア～エからそれぞれ一つずつ選び，記号で答えなさい。

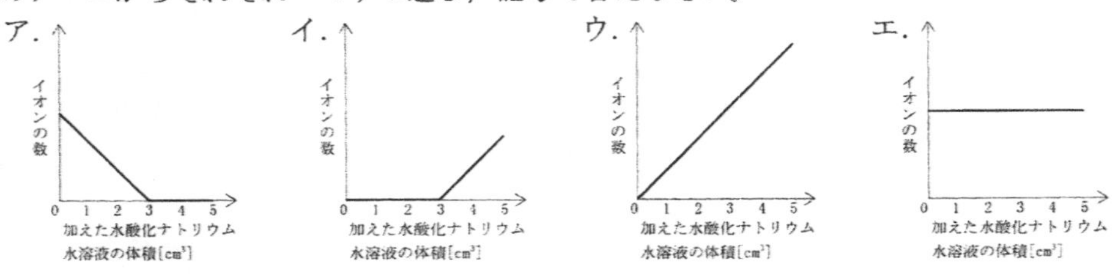

3

里奈さんは，1951年に千葉市の遺跡（いせき）から発見された，約2000年前のものと推定（すいてい）される古代のハス（以下，「古代ハス」と呼ぶ）の種子が，発芽・開花し，その子孫が里奈さんの住む山形県にも届けられ，大輪（たいりん）の花を咲かせていることを聞いた。里奈さんは，古代ハスの子孫について興味をもち，ハスの生殖について調べてみることにした。次は，里奈さんが調べたことをまとめたものの一部である。あとの問いに答えなさい。

ハスは，図１のように桃色や白色などの花を咲かせる被子植物で，種子や土の中にある茎(くき)から新しい個体がふえる。土の中にある茎はレンコンとして食用になる。千葉県のある場所においては，古代ハスの(a)遺伝子をそのまま受けつぐように，(b)レンコンによる繁殖を行っている。また，古代ハスと他品種のハスを交配してつくりだした子孫もいくつか存在している。

図１

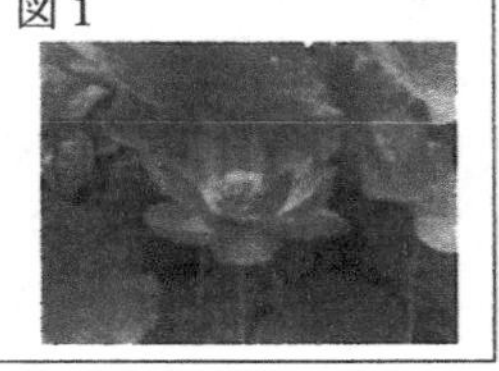

問１　下線部(a)について，遺伝子の本体は何か，名称を答えなさい。

問２　下線部(b)のように，植物の中にはからだの一部である根や茎などから自身と同じ遺伝子を持つ新しい個体ができるものがある。このような植物の無性生殖を何というか，答えなさい。

問３　図２は「無性生殖と有性生殖」について，親の特徴が子に伝えられるしくみをまとめたものである。

図２

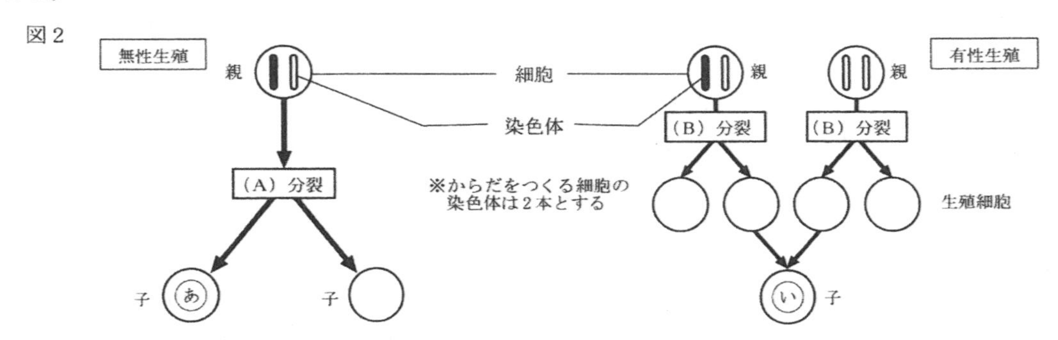

(1)　図２に示される細胞分裂において，（A），（B）に入る適切な語句を答えなさい。

(2)　有性生殖において，（B）分裂を行い生殖細胞がつくられるとき，対になっている遺伝子は染色体とともに移動し，それぞれ別の生殖細胞に入る。この法則を何というか，答えなさい。

(3)　図２の㋐，㋑で示した細胞の染色体は，どのようになるか。㋐，㋑のそれぞれについて，下のア～クから考えられるものを**すべて**選び，記号で答えなさい（同じ記号を何度選んでもよい）。ただし，遺伝子の変化（突然変異）は起こらないものとして考えなさい。

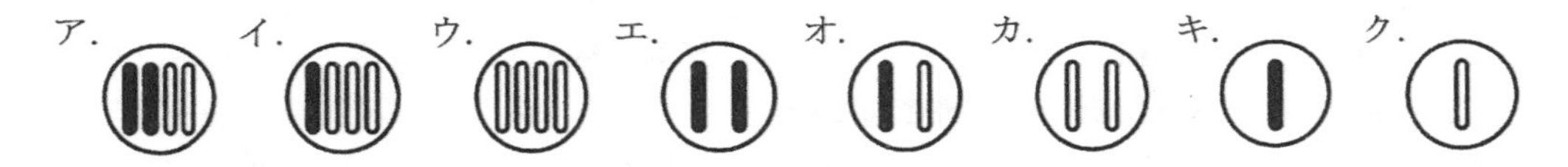

4

敬輔さんは，スポーツ選手の活躍をテレビで観戦し，運動にかかわるからだのしくみについて興味を持ち，運動を行う上で重要である肺と心臓について調べてみることにした。次は，敬輔さんが調べたことについてまとめたものである。あとの問いに答えなさい。

肺は毛細血管で囲まれたたくさんの小さな袋(ふくろ)が集まってできており，この小さな袋を［①］という。たくさんの［①］があることで，空気にふれる［②］が｛③　ア．大きく　イ．小さく｝なり，効率よく空気中の酸素を体内にとり込むことができる。

心臓は筋肉でできており，規則正しく収縮する運動（拍動(はくどう)）を行っている。この心臓の拍動によって血液は全身に送られる。図は，ヒトのからだを正面から見たときの心臓の断面を模式的(もしき)に表したものである。

図

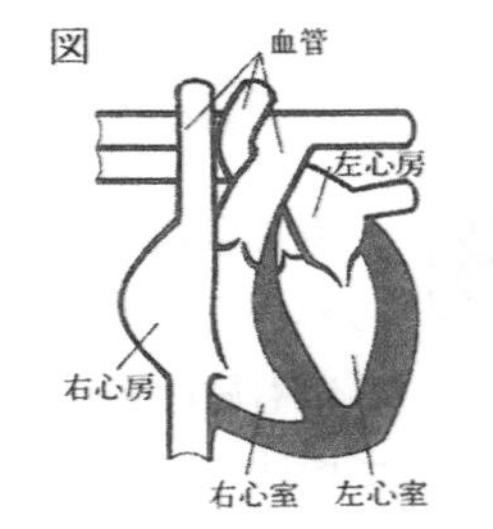

肺にとり込まれた酸素は，血液の流れによって養分とともに全身の細胞に運ばれる。私たちはこれらの酸素と養分を使って「細胞による呼吸」を行い，活動するためのエネルギーをとり出している。

令和４年度

山 形 城 北 高 等 学 校

入学試験問題

英　語

（ 13 ： 50 ～ 14 ： 40 ）

注　　　意

1 「開始」の合図があるまで，開いてはいけません。

2 最初に，放送によるリスニングテストがあります。

3 問題は，７ページまであります。

4 解答用紙は，問題用紙の中にはさんであります。

5 「開始」の合図があったら，まず，解答用紙を取り出し，受験番号を書きなさい。

6 答えは，すべて解答用紙に書きなさい。ただし，▭の欄には何も記入しないこと。

7 「終了」の合図で，すぐに鉛筆をおき，解答用紙を開いて裏返しにしなさい。

※音声は収録しておりません

1 これはリスニングテストです。放送の指示にしたがって答えなさい。

No.1

ア　イ　ウ　エ

No.2

ア　イ　ウ　エ

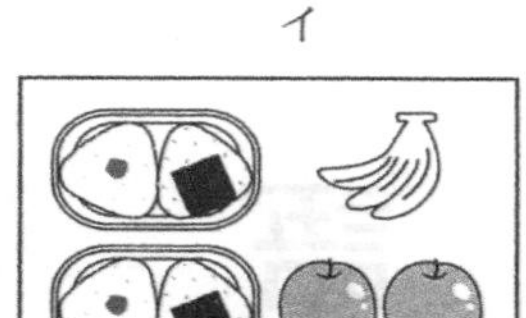

No.3

ア　イ　ウ　エ

No.4

ア　イ　ウ　エ

2 これはリスニングテストです。放送の指示にしたがって答えなさい。

Memo

・トムの誕生日：次の（　ア　）曜日

・パーティーの日時：次の（　イ　）曜日の（　ウ　）時

・パーティーに来る人数：（　エ　）人くらい

・プレゼント：（　オ　）を明日の（　カ　）時に買いに行く

3 これはリスニングテストです。放送の指示にしたがって答えなさい。

No.1　ア　Because John cannot come so early.
　　　イ　Because they need more time to go to Johoku High School.
　　　ウ　Because students at Johoku High School need more time to prepare for the matches.
　　　エ　Because students at Johoku High School need more time to prepare for lunch.

No.2　ア　John's house.
　　　イ　Kajo Park.
　　　ウ　Johoku High School.
　　　エ　Their school.

4 次の問い（A・B・C）に答えなさい。

A　次の対話文の（　　）の中に最も適する英語を，それぞれ１語ずつ書きなさい。

1　*Kota:* There are two official (　　) in Canada. Do you know them?
　Liam: Yes, I do. They are English and French, right?

2　*Yumi:* Mr. Sato (　　) us math last year. Who will be our math teacher this year?
　Kate: I want Ms. Takeda to be our math teacher. She is very popular in our class.

3　*Kyoko:* How (　　) have you lived in Yamagata?
　Betty: For three years. I enjoy my life in Yamagata.

B　次の（　　）の中に最も適するものを，あとのア～エからそれぞれ１つずつ選び，記号で答えなさい。

1　He left the classroom without (　　) goodbye to any classmates. He looked very sad.
　ア　say　　イ　said　　ウ　to say　　エ　saying

2　Your train leaves in ten minutes. Hurry up, (　　) you will be late for the train.
　ア　and　　イ　but　　ウ　or　　エ　for

3　If I (　　) a smartphone, I could contact my friends at any time.
　ア　have　　イ　has　　ウ　had　　エ　having

C　次の対話文の下線部について，あとのア～カの語句を並べかえて正しい英文を完成させ，(X)，(Y)，(Z) にあてはまる語句を，それぞれ記号で答えなさい。

1　*Sophia:* Do you (　　)(X)(　　)(Y)(　　)(Z) the window?
　Ayaka: Oh, he is Kenta. We're from the same junior high school.
　ア　to　　イ　listening　　ウ　music　　エ　by　　オ　the boy　　カ　know

2　*Lucas:* Hello. This is Lucas. May I speak to Ken, please?
　Ken's father: Sorry, but he is out now. (　　)(X)(　　)(Y)(　　)(Z) back later?
　ア　to　　イ　I　　ウ　tell　　エ　shall　　オ　call　　カ　him

5 賢斗 (Kento) さんと留学生のジェイムズ (James) さんは，探究の学習でペアになって山形県の魅力度向上について考えていくことになりました。次は，都道府県魅力度ランキング (Prefectures' Attractiveness Ranking) とピクトグラム (pictogram) と呼ばれる，情報を視覚的に表す絵文字を見ている，賢斗さんとジェイムズさんの対話です。表 (table) とピクトグラムおよび対話について，あとの問いに答えなさい。

表　都道府県魅力度ランキング2020

順位	都道府県名
38	埼玉県
39	X
40	鳥取県
40	群馬県
42	岐阜県
42	Y
44	福井県
45	佐賀県
46	徳島県
47	Z

『出典：「地域ブランド調査2020」(ブランド総合研究所)』

ピクトグラム

『出典：山形県Twitter (@pref_yamagata)』

Kento : Look at the table. It is Prefectures' Attractiveness Ranking in Japan.

James : I watched it on the news. The lowest prefecture changed from Ibaraki to another prefecture, right?

Kento : Yes, but look carefully.

James : Oh, no. Yamagata is in the ninth from the lowest!

Kento : Yes. And other prefectures around Yamagata, such as Akita, Miyagi, Fukushima, and Niigata are all higher than Yamagata.

James : Really? Yamagata is also very attractive prefecture.

Kento : I think so, too.

James : I don't know why people in other prefectures don't *notice that.

Kento : ①That is a problem. Yamagata has many delicious foods and interesting places. How can we spread Yamagata's attractive points to more people?

James : Now we have many ways of *sharing information on the internet.

Kento : That's a good idea.

James : Well..., look at these pictograms. They are announced on *Twitter by Yamagata Prefecture.

Kento : Oh, they show Yamagata's attractive points. Do you understand all of them?

James : Of course. *Hanagasa* , *imoni* , hot springs, skiing, a samurai, and cherries, right?

Kento : That's almost right. A person who wears a hat and a backpack is climbing a mountain, not skiing.

次に 2 の問題に移ります。これから，カナダに留学している高校生の英樹（Hideki）さんと，滞在先の母親であるメアリー（Mary）さんの対話文を読みます。問題用紙にあるメモは，英樹さんが書いたものです。ア～カにあてはまる日本語または数字を書きなさい。英文は２回読みます。
では，始めます。

Mary: Next Friday is my son's birthday, so we are going to have a party at 11 o'clock next Saturday.
Hideki: Sounds good. Tom will be happy to hear that. How many people will come to the party?
Mary: About 15 people.
Hideki: I see.
Mary: I'm going to go shopping for his present tomorrow afternoon. Please come with me.
Hideki: Sure. What are you going to buy?
Mary: I haven't decided yet. Do you have any good ideas?
Hideki: Yes. Tom wants new sneakers.
Mary: Oh, really? Help me choose his sneakers. How about 5 o'clock?
Hideki: OK, I will.

繰り返します。

次に 3 の問題に移ります。これから，地域のバドミントンクラブでコーチをしているアメリカ人のジョン（John）さんが，クラブ活動のミーティングで連絡をします。そのあと，クエスチョンズと言って２つの質問をします。それぞれの質問の答えとして最もふさわしいものを，問題用紙のア，イ，ウ，エの中から１つずつ選び，記号で答えなさい。英文は２回読みます。
では，始めます。

Hi, everyone. I'm going to tell you about tomorrow's club activities. Please come to Johoku High School at nine. We are going to play badminton matches. I wanted to begin the matches at eight thirty. But they cannot start so early because they need more time to prepare for the matches. So the matches are going to start at nine thirty. After the matches, we are going to have lunch in Kajo Park near their school. Please bring something to eat.

Questions: No.1 Why are they going to start the badminton matches at nine thirty?
No.2 Where are they going to go after the badminton matches?

繰り返します。

これでリスニングテストを終わります。次の問題に移ってください。

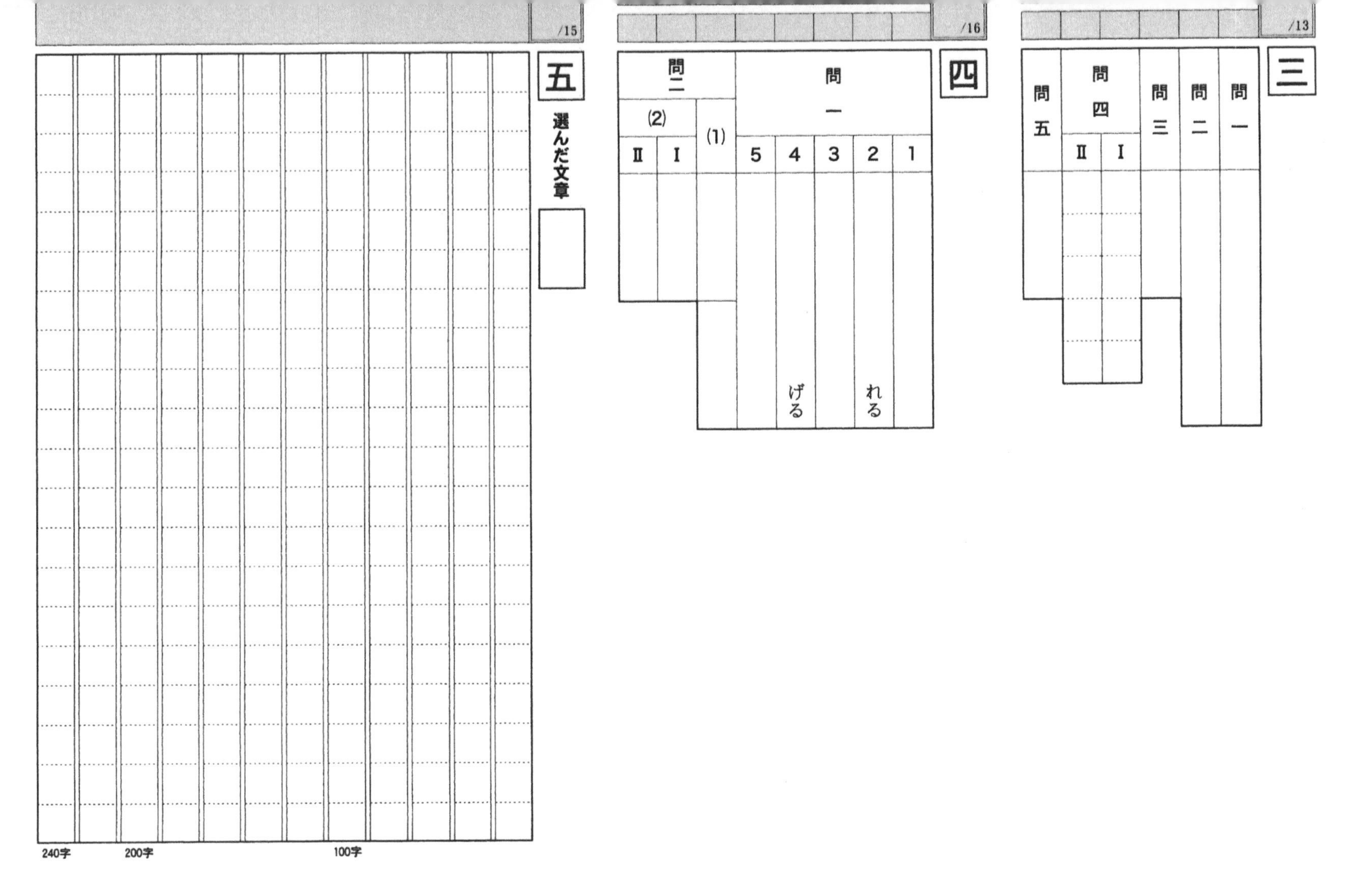

2022(R4) 山形城北高

教英出版

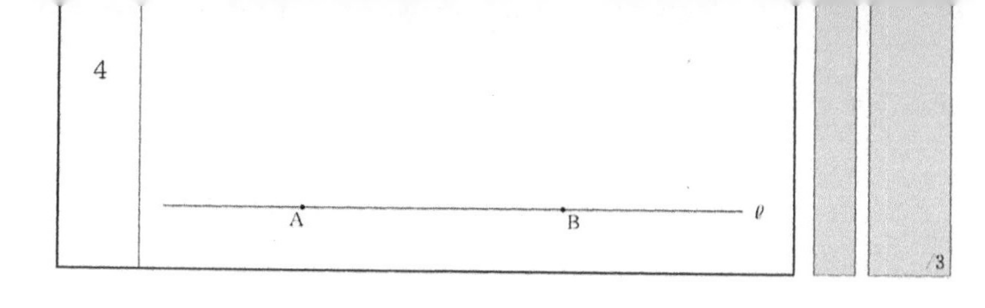

		/20
3		
1	cm/秒	/3
2	BC＝ cm	
	CD＝ cm	/6
3	a ＝	/4
	b ＝	/4
4	秒後	/3

			/20
4			
1		°	/4
2	ア	∠	/4
	イ	°	/4
	ウ		/4
3		倍	/4

/19

3

問1	(1)		
	(2)		
問2	(1)	Ⅰ	
		Ⅱ	
	(2)		
問3	(1)		
	(2)		
問4	(1)		
	(2)		

/2 /2 /2 /2 /2 /2 /2 /2 /3

4

/21

問1	(1)		
	(2)		
問2			
問3			
問4			
問5	(1)		
	(2)	B	
		C	
問6			

/3 /3 /2 /2 /2 /3 /2 /2 /2

3

4

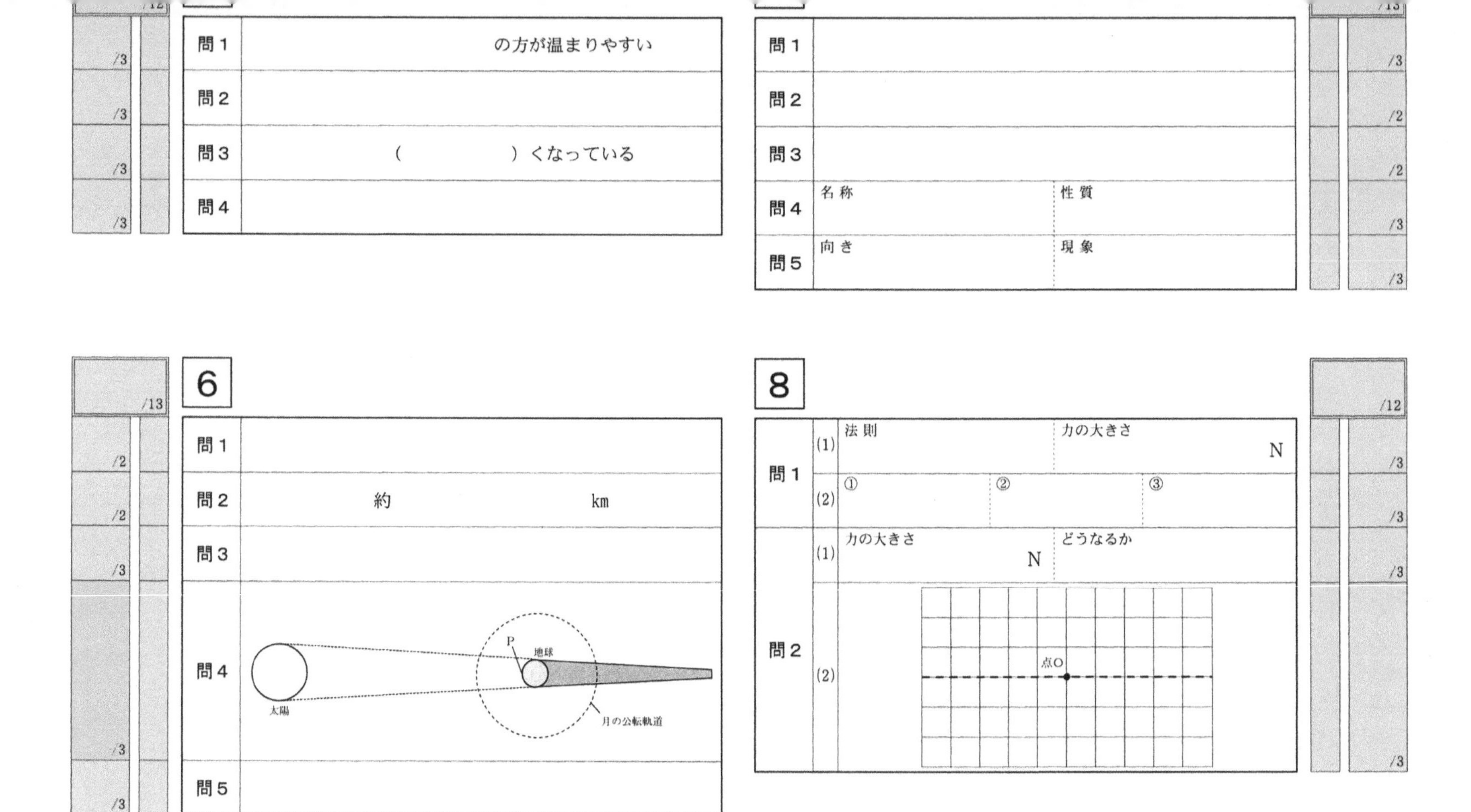

問1	の方が温まりやすい
問2	
問3	(　　　　　)くなっている
問4	

問1		
問2		
問3		
問4	名称	性質
問5	向き	現象

6

問1	
問2	約　　　　km
問3	
問4	
問5	

8

問1	(1)	法則	力の大きさ　N	
	(2)	①	②	③
問2	(1)	力の大きさ　N	どうなるか	
	(2)			

/12 /3 /3 /3 /3
/13 /3 /2 /2 /3 /3
/13 /2 /2 /3 /3 /3
/12 /3 /3 /3 /3

/30

問1	( )	/3
問2	( ) 場面	/3
問3	(1)	/3
	(2)	/3
問4	(1)	/2
	(2)	/2
	(3)	/2
問5		/3
		/3
問6	I	/3
	II	/3

/10

7

/10

※100点満点

令和４年度　山形城北高等学校　入学試験

英　語　解　答　用　紙

受験番号	

総得点	

の欄には何も記入しないこと。

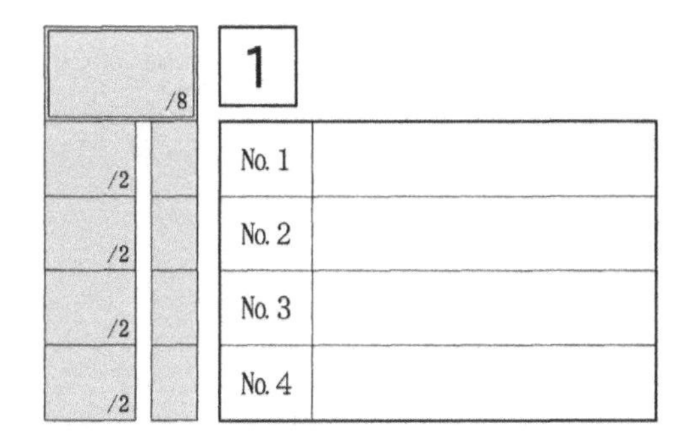

1 /8

No. 1		/2
No. 2		/2
No. 3		/2
No. 4		/2

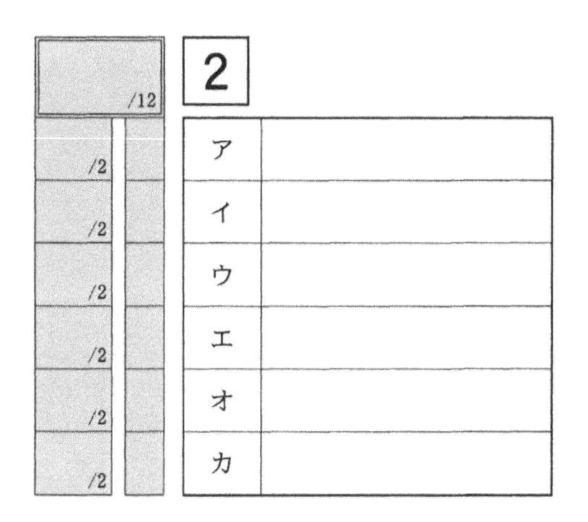

2 /12

ア		/2
イ		/2
ウ		/2
エ		/2
オ		/2
カ		/2

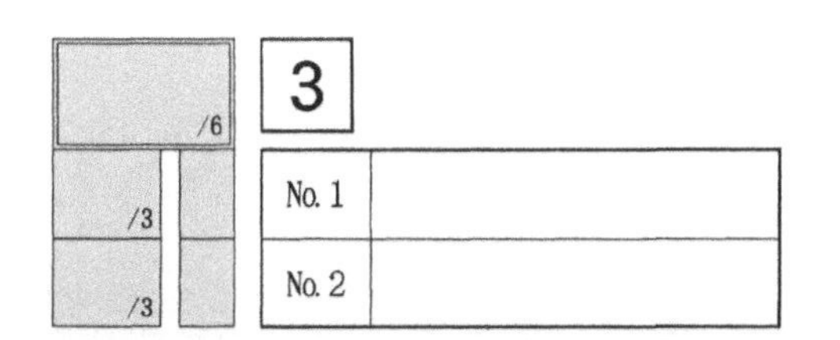

3 /6

No. 1		/3
No. 2		/3

4 /18

A	1				/2
	2				/2
	3				/2
B	1				/2
	2				/2
	3				/2
C	1	X	Y	Z	/3
	2	X	Y	Z	/3

5 /16

問1	X		/2
	Y		/2
	Z		/2
問2			/4
問3			/3
			/3

【解答用

※100点満点

令和４年度　山形城北高等学校　入学試験

理 科 解 答 用 紙

受験番号	

総得点	

の欄には何も記入しないこと。

1

/13

問				
問１				/2
問２	(1)	記号	名称	/3
	(2)			/3
問３	A	物質名	性質	
	B	物質名	性質	
	C	物質名	性質	/3
問４				/2

2

/12

問				
問１	酸性		アルカリ性	/2
問２				/2
問３				/2
問４	(1)	（解答は右図に記入すること）		/3
	(2)	水素イオン	水酸化物イオン	/3

2.0cm³

1.0cm³

3

/13

問				
問１				/2
問２				/2
問３	(1)	(A)　　　分裂	(B)　　　分裂	/3
	(2)			/3
	(3)	㋐	㋑	/3

4

/12

問１	①		/3
	②	③	/3
問２			/3
問３			/3

【解答

※100点満点

令和４年度　山形城北高等学校　入学試験

社 会 解 答 用 紙

受験番号	

総得点	

の欄には何も記入しないこと。

1

/30

問			解答	配点
問1				/2
問2	Ⅰ			/2
	Ⅱ			/2
問3	(1)			/2
	(2)			/2
問4				/2
問5	(1)	X		/2
		Y		/2
	(2)			/2
問6				/2
問7	(1)			/3
	(2)			/2
問8				/2
問9				/3

2

/30

問		解答	配点
問1	A		/2
	B		/2
問2			/2
問3			/2
問4			/2
問5			/2
問6			/2
問7			/3
問8	(1)		/2
	(2)		/3
問9			/2
問10	(1)		/2
	(2)		/2
	(3)		/2

【解答】

※100点満点

令和４年度　山形城北高等学校　入学試験

数学解答用紙

受験番号	

総得点	

の欄には何も記入しないこと。

1

/32

1	(1)		(2)	
	(3)		(4)	
2				
3				
4	(1)			
	(2)	cm³		
5	平均値		中央値	
	最頻値		記号	

O　A　4

/6　/6　/3　/3　/3　/3　/8

2

/28

1	(1)			
	(2)	$a=$		
	(3)	$y=$		
2		ア	イ（　，　）	ウ（　，　）
		エ（　，　）	オ（　，　）	カ（　，　）
		キ（　，　）	ク	ケ
3	(1)			
	(2)	A君　チョコレート　個	あめ　個	
		B君　チョコレート　個	あめ　個	
	(3)	：		

/2　/2　/3　/9　/3　/4　/2

【解答

※100点満点

令和４年度　山形城北高等学校　入学試験

国語解答用紙

受験番号	

総得点	

の欄には何も記入しないこと。

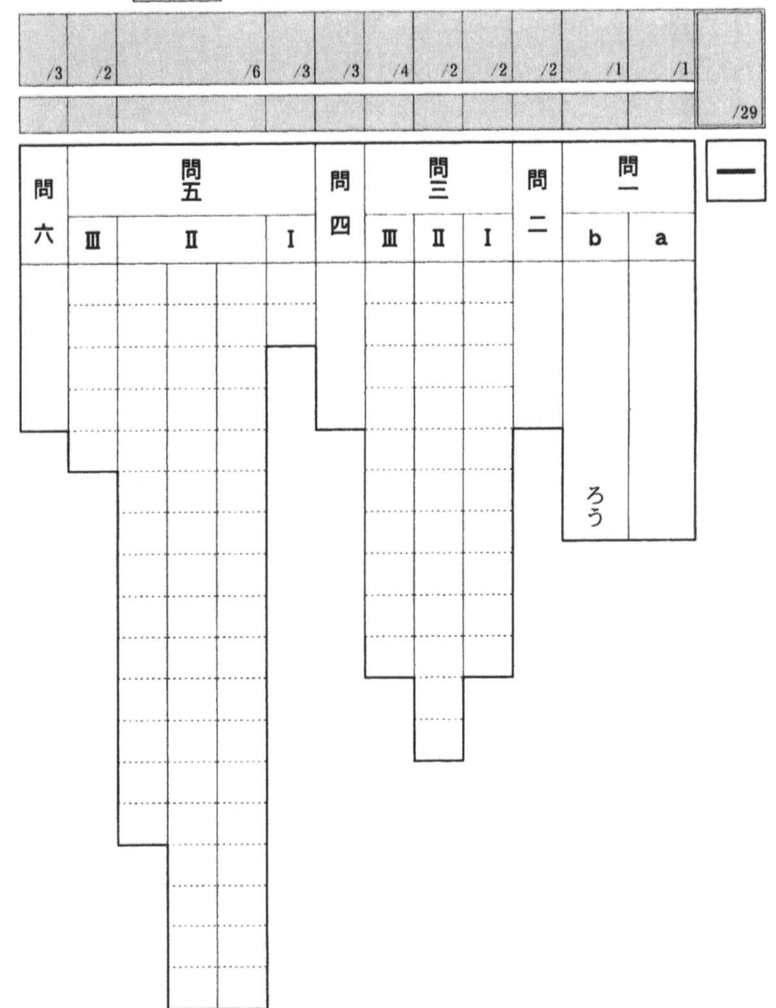

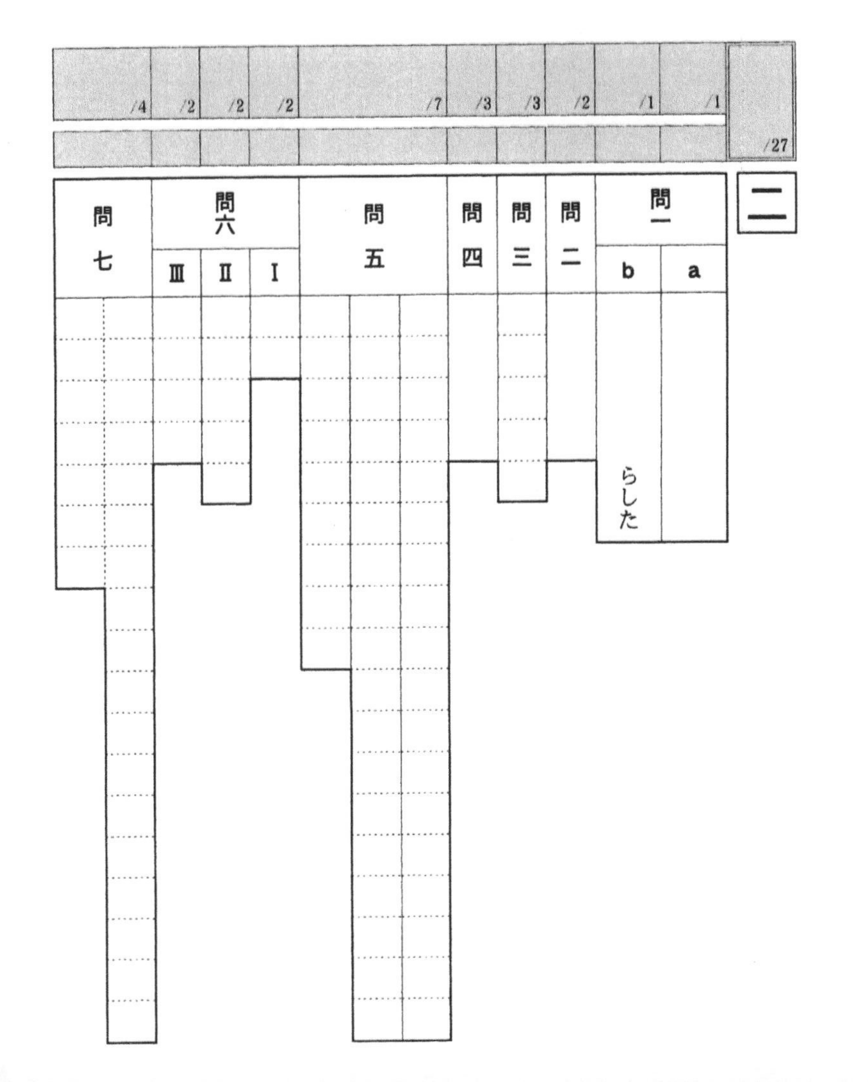

【解答用

※音声は収録しておりません

令和４年度　**入学試験英語リスニングテスト台本**

山形城北高等学校

これからリスニングテストを行います。問題は 1 ・ 2 ・ 3 の３つです。聞いている間にメモを取ってもかまいません。

それでは 1 の問題を始めます。これからNo.1からNo.4まで短い対話文を読みます。それぞれの対話文を読んだあと，クエスチョンと言って質問をします。その質問の答えとして最もふさわしいものを，問題用紙のア，イ，ウ，エの中から１つずつ選び，記号で答えなさい。英文はそれぞれ２回読みます。

では，始めます。

No.1　*W:* Justin, can you help me wash the dishes?
M: OK, Mom. But I want to finish my homework first.
W: Will it take long?
M: No. Just give me ten minutes. I'll be there soon.
Question: What will Justin do first?　繰り返します。

No.2　*W:* Shohei, I'm looking forward to tomorrow's picnic. What are you going to bring?
M: I'm going to bring some fruits and rice balls. Let's eat them together.
W: Thank you, Shohei. Then, I'll bring something to drink. What would you like?
M: I'd like tea.
Question: What is Shohei going to bring to the picnic?　繰り返します。

No.3　*W:* Hi, Kenta. Oh, is this your dog? Last week, your mother was walking with a black one. This one is white.
M: Yes. We have two. We also have a black cat. What pets do you have?
W: I don't have any pets, but I want a rabbit.
M: I see.
Question: What pets does Kenta have?　繰り返します。

No.4　*W:* Hi, Mike. I saw you near the library yesterday.
M: I went to the library to borrow some books about flowers.
W: You're interested in flowers! I want to see beautiful flowers. Do you know any good places?
M: Yes. I'm going to go to a park in Murayama City to take pictures of beautiful roses this Sunday.
Question: Why is Mike going to go to a park in Murayama City this Sunday?
繰り返します。

James : I see. I mistook the line on his foot for a *ski. *Ski resorts in Yamagata are very popular among foreign people.

Kento : I'm happy to hear that. And you can have a samurai experience in Murayama City.

James : Wow, can I be a samurai?

Kento : Yes. Look at the one under *imoni*. In this pictogram, the person who looks like a samurai is doing **iaido*.

James : What is *iaido*?

Kento : It's a kind of *martial arts. Murayama City is the *birthplace of *iaido*.

James : Oh, really. I want to know more about *iaido*. These days, the number of foreign people who are interested in martial arts is increasing.

Kento : That's right. Many foreign tourists come to the city to experience it. I also have been interested in the experience, but have never had a chance to do it.

James : Then why don't we try it together this spring vacation?

Kento : Sounds great!

(注) notice ～　～に気づく　share ～　～を共有する　Twitter　ツイッター　ski　スキー板
ski resort(s)　スキー場　*iaido*　居合道　martial art(s)　武道　birthplace　発祥地

問1　表中のX，Y，Zにあてはまる都道府県名を，それぞれ下から選び，記号で答えなさい。

ア　茨城県　イ　栃木県　ウ　山形県　エ　新潟県　オ　秋田県

問2　下線部①の内容を，対話の内容に即して日本語で答えなさい。

問3　表やピクトグラムおよび対話の内容に合うものを，次のア～オから２つ選び，記号で答えなさい。

ア　Yamagata Prefecture is in the highest ten prefectures in the ranking.

イ　Kento thinks that using the internet is a good way to spread Yamagata's attractive points.

ウ　Yamagata's attractive points are shown by the pictograms.

エ　One of the pictograms shows skiing because many foreign tourists enjoy skiing in Yamagata.

オ　James has experienced *iaido* before and wants Kento to try it.

6 これは，中学生の花（Hana）さんが，「最近興味をもったこと」について，英語の授業で発表するために書いたものです。これを読んで，あとの問いに答えなさい。

One day, my father and I watched a festival in Spain, *La Tomatina, on TV. Many people were *throwing tomatoes at each other. They became red with tomatoes. I was so surprised to see it for the first time. It is called the Tomato Festival in English. It is held on the last Wednesday of August every year. People show thanks for the *harvest of the year. A lot of people around the world come to see or join it. (A)

After we watched it, my father told me about his experience in Thailand. He saw a *lantern festival there. (B) People in Thailand call it *Khom Loi Festival. The festival is held on the day of the full moon in November. People release their lanterns to the sky to *celebrate the harvest of the year. It is said that people thank or respect *Buddha in the sky. (C) Now many people around the world come to join the festival and release many lanterns called Khom Loi to the sky with their *wishes. When I heard his story, I remembered a movie which showed the lantern festival. (D) In the movie, a lantern is released to the night sky from a castle. After that, other people start to release their lanterns with their wishes. Many lanterns spread in the sky and ①the scene is very beautiful. I think it is the most famous scene and the festival is famous because of this movie.

I wanted to know other movies which *deal with foreign festivals. I checked them out on the internet and I found an interesting one. The festival is *Dia de Muertos in Mexico. It is called *Day of the Dead in English. It is held on November first and second because it is said that children's *souls return to their homes on November first, and adults' ones return on November second. There are many *marigolds around the city. People believe that the flowers connect dead people with living people. Also there are some *offerings such as foods or flowers at each home. I think this festival is like Obon in Japan. People remember their *ancestors and enjoy talking about them. In the movie, a boy goes to the dead country and has various experiences there. The dead country is a very beautiful place with many marigolds. Dead people have a good time there. However, they will die again if living people forget them. We should not forget our ancestors. That is the message from this scene. In other words, thanks to our ancestors, we enjoy our lives now. Through this festival and movie, I've found that it is important to remember our ancestors and thank them.

It is fun to know about foreign festivals. I thought festivals were just beautiful and exciting before. But I've found that people don't only enjoy the festivals, but also thank something or someone. Knowing about festivals is learning about foreign cultures. In addition, knowing them makes movies more fun. I want to go abroad and experience various festivals. It will make my life better. How many festivals can I experience from now on? My goal is to join one hundred festivals. Please tell me your favorite festivals!

（注）La Tomatina ラ・トマティーナ　throw ～ ～を投げる　harvest 収穫　lantern(s) ランタン
Khom Loi コムローイ　celebrate ～を祝う　Buddha ブッダ　wish(es) 願い
deal with ～ ～を扱う　Dia de Muertos / Day of the Dead 死者の日　soul(s) 魂
marigold(s) マリーゴールド　offering(s) 供物　ancestor(s) 祖先

問１　次の英文を，本文の流れに合うように入れるとすれば，どこに入れるのが最も適切ですか。（　A　）～（　D　）から１つ選び，記号で答えなさい。

I think that showing thanks for the harvest is like the Tomato Festival.

問２　下線部①はどのような場面ですか。日本語で書きなさい。

問３　本文に即して次の問いに英語で答えなさい。

(1) Has Hana experienced the Tomato Festival in Spain?

(2) Why are there many marigolds around the city?

問４　次の英文は，(1) La Tomatina，(2) Khom Loi，(3) Dia de Muertos のどの祭りにあてはまりますか。あてはまるものを，ア～オからすべて選び，記号で答えなさい。同じ記号を２度以上選んでもかまいません。

ア　People show thanks for the harvest of the year.

イ　Many people talk about dead people.

ウ　It is held for two days in November.

エ　Hana's father experienced it in Thailand.

オ　It is held on the last Wednesday of August every year.

問５　本文の内容に合うものを，ア～オから２つ選び，記号で答えなさい。

ア　Hana is interested in learning about foreign festivals because she traveled to many countries.

イ　Only local people can join the Tomato Festival and enjoy throwing many tomatoes at each other.

ウ　There is a festival which is held on the full moon every month.

エ　Hana's found that she should remember her ancestors through a movie.

オ　Hana thinks that experiencing foreign festivals will make her life better.

問６　これは，花さんの発表を聞いて興味を持ったＡＬＴのオリヴァー（Oliver）さんと花さんの対話の一部です。対話の［　Ⅰ　］，［　Ⅱ　］に入る適切な英語を，文脈に合うように，それぞれ３語以内で答えなさい。

Oliver: Your presentation was very good. I've found that learning about foreign festivals is interesting.

Hana: I'm happy to hear that. ［　Ⅰ　］ me about festivals in your country?

Oliver: Sure. The May Festival in the U.K is interesting. After a long and cold winter, it celebrates the coming of spring. The dances are very famous.

Hana: Oh, really? What are the dances like?

Oliver: I ［　Ⅱ　］ some pictures tomorrow. You can learn about British culture, too.

Hana: Thank you. I'm looking forward to seeing them!

7 カナダ人の男子中学生ダニエル（Daniel）さんと女子中学生エマ（Emma）さんが，日本でのホームステイを希望しています。あなたならどのようなおもてなしをしますか。2人のうち1人を選び，おもてなしの内容とその理由を，30語程度の英語で書きなさい。

問１　文中の空欄 ① , ② に入る適切な語句を答えなさい。なお, ② は, **漢字３文字**で答えなさい。また, {③} にあてはまる語を { } のア，イから選び，記号で答えなさい。

問２　下線部について，拍動するヒトの心臓についての説明として最も適切なものを次のア～エから一つ選び，記号で答えなさい。

ア．心房と心室の間にある弁は，心房が縮(ちぢ)むときは閉じている。

イ．左心房が広がるとき，左心房には全身から戻ってきた血液が流れ込む。

ウ．２つの心室が縮むとき，それぞれの心室から酸素を多く含む血液が流れ出す。

エ．心室と血管の間にある弁は，心室が縮むときは開いている。

問３　敬輔さんは，安静時における１分間の脈拍数（心臓の拍動数）を３回測定し，平均値を求めたところ１分あたり 72 回であった。体重から推定すると敬輔さんの体内の全血液量は約 4500 cm^3 と考えられる。また，１回の拍動により心臓から送り出される血液量は約 75 cm^3 であると仮定すると，安静時において体内の全血液量を心臓から送り出すのにかかる時間は，およそどのくらいの時間になるか。次のア～エから最も適切なものを一つ選び，記号で答えなさい。

ア．50 秒　　イ．５分　　ウ．10 分　　エ．60 分

5

信一さんは，海陸風(かいりくふう)のしくみについて調べるための実験を行った。次は，そのとき信一さんがまとめたものである。あとの問いに答えなさい。

《実験》図のように，中央に仕切りのある透明なプラスチック製の容器を用意し，体積の等しい砂と水をそれぞれ入れた。この容器全体を日のあたる場所に置き，２分ごとに 10 分間，砂と水の温度をそれぞれ測定し，表にまとめた。その後，線香に火をつけて中央の仕切りにのせ，(a)線香の煙の動きを観察した。次に，線香をはずし，しばらくそのままにしてから容器全体を日のあたらない場所に置いた。砂の温度が水の温度より下がったことを確かめてから再び火のついた線香を置いて煙の動きを観察したところ，日のあたる場所での実験と逆向きに動いていた。

図

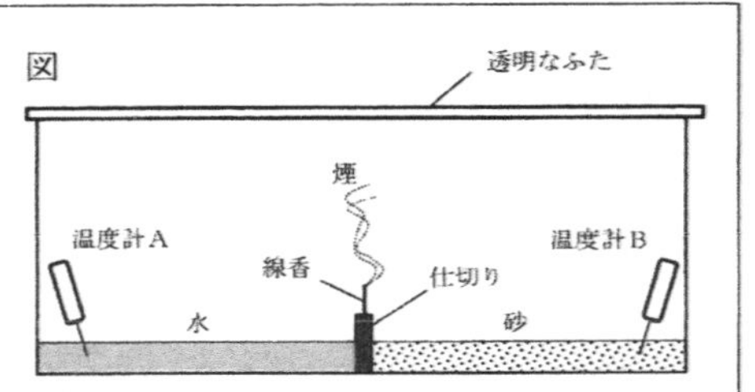

表

経過時間[分]	0	2	4	6	8	10
温度計A[℃]	25.0	25.2	25.3	25.5	25.8	26.1
温度計B[℃]	25.0	25.9	27.1	28.2	28.9	30.1

《考察》容器全体を日のあたる場所に 10 分間置いたあと，観察した線香の煙の動きから考えると，砂の上の気圧は水の上の気圧より（　　）くなっていることがわかる。海に近い地域で，海陸風が吹くのは，このような気圧の差が生じるためである。この空気の動きと，日本列島付近で季節によって特徴的に吹く(b)季節風は，同じような原理である。

問１　温度の測定結果から，海洋と陸地ではどちらの方が温まりやすいと考えられるか，答えなさい。

問２　下線部(a)のときの煙の動きとして最も適切なものを次のア～エから一つ選び，記号で答えなさい。

ア．
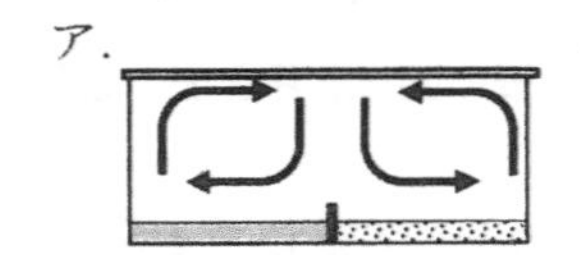
イ．
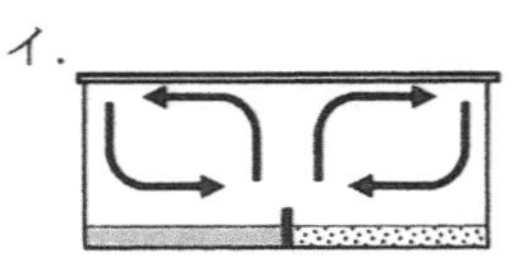
ウ．
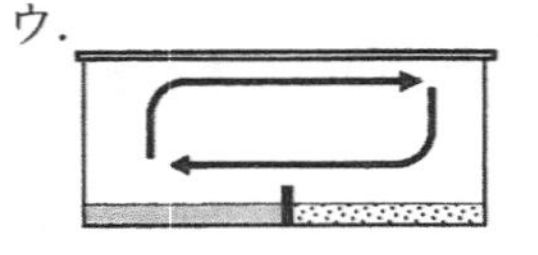
エ．
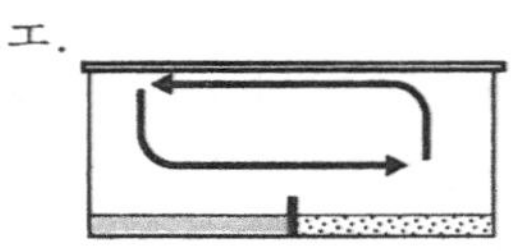

問３　考察の文中の空欄（　　）に入る適切な語を答えなさい。

問4　下線部(b)について，日本の天気の特徴を述べた次のア～エのうち，季節風の影響によるものとして最も適切なものを一つ選び，記号で答えなさい。

ア．春と秋の天気は，４～６日の周期で変化することが多い。

イ．夏から秋にかけて発生する台風は，発生した後は西や北西方向に進むが，日本列島に近づくにつれて進路を北東方向へ変えていくことが多い。

ウ．寒冷前線が通過すると風向きが急変し，気温は下がることが多い。

エ．冬は日本海側で雪が降り，太平洋側では乾燥した晴天が続くことが多い。

6

天文部の愛さんは，月と太陽の見え方について詳しく調べ，レポートにまとめた。以下はその内容の一部である。あとの問いに答えなさい。

太陽の直径は，月の直径の約 400 倍です。また，地球から太陽までの距離も，地球から月までの距離の約 400 倍です。そのため，地球から見た２つの天体の大きさがほぼ等しく見えます。

(a)地球から見た月が地球の影に入る現象を「月食」といい，特に月全体が地球の影に入ることを「皆既(かいき)月食」といいます。月は，地球から見た太陽と月の位置関係が変化することによって，さまざまな形に見えますが，月食が観測される日の月は必ず□となります。

(b)地球から見た太陽が月によってかくされる現象を「日食」といい，特に太陽が完全にかくされる現象を「皆既日食」と呼びます。図１は，日食が観測できるときの太陽，月，地球の位置関係と，太陽光によってできる影のようすを表した模式図です。図１の地点Ｐは，月の影が地表にできている部分を示しており，この影に入った地域では皆既日食を観測できます。また，日食には図２のように，(c)月が太陽をかくしきれず，太陽のふちが残って輪（リング）のように見える「金環(きんかん)日食」という現象もあります。

図１

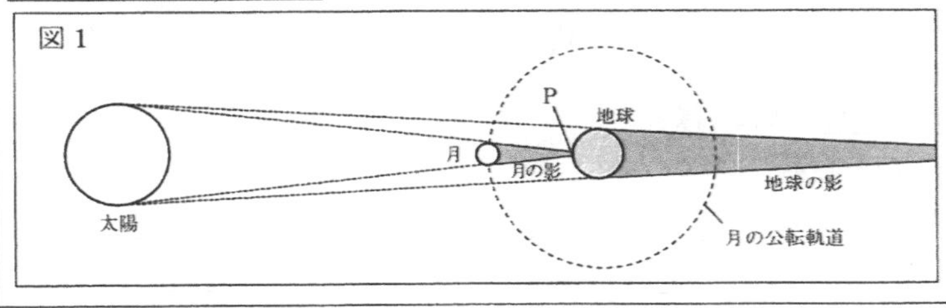

図２

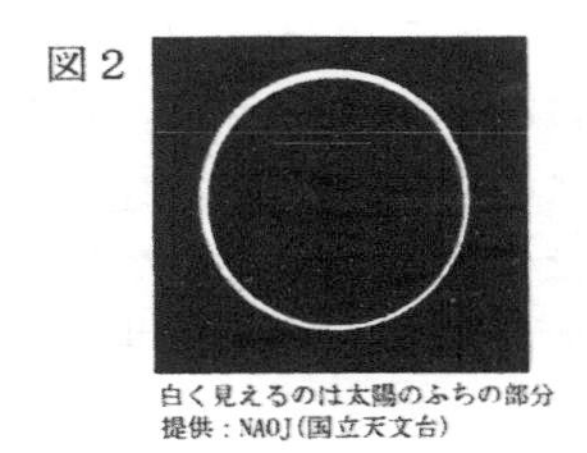

白く見えるのは太陽のふちの部分
提供：NAOJ(国立天文台)

問１　下線部(a)と(b)について，月食・日食のときに見られる月や太陽の形として，どちらでも**観測できないもの**を次のア～エから**すべて**選び，記号で答えなさい。

ア．　イ．　ウ．　エ．

問２　表は，太陽・月・地球の大きさと距離をまとめたものである。表中の空欄Ｘについて，月の直径は約何 km になるか求めなさい。ただし，解答は整数で答えなさい。

表

	直径[km]	地球からの距離[km]
太陽	約 140 万	約 1 億 5000 万
月	X	約 38 万
地球	約 1 万 3000	―

問３　文中の空欄□に入る語句として最も適切なものを次のア～オから一つ選び，記号で答えなさい。

ア．新月　　イ．上弦の月　　ウ．下弦の月　　エ．満月　　オ．三日月

問４　図１において，皆既月食が観測できるときの月の位置はどこか。解答用紙の図に，月を表す○印を書き入れて答えなさい。

問５　下線部(c)について，次の文が，金環日食の起こる理由を説明したものとして正しくなるように，空欄（　Ｙ　）に入る適切な語句を答えなさい。

地球や月の公転軌道(きどう)が円ではなく，だ円形をしているために，地球と太陽の（　Y　）や地球と月の（　Y　）が一定ではない。その結果として，地上からの太陽と月の見かけの大きさがそれぞれ少しずつ変化するので金環日食が起こる。

7　近年は，夏に雷をともなった激(はげ)しい雨が降ることが増えた。太一さんは雷に興味を持ち，雷の発生について調べてみたところ，静電気や電流の流れに関係していることがわかった。あとの問いに答えなさい。

【Ⅰ】太一さんは，雷が発生しやすい積乱雲では雲の内部で氷の粒がこすれあっていることを知り，雷が発生するしくみを下のようにまとめた。

積乱雲の内部では(a)<u>氷がこすれあって，＋や－の電気（静電気）を帯びていく</u>。－の電気を帯びた重い氷の粒が雲の下の方に集まると，地面が□の電気を帯びていく。(b)<u>たまった電気が，雲と地面の間を一瞬で流れる</u>と雷が発生する。

問１　下線部(a)について，物体どうしをこすりあわせると静電気が発生するのはなぜか。理由として正しいものを次のア～エから一つ選び，記号で答えなさい。

ア．物体中の＋と－の電気が互いに反発しあうから。
イ．物体中の＋と－の電気が互いに引きあうから。
ウ．一方の物体からもう一方の物体に＋の電気を帯びた粒子が移動するから。
エ．一方の物体からもう一方の物体に－の電気を帯びた粒子が移動するから。

問２　文中の空欄□に＋か－の記号を入れて，正しい文になるように完成させなさい。

問３　下線部(b)について，雷は雲にたまった静電気が，空気中を一気に流れる自然現象である。このように，たまっていた電気が流れだす現象や，電気が空間を移動する現象を何というか，答えなさい。

【Ⅱ】太一さんは，電流の流れに関する実験を行い，下のようにまとめた。

《実験１》図１のようにクルックス管の電極Aが－極，電極Bが＋極となるように電源装置につなぎ，大きな電圧をかけたところ，蛍光板にまっすぐ進む光る線が見えた（実線 ―）。さらに，別の電源装置を用意して，電極Cに＋極，電極Dに－極を接続して電圧を加えると，光の線は電極C側に曲がった（破線 ----- ）。

《実験２》実験１と同じ装置を使い，蛍光板にまっすぐ進む光る線が見えるようにした。次に図２のように，U字形の磁石を近づけると，光の線が曲がった。

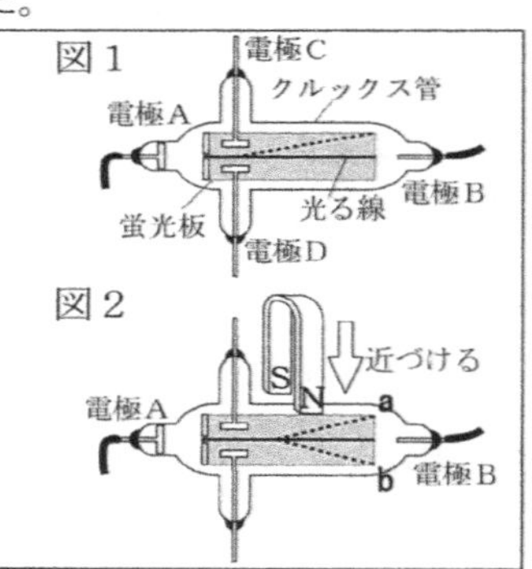

問４　実験で観察された光の線は，小さな粒子の流れである。この小さな粒子を何というか，名称を書きなさい。また，**実験１**はこの小さな粒子のある性質を確かめる実験である。粒子のどのような性質を確かめる実験か，最も適するものを次のア～エから**一つ**選び，記号で答えなさい。

ア．＋極から出て－極に向かう　　イ．－極から出て＋極に向かう
ウ．＋の電気を帯びている　　エ．－の電気を帯びている

問5　実験２について，光の線は図２のａとｂのどちらの向きに曲がったか，記号で答えなさい。また，光の線が曲がったことと同じ原理で起こる現象はどれか。次のア～エから最も適切なものを一つ選び，記号で答えなさい。

ア．モーターに電流を流すと回転する。　　イ．こすった下敷きに髪の毛が引きつけられる。
ウ．コイルに電流を流すと鉄を引きつける。　エ．光が空気中から水に入射すると屈折する。

8

「ばねののびと力の関係」や「力の合成・分解」に関する次の実験１，２を行った。あとの問いに答えなさい。

《実験１》水平な台の上でばねの片方の端をクギにかけて固定し，もう一方の端に糸を結んでばねばかりとつないだ。次に，図１のようにばねばかりを引き，ばねが4.0 cmのびたとき，ばねばかりは0.1 Nを示していた。

《実験２》金属の輪（わ）に３本の糸をつけて方眼紙の上に置き，輪の中心の位置にペンでしるしをつけて点Ｏとした。次に，それぞれの糸にばねばかりをつけて，図２のように先生とＡさん，Ｂさんでばねばかりを持ち，輪の中心が点Ｏから動かないように水平に引いた。図３は，ＡさんとＢさんによって金属の輪が引かれる力をそれぞれF_1，F_2として，２力を同じ大きさにしたときの力のようすを矢印で表したものである。ただし，方眼紙の１目盛りは0.1 Nを表すものとする。

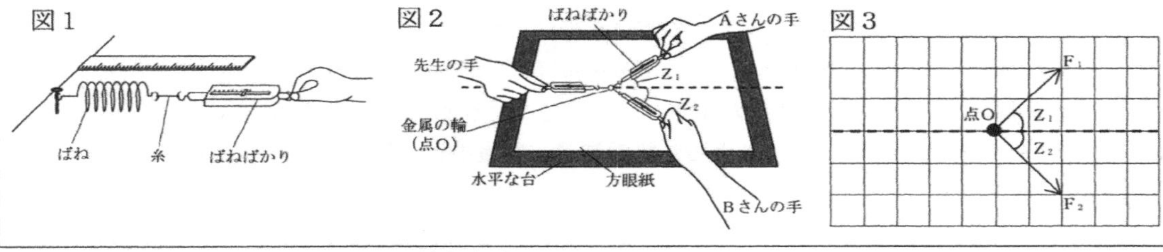

問１　実験１について，次の問いに答えなさい。

(1)「ばねののびは，ばねを引く力の大きさに比例する」という法則を何というか。また，このばねを6.0 cmのばしたとき，ばねを引く力の大きさは何Ｎになるか，それぞれ答えなさい。

(2) ばねが糸を引く力と，ばねばかりが糸を引く力はつり合っている。次は，このときの２力の関係を説明したものである。空欄（　①　）～（　③　）にそれぞれ適切な語句を入れ，文を完成させなさい。

> ２力は（　①　）上にあり，（　②　）が等しく，向きが（　③　）向きである。

問２　実験２について，次の問いに答えなさい。ただし，先生の引く力の向きと大きさは変えず，輪の中心が点Ｏから動かないように引くものとする。

(1) 図３のF_1とF_2の合力の大きさは何Ｎになるか，答えなさい。また，ＡさんとＢさんがばねばかりを引く角度Z_1とZ_2をそれぞれ同じ角度だけ**小さく**していくと，２人が引く力のそれぞれの大きさはどうなるか。最も適切なものを次のア～オから一つ選び，記号で答えなさい。

ア．だんだん大きくなる　　イ．だんだん小さくなる　　ウ．大きくなった後，小さくなる
エ．小さくなった後，大きくなる　　オ．つねに一定である

(2) Ａさんが角度$Z_1=90^\circ$の向きに0.2 Ｎの大きさで金属の輪を引くとき，Ｂさんはどの向きにどのくらいの大きさの力で金属の輪を引いているか。解答用紙にＢさんの引く力を矢印で表しなさい（定規（じょうぎ）を使わず書いてもよい）。

問6　表1の6位の国を含む東南アジアでは稲作が盛んである。次の文中の［　Ⅰ　］～［　Ⅲ　］にあてはまる語句の組み合わせとして正しいものを一つ選び，記号で答えなさい。

> この地域では，［　Ⅰ　］風の影響を受け，降水量が［　Ⅱ　］ため，大きな川の流域などで稲作が盛んに行われている。コメを年2回栽培する［　Ⅲ　］ができる地域もある。

ア　Ⅰ：偏西　Ⅱ：少ない　Ⅲ：二毛作　　**イ**　Ⅰ：偏西　Ⅱ：多い　Ⅲ：二期作
ウ　Ⅰ：季節　Ⅱ：少ない　Ⅲ：二毛作　　**エ**　Ⅰ：季節　Ⅱ：多い　Ⅲ：二期作

問7　表1の6位，8位の国には大規模な国際空港があり，人や物を目的地の空港に中継する拠点となっている。こうした空港を何というか，書きなさい。

問8　表1の7位の国に関連した表3について，次の問いに答えなさい。

(1)　Xは，稲よりも低温少雨でも作ることができ，世界各地で主食として栽培されている。Xにあてはまる農産物を一つ選び，記号で答えなさい。

ア　らっかせい　　**イ**　小麦
ウ　トウモロコシ　　**エ**　大豆

表3　主要食料の生産量(千トン)

	X	牛　肉	野　菜	果　実	魚介類
オーストラリア	31,819	2,049	2,215	3,538	272
フランス	38,678	1,433	5,188	7,690	662
アメリカ	47,461	11,907	34,781	23,849	5,469
日　本	908	469	10,250	2,678	3,776

(『世界国勢図会2020/21』より作成)

(2)　国内で消費する食料のうち，国内でまかなえる割合を何というか。**漢字5字**で書きなさい。

問9　表1の8位の国の雨温図を一つ選び，記号で答えなさい。

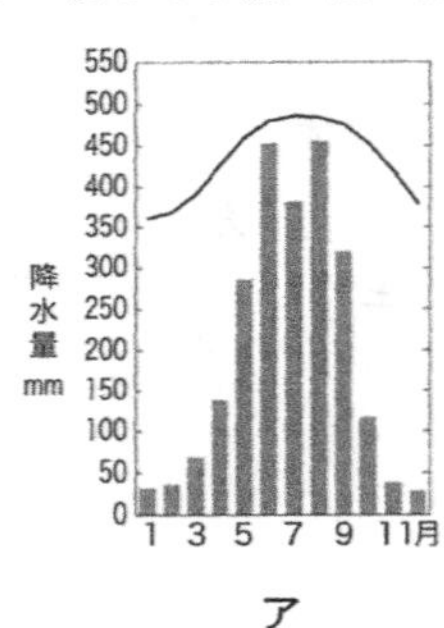

ア

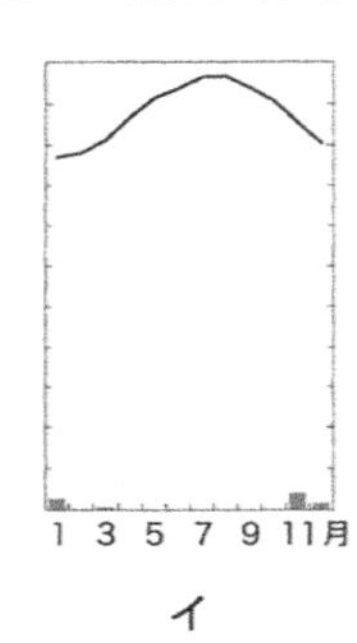

イ

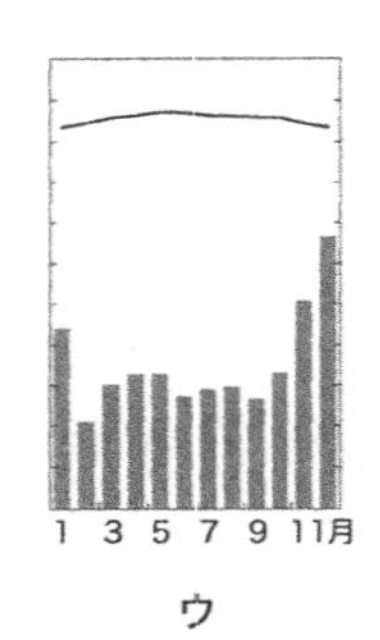

ウ

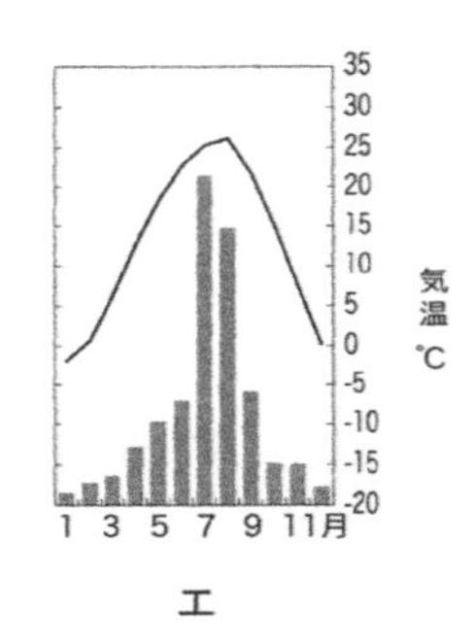

エ

(「気象庁ホームページ」より作成)

問10　表2について，次の問いに答えなさい。

(1)　Cは山形県に隣接する県にあり，太平洋に面している政令指定都市である。Cの都市名を書きなさい。

(2)　酒田港や新潟港を含む日本海側の沖を南から北に暖流が流れている。この暖流は何と呼ばれるか，書きなさい。

(3)　東京港，横浜港，成田空港が関連する関東地方の工業地帯は，九州北部にかけてのびる帯状の工業地域の一部である。この帯状の工業地域はまとめて何と呼ばれるか，書きなさい。

3 明日香さんは行政手続きにおける認印の全廃，いわゆる「脱ハンコ」のニュースを知り，印や証明の歴史について調べてみた。次の表は，そのとき調べたことをまとめたものである。表を見て，問いに答えなさい。

【表】

	A	B	C	D
まとめ	これは1世紀半ばに奴国の王が，漢に使いを送り，皇帝から授けられた金印である。江戸時代に［ X ］の志賀島で発見された。	これは書判（かきはん）と呼ばれる署名である。楷書の字体であったが，平安時代以降に字体がくずされて図案化され，花押（かおう）と呼ばれるようになった。	これは足利義満が明から与えられた勘合である。［ Y ］の取りしまりの要求に応じ，朝貢形式の貿易を認められた。	これは江戸幕府の将軍徳川家康の印章がある，日本船の海外渡航を許した証書である。幕府が貿易を統制して利益を独占するために発行された。

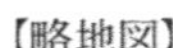

問1　Aについて，次の問いに答えなさい。

(1) ［ X ］にあてはまる都道府県を略地図中より一つ選び，記号で答えなさい。

(2) 下線部のころの日本の様子としてあてはまるものを一つ選び，記号で答えなさい。

ア　豊かな食物のみのりをいのるまじないのため，女性の形をした土偶がつくられるようになった。

イ　米の保存・煮炊きに適したうすくてかたい，赤褐色をした土器がつくられるようになった。

ウ　王や豪族の墓である前方後円墳などの古墳が，各地でつくられるようになった。

エ　石を打ちくだいて，するどい刃を持つ打製石器をつくり始め，狩りを行っていた。

問2　Bについて，次の問いに答えなさい。

(1) 次の文章は，下線部の中ごろに藤原氏が政治の実権をにぎったしくみを説明したものである。文中の［ I ］・［ II ］にあてはまる語句を**それぞれ漢字2字**で書きなさい。

> 藤原氏は自分の娘を天皇の后（きさき）とし，生まれた子を次の天皇にした。天皇が幼いときは政治を代行する［ I ］として，成長すると［ II ］という後見役として天皇を補佐する職についた。

(2) 下線部のころのヨーロッパの様子としてあてはまるものを一つ選び，記号で答えなさい。

ア　教会の資金調達のため免罪符を売り出した教皇を批判したルターによって，宗教改革が始まった。

イ　ラテン人がつくった都市国家ローマが地中海一帯を支配して，ローマ帝国が成立した。

ウ　古代の文化を理想とし，人間の個性や自由を表現しようとするルネサンスという風潮が生まれた。

エ　教皇がキリスト教の聖地であるエルサレムの奪回を呼びかけ，十字軍の遠征が始まった。

問3　Cについて，次の問いに答えなさい。

(1) ［ Y ］にあてはまる語句を書きなさい。

(2) 下線部の時代に起こったできごととしてあてはまるものを一つ選び，記号で答えなさい。

ア 東アジアを支配しようとする日本の軍勢がおしよせた朝鮮に，救援の軍を派遣した。

イ 始皇帝によって統一され，北方の遊牧民の侵入を防ぐため，万里の長城を築いた。

ウ 広大なユーラシア大陸の東西にまたがる大帝国を築き，日本に２度来襲した。

エ 百済を支援するために大軍を派遣した日本を，新羅との連合軍で迎え撃ち勝利した。

問４ Ｄについて，次の問いに答えなさい。

(1) Ｄで説明されている証書は何と呼ばれるものか，書きなさい。

(2) 下線部とあわせて，江戸幕府はキリスト教の禁止も徹底していった。その過程をまとめた略年表中の［Ⅲ］・［Ⅳ］・［Ⅴ］にあてはまるａ～ｃのできごとの組み合わせとして正しいものを一つ選び，記号で答えなさい。

a 島原・天草一揆

b ポルトガル船の来航を禁止

c スペイン船の来航を禁止

【略年表】

年	できごと
1612	幕領でキリスト教を禁止
1613	全国でキリスト教を禁止
1616	中国船以外の外国船の入港地を平戸・長崎に限定
1624	［Ⅲ］
1635	日本人の帰国・海外渡航を禁止
1637	［Ⅳ］
1639	［Ⅴ］
1641	平戸のオランダ商館を出島に移す

ア Ⅲ：a Ⅳ：b Ⅴ：c　　**イ** Ⅲ：b Ⅳ：c Ⅴ：a

ウ Ⅲ：c Ⅳ：a Ⅴ：b　　**エ** Ⅲ：c Ⅳ：b Ⅴ：a

4

2025年に日本国際博覧会(略称「大阪・関西万博」)が開催されることを知ったツバサさんは，国際博覧会に興味を持ち，その歴史について調べてみた。ツバサさんが作ったメモを見て，問いに答えなさい。

・正式な名称は「国際博覧会」で，1851年から始まった。

・欧米諸国が①産業革命の成果である工業製品や巨大な建築物を展示して，自国の産業発展を誇示し，国威を高揚させる場としての役割を果たしてきた。

・おもな博覧会の開催年，開催都市，内容など

1851年　ロンドン(初の国際博覧会)

②1862年　ロンドン

1867年　③パリ(日本初参加)

④1873年　ウィーン(日本政府として公式参加)

1889年　パリ(フランス革命100周年，エッフェル塔建設)

1910年　ブリュッセル

1915年　サンフランシスコ

1929年　バルセロナ

1933年　シカゴ

（1910年～1933年：X）

⑤1937年　パリ

問１ 下線部①は，日本では1880年代以降に軽工業で，日清戦争後に重工業の分野で進んだ。このことに関する次の問いに答えなさい。

(1) 重工業分野の中心となった鉄鋼業について，日清戦争で得た賠償金を使ってつくられた官営の工場の名前を書きなさい。

(2) 工業の発展にともなって，多くの社会問題が発生し始めた。足尾銅山の鉱毒被害について衆議院議員として国会で訴え，初の公害反対運動を行った人物の名前を書きなさい。

問2 下線部②の時期の日本では，欧米諸国との間に不平等な内容の通商条約が結ばれて貿易が始まったことで，攘夷運動が高まった。1863年に攘夷を実行して関門海峡を通る外国船を砲撃し，翌年に4か国の連合艦隊から報復を受けて敗北した藩を一つ選び，記号で答えなさい。

ア 薩摩藩　イ 長州藩　ウ 土佐藩　エ 佐賀(肥前)藩

問3 下線部③で開かれた会議の説明としてあてはまるものを一つ選び，記号で答えなさい。

ア 1919年，アメリカ大統領ウィルソンの提案をもとにして，国際紛争を平和的に解決する世界初の組織の設立が決定された。

イ 1921年から翌22年にかけて，四か国条約が結ばれて日英同盟は解消され，列強間の海軍の主力艦を制限する条約が結ばれた。

ウ 1951年，アメリカを中心とする48か国の資本主義諸国などとの間に条約が結ばれて，日本は独立を回復した。

エ 1955年，植民地支配から解放され独立した国々が参加し，植民地支配の反対や冷戦の下での平和共存の路線が確認された。

問4 下線部④に不平等条約改正の準備を目的とした岩倉使節団が帰国し，その後も明治政府は条約改正の努力を続けた。1893年からはイギリスと交渉し，翌年には日英通商航海条約を結んで条約改正を実現させた。この時の条約改正について説明したものとしてあてはまるものを一つ選び，記号で答えなさい。

ア 陸奥宗光が領事裁判権の廃止に成功した。　イ 陸奥宗光が関税自主権の回復を実現した。

ウ 小村寿太郎が領事裁判権の廃止に成功した。　エ 小村寿太郎が関税自主権の回復を実現した。

問5 資料は，Xの期間中の日本の輸出入額の変化について示したものである。資料に関して説明した文を読み，次の問いに答えなさい。

> 第一次世界大戦中に，日本では，戦争に必要とされた船舶や鉄鋼などを生産し，重工業が急成長した。これによって貿易収支が［A］。この好景気(大戦景気)のなかで，成金とよばれる金持ちが増えた。一方で，好景気は物価の急上昇を招き，庶民の生活は苦しくなった。そこへ［B］が決定し，軍が大量の米を購入すると予想した商人たちが米を買いしめたことで米の値段が急激に上がり，人々は，米の安売りを求める米騒動を起こした。
>
> 第一次世界大戦が終わると，輸出の落ち込みから景気が悪化し，農村では，小作人が地主に小作料の引き下げを求める［C］がしきりに起こされた。

【資料】

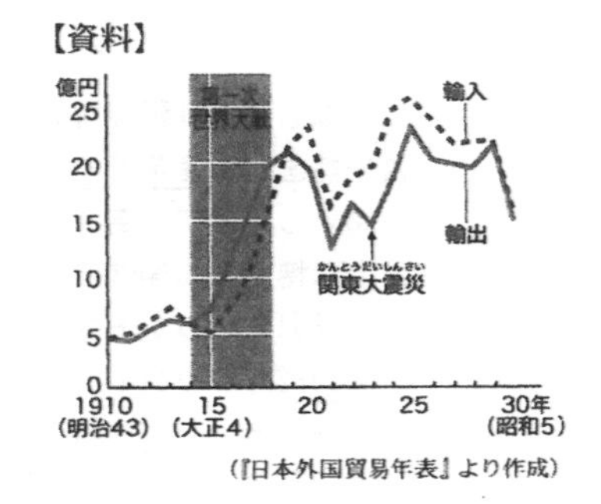

(『日本外国貿易年表』より作成)

(1) グラフを見て［A］にあてはまる言葉を書きなさい。

(2) ［B］・［C］にあてはまる語句を書きなさい。

問6 右の絵は，下線部⑤に出品されたピカソの『ゲルニカ』で，ドイツ軍によるスペインへの爆撃に対する怒りや悲しみ，戦争の悲惨さを訴えるものだった。第二次世界大戦開始後，ドイツ軍の占領政策に対してヨーロッパ各地で行われた武力などによる抵抗運動を何というか，あてはまるものを一つ選び，記号で答えなさい。

ア ストライキ　イ テロリズム　ウ プロテスタント　エ レジスタンス

3　A君とB君はチョコレートとあめをそれぞれ何個かずつ買った。A君はチョコレートとあめを同じ個数ずつ買い，B君が買ったあめの個数は，B君が買ったチョコレートの個数の3倍より4個多かった。また，A君はB君よりチョコレートを6個多く買い，あめを10個少なく買った。このとき，次の問いに答えなさい。

(1)　A君が買ったチョコレートの個数をx，B君が買ったチョコレートの個数をyとして，連立方程式をつくりなさい。

(2)　A君，B君が買ったチョコレートの個数とあめの個数をそれぞれ答えなさい。

(3)　2人の支払った金額が同じであったとき，チョコレートとあめの値段の比をもっとも簡単な整数の比で答えなさい。

4　直線ℓ上に2点A，Bがある。AC＝BC，∠ACB＝120°となるような二等辺三角形ABCを1つ，定規とコンパスを用いて作図しなさい。ただし，作図に使った線は残しておくこと。

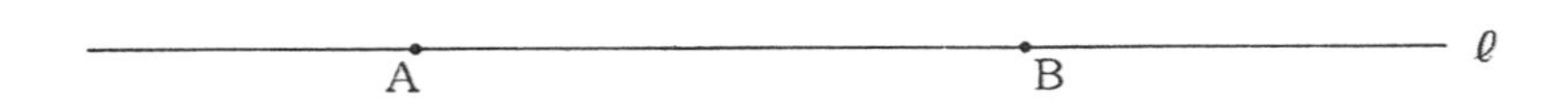

3　図1のように，AB＝8cm，∠B＝∠C＝90°の四角形ABCDがある。点PはAを出発し，途中で止まることなく一定の速さで辺AB，BC，CD上を通ってDまで移動する。点PがAを出発してx秒後の△APDの面積を$y$cm²とする。また，図2はxとyの関係をグラフに表したものである。このとき，次の問いに答えなさい。

図1

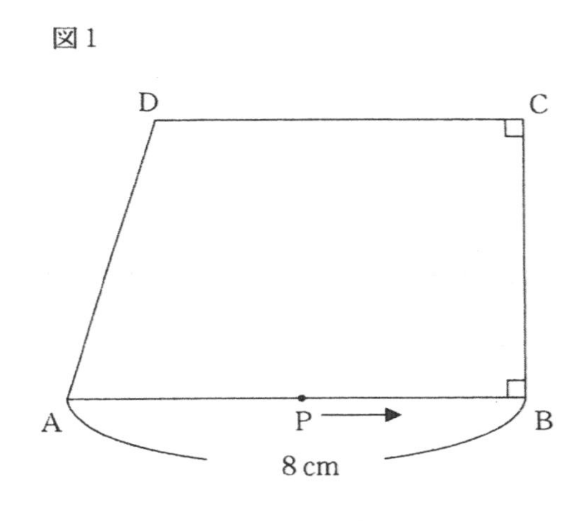

図2

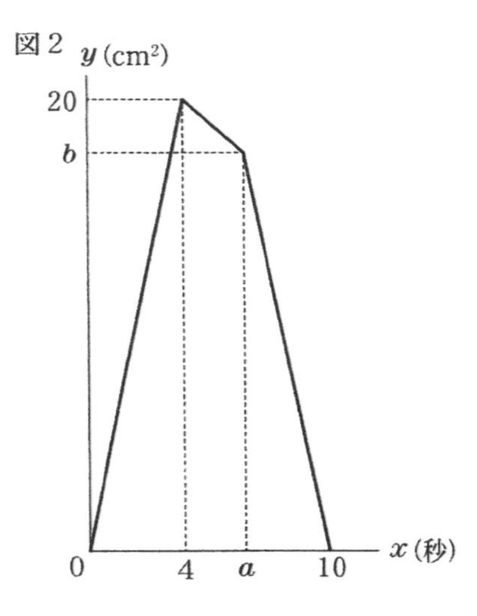

1　点Pの動く速さを求めなさい。

2　辺BC，CDの長さをそれぞれ求めなさい。

3　図2にあるa，bの値をそれぞれ求めなさい。

4　点Pが辺BC上を移動しているとき，△ABPの面積と△APDの面積が等しくなるのは点PがAを出発してから何秒後か求めなさい。

4　下の図のように，点Oを中心とする円Oがあり，△OABを∠OAB＝50°で，辺ABが円Oに接するようにかいた。次に△OABの３つの頂点を通る円O'をかき，円Oとの交点をC，Dとすると，弧$\overset{\frown}{OD}$，$\overset{\frown}{DB}$の長さの比は$\overset{\frown}{OD}$：$\overset{\frown}{DB}$＝３：２であった。また，線分CDと辺OA，OBとの交点をE，Fとする。このとき，次の問いに答えなさい。

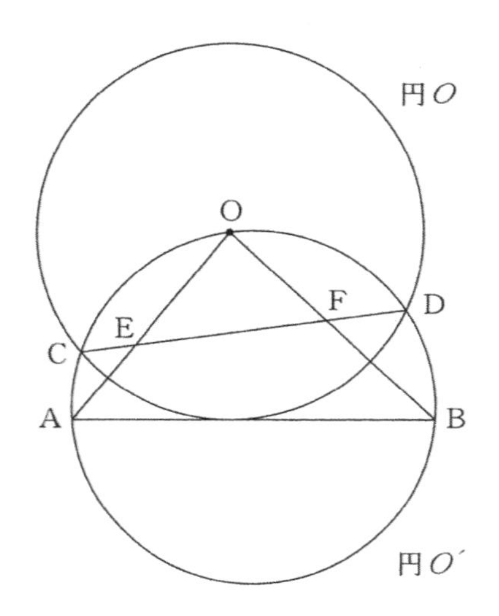

1　∠ODCの大きさを求めなさい。

2　下の証明は，△OAB∽△OFEであることを表したものである。［ア］～［ウ］に適する式や数，語句を入れて証明を完成させなさい。

〔証明〕

△OABと△OFEにおいて，
共通な角より，
∠AOB＝∠［ア］　………①
∠DOB＝∠DAB＝［イ］°
∠DOB＋∠ODC＝∠OFE＝50°
∠OAB＝∠OFE　………②
①，②より
［　　ウ　　］から，△OAB∽△OFE

3　△OFEの面積は△OABの面積の何倍か求めなさい。

二 次の文章を読んで、あとの問いに答えなさい。

1伝統的な祭りと違って、日本のハロウィンは地域のつながりとは無縁な新しいタイプの祭りです。渋谷のハロウィンをつくりだしたのは、渋谷に従来から存在する既存のコミュニティ*ではありません。そこに人々を吸引し群れとなしたのは、スマホ*のネット機能なのです。ハロウィンで渋谷にやってくる人々は、フェイスブックやツイッターといったSNS*で連絡を取り合い各地から集合します。スマホの「#（ハッシュタグ*）渋谷」「#ハロウィン」で検索して、祭りの様子を確認したりもします。主催者も会場の公式な設定もない祭りですから、スマホがなければ始まらないのです。

ではなぜ、これまでの祭りの主体となったリアルな人と人とのつながりが、今はなくなってしまったのでしょうか。まずなにより、隣近所との付き合いを中心とする「地縁」が薄れました。家族親族との「血縁」も以前ほどの強い結びつきはありません。職場でも非正規雇用*が増え、終身雇用*が絶対的なものではなくなった。このように雇用の流動性が高まっている中では、「会社縁」というものもほとんど感じられない。そうした人と人とのつながりを実感しにくい社会に、現在の私たちは暮らしています。

地縁、血縁が生きていた時代には、地域に密着した盆踊りなどの祭りが、各地で催されていました。大家族主義をうたう企業などは、自ら盆踊りや運動会を催したところもあったほどです。しかし、地域の結びつきが薄れていったとき、地方の経済疲弊や過疎化があいまって旧来の祭りはしだいに姿を消していきました。

そして入れ替わるように拡大していったのが、都市型のイベント化した祭りです。たとえば東京だけでも、浅草の三社祭といった旧来の祭りとは別に、高円寺の「阿波(あわ)おどり」、原宿の「スーパーよさこい」、浅草の「サンバカーニバル」、品川、世田谷(せたがや)などの「ねぶた」と、2さまざまな祭りがご当地から移植されて、毎年多くの人を集めています。動員数は数十万から一〇〇万人を超えるものまであり、みんな大規模になっています。

これは全国の都市に波及しています。「よさこい」「ねぶた・ねぷた」などは、全国各地に飛び火していて、地域を代表するイベントになったところもあります。これら都市型の祭りは人々の縁が薄れていった地域で、その空白を埋めるように発展していきました。花火大会、花見、また野外の大がかりなロックフェスティバルな

私たちの内面には過去の歴史時間によって組みこまれた群れへの依存性が、今も色濃く根づいているのかもしれません。近代社会は一個人という観念を人に植えつけました。しかし個々人に宿っている「群れること」への憧れまで捨てることはありませんでした。5渋谷の群衆が発するエネルギーの源は、そうした太古の記憶にあるのでしょう。

〈藤原智美『スマホ断食』による。〉

〔注〕
＊コミュニティ＝共同体　＊スマホ＝スマートフォンの略語。
＊SNS＝ソーシャルネットワーキングサービスの略。インターネット上の登録された利用者同士が交流できる会員制サービス。
＊ハッシュタグ＝ツイッターにおいて特定のテーマについての投稿を検索して一覧表示するための機能。
＊非正規雇用＝一定期間のみの雇用形態。
＊終身雇用＝一度就職すると、定年まで雇用関係が継続する雇用形態。
＊コスプレ＝コスチュームプレイの略語。漫画・アニメ・ゲームなどの登場人物に扮装すること。
＊フェイスペインティング＝顔に絵を描いて楽しむアート。
＊ダース・ベイダー＝「スター・ウォーズ」の登場人物。

問一 ＝＝部a、bの漢字の読み方を、ひらがなで書きなさい。

問二 〰〰部の「さえ」と同じ用法のものは次のうちどれですか。次のア〜エから一つ選び、記号で答えなさい。

ア 安静にさえしていれば治る。
イ 風だけでなく雨さえ降ってきた。
ウ 専門家の彼さえしらなかった。
エ 練習しさえすれば上手になるよ。

問三 ――部1とあるが、「伝統的な祭り」が少なくなっていった理由が示されている六十字程度の一文を本文中から探し、初めの五字を抜き出して書きなさい。

たら哲学的に見えるかその座り方を工夫し始め、その座り方を見たかたつむりから「とても美しくて、とてもりっぱ」だと褒められる。

「てつがく」が何かわからず、座り方を工夫してしまったライオンと、わからないまま「てつがくてき」であるべきだと教えてしまったかたつむりのおかしさ。

獣の王であるといいながら、内心では子どもっぽくて、自分が褒められたことを無邪気に喜ぶライオン。

一方で、それではライオンとかたつむりがわからなかった哲学とはいったい何なのかと読者に考えさせること自体が、すでに哲学の始まりになっている。そして、そうやって座り方を工夫していることそのものも、ライオンにとっては初めての哲学なのだ。

可愛らしい*ファンタジーの中に哲学という*概念の本質を探ろうとした、ストーリーを持った子ども向けの詩とも言える絵本。

かたつむりとライオンのちょっとズレた感じを活かしながら、自分が「てつがく」になったと無邪気に喜ぶライオンと、「てつがくてき」に座るライオンにうっとりした眼差しを向けるかたつむりを、どれだけ演じられるか。

発声、区切り目、間の取り方。強調を作る箇所。

三年が経った今でも、中学生だった僕がどんなふうに解釈をして読んだのか、[C]に取るように覚えている。

それに……声が出る。

獣の王であることを自覚して、*鷹揚な態度でいるライオン。

三年前、声変わりが始まって無理に声を出していたときよりも、ずっと素直に、威厳のある声を出すことができる。

「そう、ぼくのてつがくは、とても美しくて、とてもりっぱなの?ありがとう、かたつむり」

ライオンは肩こりもおなかすきも忘れて、じっとてつがくになっていた。

最後の、ライオンの台詞。

ライオンは途端に無邪気になる。

美しくて立派な獣の王は、かたつむりに認められた瞬間、子どもっぽい本性を露わにしてしまう。

ライオンが求めていたもの。

それは、「てつがく」をしている自分を認め、受け入れてくれる存在。

かたつむりは自分がそれになるために、わざとライオンに「てつがく」を求めたのではなかったか。

もしかするとかたつむりは、ただ単に、ライオンをそんなふうに受け入れる存在になりたかっただけではなかったか。

ライオンと、友だちになりたかっただけなのではなかったか。

……ハッとした。

問四 ――部1～3の「……」からは、「僕」のどのような気持ちが読み取れますか。その組み合わせとして最も適切なものを次の**ア**～**エ**から一つ選び、記号で答えなさい。

ア―1不安・ためらい　―2安心・喜び　―3期待・緊張
イ―1期待・緊張　―2安心・嬉しさ　―3確信・喜び
ウ―1確信・喜び　―2緊張・不安　―3安心・嬉しさ
エ―1期待・緊張　―2疑い・いらだち　―3安心・喜び

問五 Aさんたちは国語の授業で最後の二人の様子から読み取れることをグループで話し合いました。[Ⅰ]、[Ⅱ]に入る適切な言葉を、指定された字数で考えて書き、[Ⅲ]に入る適切な言葉を、本文中から抜き出して書きなさい。なお、[Ⅱ]については、次の三つの言葉を使って書きなさい。三つの言葉はどのような順序で使ってもかまいません。

ライオン　かたつむり　存在

Aさん「私は『ハッとした』という言葉に注目したよ。これは、中学生の時には気づかなかったライオンとかたつむりの心情についての新しい解釈に気づいた僕の[Ⅰ 二字]の心情を表しているんじゃないかな。」
Bさん「新しい解釈って?」
Aさん「[Ⅱ 五十字以内]ということ。そして、その関係は、僕と遥の関係みたいだと気づいたのかもしれないね。」
Cさん「なるほど、僕をじっとみていた遥が[Ⅲ 五字]と同じ台詞を言っているものね。」
Bさん「こんな風に、書かれていないけれど、こうなのかな?と考えたりすることができるのも、小説を読む楽しさの一つだよね。」

問六 国語の授業の最後に、この小説を題材として朗読の仕方について話し合いました。その時に注意すべき点として挙げられたものの中で**誤っているもの**を次の**ア**～**エ**から一つ選び、記号で答えなさい。

ア 作品をよく理解し、内容のまとまりや場面の移り変わりを踏まえた上で読む。
イ 登場人物の性格や心情を考慮して、それぞれの違いが分かるように読む。
ウ 朗読する場所を考え、聞き手に届くように、適切な声量とスピードで読む。
エ 聞き手が自由に想像できるように、自分の感情を抑えて同じ調子で読む。

一　次の文章を読んで、あとの問いに答えなさい。

> 小学校時代「高島みのる」の芸名で天才子役として活躍し、朗読の全国大会でも優勝し続けていた「僕」は、中学一年生の朗読大会で失敗し予選落ちしてしまう。そのことがきっかけとなり、多くの人を前にすると声が出なくなる失声症を患う。高校一年生となった「僕」は過去を隠していたが、「僕」の過去を知る同級生の沢本遥に朗読部に誘われる。
> 次の文章は、遥にお願いされ、失敗した大会の課題図書であった『てつがくのライオン』を「僕」が朗読する場面である。

ゆっくりと、絵本を開く。
黄色い絵具で塗られた雄々しいライオンの姿が、公園の街灯に映し出される。目を瞑った。
ここは、ライオンと同じ色の草がいちめんに生えた草原。
強い日差しが降りそそぎ、穏やかな風が吹く。それに煽られた草木が擦れて、ざわざわと音を立てる。
そんなイメージ。
本文の語り。ライオンの言葉。それだけでなく、ライオンとかたつむりの二人がいる空間そのものを、声で表現する。聴き手に――遥にそのイメージが伝わるように、僕の世界を作り上げる。
すうっと一つ、息を吸った。
喉が、開いている。
いつものように強張っていない。
今なら1……息が気道を通り抜けられる。声帯を震わせることができる。

　ライオンは「てつがく」が気に入っている。

声が出た。「ライオンは」で、ほんの少しの間を置いた。
高島みのるだった頃よりは、少し低い声だ。
その分、a威厳を見せつけようとするライオンの心情が、表現しやすくなっている。
出る2……まだ、声が出せる。

　かたつむりが、ライオンというのは、けものの王で哲学的なようすをしているものだと教えてくれたからだ。
　きょうライオンは「てつがくてき」になろうと思った。哲学というのはすわりかたから工夫したほうがよいと思われるので、尾を右にまるめて腹ばいにすわり、まえあしを重ねてそろえた。

ある日、一頭のライオンがかたつむりから、獣の王であるライオンは「てつがく

遥がじっと、僕を見ている。
子どもみたいに無邪気な目が、公園に佇む街灯の光を受けて、キラキラと輝いている。
その視線に気が付いて、僕はじっと固まったまま、遥を見返した。
「……うん、とても美しくて、とても立派」
遥が、呟いた。
それはとても澄んだ、きれいな聲だった。
純粋に、まっすぐに、僕がこの短い詩篇を読み切ったことを讃える言葉だった。

〈大橋崇行『遥かに届くきみの聲』による。一部省略がある。〉

〔注〕
＊ファンタジー＝空想的な文学作品。　＊概念＝あるものに対するおおまかな理解・イメージ。
＊鷹揚＝ゆったりとして小事にこだわらないこと。

問一　＝部a、bの漢字の読み方を、ひらがなで書きなさい。

問二　本文の［C］に入る最も適切な漢字一字を答えなさい。

問三　Aさんはこの本文を読み、「哲学」という言葉が気になり、考えてみました。次の〈ノート〉はAさんが本文の内容と辞書で調べた意味から自分の考えをまとめたものです。〈ノート〉の［Ⅰ］、［Ⅱ］に入る適切な言葉を、指定された字数で本文中から抜き出して書きなさい。また、［Ⅲ］に入る適切な言葉を、十字以内で考えて書きなさい。

〈ノート〉

【哲学とはなにか?】
◎ライオン　哲学?（よくわからない）
↓
［Ⅰ　十字］ことそのもの
◎私たち　哲学?（よくわからない）
↓
［Ⅱ　十二字］と考えること＝哲学の始まり
◎辞書の意味「哲学」
①世界・人生・事物の究極のあり方や根本原理を理性によって探究する学問。
②自分自身の経験などによって得た人生観や世界観。
［私の考え］
哲学＝世界や人生など様々なものについて［Ⅲ　十字以内］こと

令和４年度
山形城北高等学校
入学試験問題
国　　語

（ 8 ： 50 ～ 9 ： 40 ）

注　　　意

1 「開始」の合図があるまで，開いてはいけません。
2 問題は，６ページまであります。
3 解答用紙は，問題用紙の中にはさんであります。
4 「開始」の合図があったら，まず，解答用紙を取り出し，受験番号を書きなさい。
5 答えは，すべて解答用紙に書きなさい。ただし，［　］の欄には何も記入しないこと。
6 「終了」の合図で，すぐに鉛筆をおき，解答用紙を開いて裏返しにしなさい。

四

次の問いに答えなさい。

問一 次の1～5の＝＝部のカタカナの部分を、漢字で書きなさい。なお、楷書で丁寧に書くこと。

1 西の空が赤くソまる。

2 チームをヒキいて戦う。

3 キリツ正しい生活を送る。

4 キョウリの母に手紙を書く。

5 世界イサンをめぐる旅をする。

問二 次は、総合的な学習の時間に「日本の伝統を知ろう」というテーマで、山田さんが和楽器教室を営む上野さんにインタビューをしている場面です。

この場面における**山田さんの発言の仕方**を説明したものとして最も適切なものを、あとの**ア**～**エ**から一つ選び、記号で答えなさい。

山田さん こちらの和楽器教室はいつから始められたのですか。
上野さん 二〇一三年からです。今年でちょうど十年目になりますね。
山田さん 節目の年なんですね。十年間で、どんな和楽器を教えてこられたのですか。
上野さん 最初は三味線（しゃみせん）や琴を教えることが多かったですね。今は和太鼓を習いたいという方も多いですよ。
山田さん 和太鼓の演奏は中学校の授業で聞いたことがありますし、テレビでも目にする機会が増えたように思います。
上野さん そうですね。十年前と比べると和楽器全般への関心が高まっていると感じます。ここ数年で教室に通う外国の方や学生の方も増えましたよ。うれしいことです。

ア 相手が話しやすい流れを作って、聞きたい内容を引き出している。

イ 話の流れを止めて、自分の考えが正しいか確かめようとしている。

ウ 相手の発言を自分なりに言い換えて、内容をかみ砕こうとしている。

エ 相手の答えを受けつつ、具体的な例を出してもらおうとしている。

五

次のグラフは、青少年を対象に、令和元年度と令和二年度に実施した「青少年のインターネット利用環境実態調査」の中の、家庭で決めているインターネットの使い方のルールに対する回答結果を表したものです。

このグラフをもとに、まとまりのある二段落構成の文章を書きなさい。第一段落には、グラフを見て気づいたことを書きなさい。それをふまえ、第二段落には、この結果からあなたが考えたことを書きなさい。

ただし、あとの《注意》に従うこと。

家庭のルール内容（複数回答）

	令和２年 (%)	令和元年 (%)
利用する時間	72	76
困ったときにはすぐに保護者に相談する	45	37
ゲームやアプリの利用料金の上限や課金の利用方法	43	37
利用するサイトやアプリの内容	36	28
利用する場所	35	34
利用者情報が漏（も）れないようにしている	28	21
送信・投稿する内容	24	19
メールやメッセージを送る相手	21	18

（「青少年のインターネット利用環境実態調査」から作成）

《注意》

◇「題名」は書かないこと。
◇二段落構成とすること。
◇二〇〇字以上、二四〇字以内で書くこと。
◇文字は、正しく、整えて書くこと。
◇グラフの数値を使う場合は、次の例にならって書くこと。

例 十％　二十五％

三　次の文章を読んで、あとの問いに答えなさい。

ある時、夜更けて樋口屋(*)の門をたたきて、酢を買ひにくる人あり。中戸を奥（戸を隔てて奥へは）へは幽かに聞こえける。下男(*)目を覚まし、「何程がの」（どれくらい入り用ですか）と云ふ。（A）「むつかしながら（ご迷惑でしょうが）一文(*)がの」と云ふ。1空寝入りして、そののち返事もせねば、ぜひなく帰り（B）ぬ。夜明けて亭主は、2かの男よび付けて、何の用もなきに3「門口三尺ほれ」と云ふ。御意に任せ（仰せに従って）久三郎、諸肌ぬぎて（上半身裸になって）鍬を取り、堅地に気をつくし（堅い地面に苦労して）、身汗水ながして、やうやう掘りける（C）。その深さ三尺と言ふ時、「銭があるはづ、いまだ出ぬか」と云ふ。「小石・貝殻より外に何も見えませぬ」と申す（D）。「それ程にしても銭が一文ない事、よく心得て、かさねては一文商も大事にすべし。」

〈『日本永代蔵』による。〉

〔注〕
* 樋口屋＝　店の名前。また、その店主を指す。
* 下男＝　下働きをする男性。
* 一文＝　ここでは、ほんのわずかの金銭のこと。

問一　～～～部「はづ」を現代かなづかいに直し、すべてひらがなで書きなさい。

問二　＝＝＝部A～Dの中から、主語が**異なるもの**を一つ選び、記号で答えなさい。

問三　――部1とあるが、誰がなぜ「空寝入り」したのですか。それを次のような形で説明したとき、［　　］に入る適切な言葉を、現代語で十五字以内で書きなさい。

［　　］と思ったため、寝たふりをした。

問四　――部2「かの男」とは誰のことを指しますか。最も適切なものを、次のア～エから一つ選び、記号で答えなさい。

ア　樋口屋　　イ　下男
ウ　筆者　　エ　酢を買ひにくる人

問五　――部3とあるが、亭主がこのように言ったのはなぜですか。その理由として最も適切なものを、次のア～エから一つ選び、記号で答えなさい。

ア　夢を見て、地面の下に何かが埋まっているような気がしたから。
イ　地面の下に以前隠しておいた金銭を取り出す必要があったから。
ウ　せっかくの客を追い返してしまったことに罰を与えたかったから。
エ　わずかな金銭でも稼ぐのはたいへんなことを実感させたかったから。

という印象を持っていたわけです。

一方、海外では、個々人で非常に差があるように感じる、それは伝統的に手*業に対する尊敬がないという、文化的な違いが遠因としてあるのではないかと思うのです。

というのは、中国でも士大夫*は六芸*を教養として学ぶ、つまり音楽や文学、書画は嗜むが、いわゆる工芸に対しては評価が低い。身分、格式の高い人たちは手工芸など、手を使う手業はまずやらない。ヨーロッパでも「リベラルアーツ」は基本的に手を使わず頭を使う学芸、技術を意味するし、「メカニカルアーツ」は手を使うものではっきり区別されていた。

職人は、手を使うので社会的地位が低くみられる。ロココ*の室内装飾[b]などにも非常に繊細な作品をつくる工芸家がいたけれど宮廷には出入りできない。画家は認められて宮廷に入れたが、工芸家は社会的地位が違うと差別された。この考え方は中国でも同様です。

ところが日本では、大名でも手業の得意な人が結構いて、たとえば武将で和歌やお茶にも秀でていた細川幽斎などは料理も上手、包丁使いも優れていたといわれるし、匠の技への評価は非常に高くて尊敬もされました。

日本の場合、手業が浸透しているから[2]「みんながができる」ということが成立するのだと思います。だからこそ新幹線にしても超過密ダイヤが組める。

その能力は、列車運行のみならず東京駅復原工事でも大いに発揮されているのでしょう。

駅本屋に免震構造を入れ、大掛かりに地下まで新しい街を造っていく、前代未聞の大工事を進めながら、なおかつ駅の機能は通常どおり働いていた…ということは、工事の技術関係者だけではなく、乗降客を含む駅全体のマネジメントも綿密に計画しないと不可能です。

ヨーロッパなら、工事中は別に仮駅を造り、工事現場の周囲は全部囲って作業するのが普通です。[3]日本のやり方は西洋では考えられないことで、現在の東京駅の例だけではなく、戦後の高度経済成長期の時代に、建築家の坂倉準三さんが渋谷駅の設計をして東横のターミナルビルができたときも「電車を運行しながら工事をした」と、フランスの建築雑誌が非常にビックリして紹介していました。

渋谷駅は、地下鉄やJR山手線、東急東横線と、違う会社線が共存している

文化　評価　浸透

日本と違い、海外は［　　　　　］から。

問五 ――部3とあるが、西洋では考えられない日本のやり方を次のような形で説明したとき、［Ⅰ］、［Ⅱ］に入る適切な言葉を、［Ⅰ］には四字で、［Ⅱ］には三字で、それぞれ本文中から抜き出して書きなさい。

［Ⅰ］を維持しつつ、［Ⅱ］を行うというやり方。

問六 筆者の考えを説明したものとして最も適切なものを、次のア～エから一つ選び、記号で答えなさい。

ア　独自の変容を遂げた鉄道は、西洋の文化を取り入れながら日本的につくり変えたものの代表といえる。

イ　日本には昔から手業が得意な人が多いため、綿密な計画の実現を可能にする工事の技術が確立している。

ウ　日本人に備わっている統合的なマネジメント能力は、日本特有のダイヤによって養われたと考えられる。

エ　日本の鉄道には、複数の異なる物事を要領よく処理することを得意とする日本人の特質がよく表れている。

問七 本文の論理の展開の仕方について説明したものとして最も適切なものを、次のア～エから一つ選び、記号で答えなさい。

ア　日本の鉄道を紹介して、変容の過程を順序立てて説明することで、ヨーロッパとは異なる鉄道の仕組みを解説している。

イ　日本の鉄道に関する問題提起を行って、参考文献や研究会の内容を根拠として引用することで、問題の答えを導いている。

ウ　日本とヨーロッパの鉄道を比較しながら、歴史的な背景をふまえて、日本的な特性や能力について自説を展開している。

エ　鉄道や文化を例に挙げながら、日本とヨーロッパの考え方の違いを整理して、日本の特異性について明らかにしている。

令 和 5 年 度

東北文教大学山形城北高等学校
入学試験問題

数 学

（ 10：00 ～ 10：50 ）

注 意

1 「開始」の合図があるまで，開いてはいけません。

2 問題用紙は，7ページまであります。

3 解答用紙は，問題用紙の中にはさんであります。

4 「開始」の合図があったら，まず，解答用紙を取り出し，受験番号を書きなさい。次に，問題用紙のページ数を確認し，不備があればすぐに手を挙げなさい。

5 答えは，すべて解答用紙に書きなさい。

6 「終了」の合図で，すぐに鉛筆（シャープペンシルを含む）をおき，解答用紙を開いて裏返しにしなさい。

1 次の問いに答えなさい。

1　次の式を計算しなさい。

(1)　$4-(-2)-9$

(2)　$-\frac{3}{8}\div\frac{1}{2}+\frac{5}{6}$

(3)　$4(2a-b)-5(a-7b)$

(4)　$(\sqrt{3}-2)^2+\frac{21}{\sqrt{3}}$

2　2次方程式　$(x-7)(x+4)=2x-4$　を解きなさい。解き方も書くこと。

3　下の図のように，1から9までの数字を1つずつ書いた9枚のカードがある。この中からカードを1枚取り出し，それをもとにもどさずに，もう1枚取り出す。1枚目のカードに書かれた数を十の位の数，2枚目のカードに書かれた数を一の位の数とする2けたの整数をつくるとき，この2けたの整数が7の倍数になる確率を求めなさい。

ただし，どのカードが取り出されることも同様に確からしいものとする。

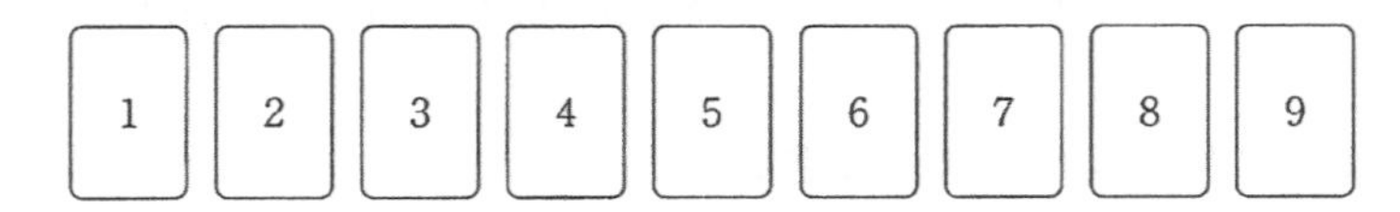

4　右の図のような，ＡＢ＝9cm，ＢＣ＝6cm，∠ＢＣＡ＝90°の直角三角形がある。この△ＡＢＣを，直線ＡＣを軸(じく)として１回転させてできる立体の体積を求めなさい。

　ただし，円周率をπとする。

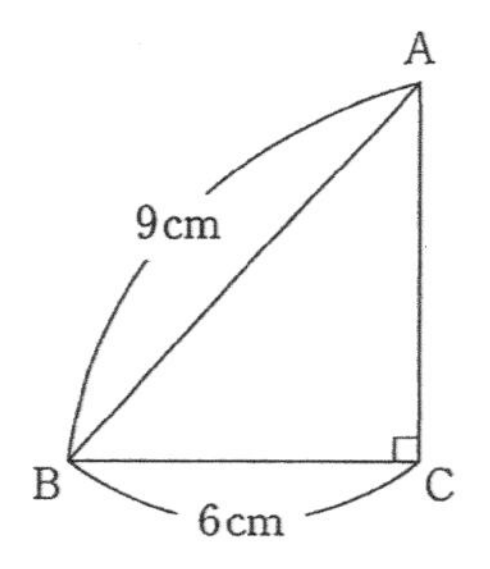

5　下の図は，ある中学校の第３学年の１組31人と２組32人の50m走の記録を，箱ひげ図に表したものである。この箱ひげ図からわかることとして適切なものを，あとのア～エから１つ選び，記号で答えなさい。

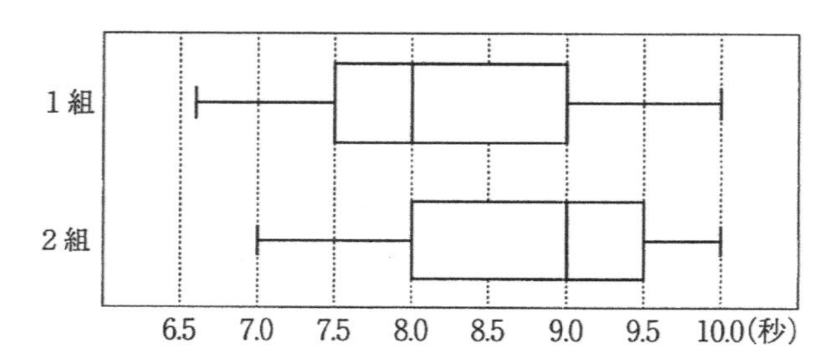

ア　50m走の記録が7.0秒以下の生徒は，１組にも２組にもいない。

イ　50m走の記録の四分位範囲(はんい)は，１組のほうが大きい。

ウ　50m走の記録の中央値は，１組のほうが大きい。

エ　50m走の記録が9.0秒以上の生徒は，２組のほうが多い。

2 次の問いに答えなさい。

1　右の図において，①は関数$y = ax^2$のグラフ，②は1次関数のグラフである。

①と②は2点A，Bで交わっていて，点Aの座標は$(-6,\ 18)$，点Bのx座標は正の数で，y座標は点Aのy座標より小さい。また，②とx軸との交点をCとすると，線分ABの長さは線分BCの長さの8倍になった。このとき，次の問いに答えなさい。

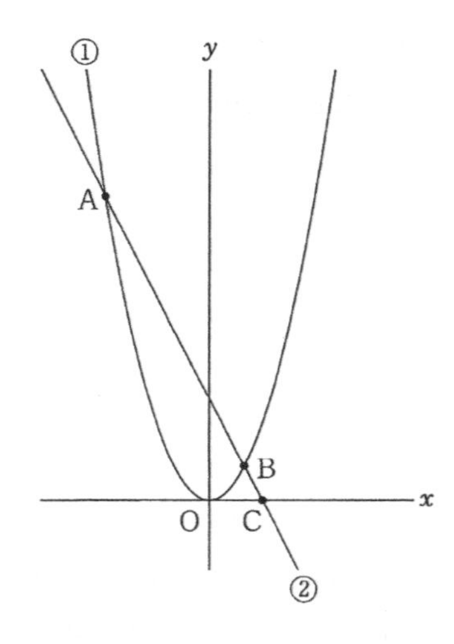

(1)　aの値（あたい）を求めなさい。

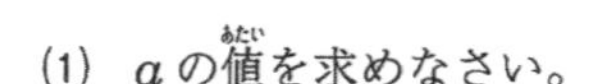

(2)　△AOCの面積を求めなさい。

2　下の図のように，∠A = 40°，∠B = ∠C = 70°の二等辺三角形ABCがある。下の【条件】の①，②をともにみたす点Pを，定規とコンパスを使って作図しなさい。

ただし，作図に使った線は残しておくこと。

【条件】

①　点Pは辺AC上にある。
②　∠APB = 105°である。

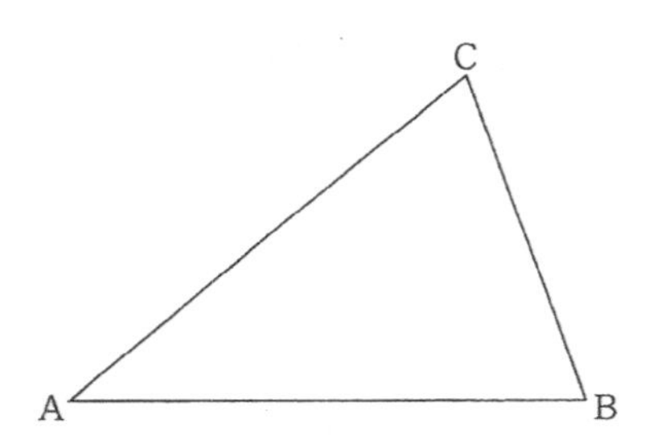

令和5年度

東北文教大学山形城北高等学校
入学試験問題

社　会

（ 11：10 ～ 12：00 ）

注　意

1 「開始」の合図があるまで，開いてはいけません。

2 問題用紙は，7ページまであります。

3 解答用紙は，問題用紙の中にはさんであります。

4 「開始」の合図があったら，まず，解答用紙を取り出し，受験番号を書きなさい。次に，問題用紙のページ数を確認し，不備があればすぐに手を挙げなさい。

5 答えは，すべて解答用紙に書きなさい。

6 「終了」の合図で，すぐに鉛筆（シャープペンシルを含む）をおき，解答用紙を開いて裏返しにしなさい。

1

春香さんは，世界の国々を調べる授業で，山形市の友好・姉妹都市がある次の略地図Ⅰ中のA国～D国に関連することについて，地図や資料を使って調べた。資料を見て，問いに答えなさい。

【略地図Ⅰ】

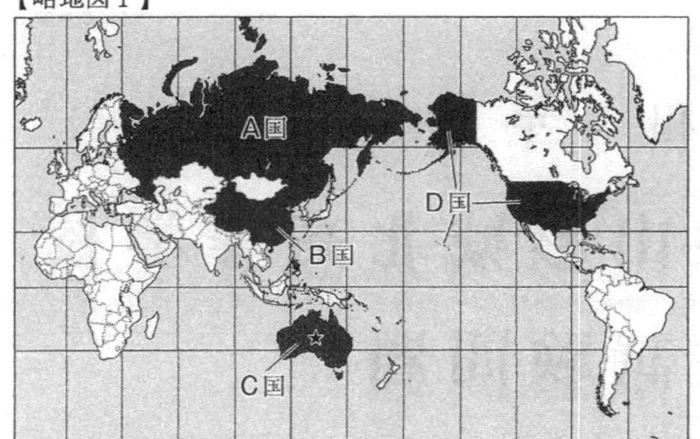

【略地図Ⅱ】

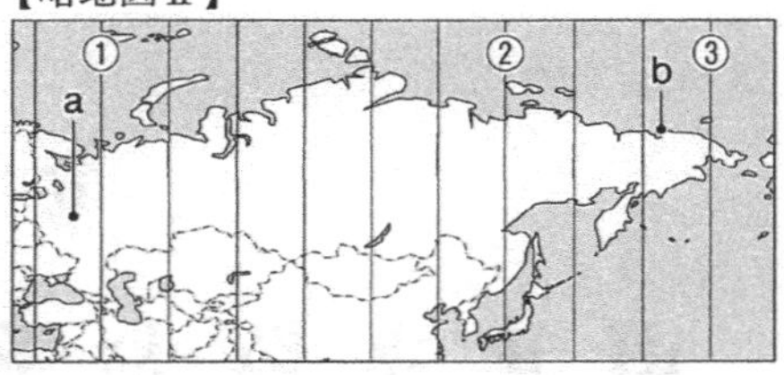

【略地図Ⅲ】

注1：略地図Ⅱは，略地図Ⅰ中のA国とその周辺の標準時子午線となる経線を示したものである。
注2：略地図Ⅲ中の●は，略地図Ⅰ中のB国で経済特区がおかれている地域を示している。

1　略地図Ⅰのような世界地図の特徴の説明として正しいものを一つ選び，記号で答えなさい。

ア　中心からの距離と方位が正しく示される。　　イ　緯度が高いほど面積が大きく示される。

ウ　中心から離れるほど陸地の形がゆがむ。　　エ　どの部分でも面積の比率が正しく示される。

2　次の文章は，春香さんが略地図Ⅰ中のA国の標準時についてまとめたものである。次の問いに答えなさい。

> A国は，[　W　]ため，標準時を一つに決めると，同じ国内でも日の出や日の入りの時刻が大きく異なる地域が出て日常生活に大きな支障があるため，国内に複数の標準時を設けている。例えば略地図Ⅱ中のaの都市では，[　X　]度の経度を示す①の経線を標準時子午線としており，aの都市の時刻が午前7時のとき，③の経線を標準時子午線とするbの都市の時刻は，[　Y　]となる。

(1)　[　W　]にあてはまる言葉を，**国土**という語を用いて書きなさい。

(2)　略地図Ⅱ中の②の経線は，日本の標準時子午線を示している。このことを参考に，[　X　]にあてはまる経度を，**東経**・**西経**を明らかにして書きなさい。また，[　Y　]にあてはまる時刻を一つ選び，記号で答えなさい。

ア　午前4時　　イ　午前10時　　ウ　午後4時　　エ　午後10時

3　次の文章は，春香さんが略地図Ⅲを見てB国の経済特区についてまとめたものである。[　Z　]にあてはまる言葉を，**原材料や製品**という語を用いて書きなさい。

> 経済特区は，税金の負担を軽くするなどして外国の企業が進出しやすいようにし，外国の技術と資金を導入して工業化を進め，工業製品の輸出を中心とした経済の発展のために設けられた。そのため，[　Z　]という理由などにより，B国の経済特区はすべて沿海部に設けられている。

4　略地図Ⅰ中のC国の，★で示した位置にある都市の気候の説明として正しいものを一つ選び，記号で答えなさい。

ア　一年中気温が高く，雨が多い。　　イ　夏の降水量が少なく，冬に雨が多く降る。

ウ　一年を通して降水量が少ない。　　エ　短い夏と寒さの非常に厳しい冬がある。

5　略地図Ⅰ中のD国では，各地の気温や降水量，土の質などの条件に合わせて，最も適した農産物の栽培などが行われている。このような農業のやり方を何というか，**漢字4字**で書きなさい。

6　資料は，春香さんが略地図Ⅰ中のA国～D国の貿易の様子を比較するためにまとめたものである。資料から読み取れることとして**適切でないもの**を一つ選び，記号で答えなさい。

【資料】　(2019年)

		総額(億ドル)	輸出品・輸入品の上位5品目(%)									
A国	輸出	4,197	原油	28.6	石油製品	16.8	鉄鋼	4.5	石炭	4.0	機械類	3.4
	輸入	2,426	機械類	29.9	自動車	9.5	医薬品	5.9	金属製品	3.4	野菜・果実	3.3
B国	輸出	24,985	機械類	43.5	衣類	6.1	繊維品	4.8	金属製品	4.1	自動車	3.2
	輸入	20,690	機械類	33.3	原油	11.5	鉄鉱石	4.8	精密機械	4.5	自動車	3.6
C国	輸出	2,726	鉄鉱石	25.0	石炭	16.6	金（非貨幣用）	6.1	肉類	4.3	機械類	3.1
	輸入	2,270	機械類	25.7	自動車	12.1	石油製品	8.5	医薬品	4.2	原油	4.0
D国	輸出	16,411	機械類	23.5	自動車	7.9	石油製品	5.7	精密機械	4.4	原油	4.0
	輸入	24,984	機械類	28.6	自動車	11.9	医薬品	5.3	原油	5.2	衣類	3.7

(『世界国勢図会 2021/22年版』より作成)

ア　A国はパイプラインを使って鉱産資源を輸入し，工業製品を輸出する加工貿易を行っている。

イ　B国は4国の中で最も輸出額が多くなっており，世界の工場と呼ばれている。

ウ　C国は豊富にとれる鉱産資源の輸出額が全体のおよそ半数を占めており，工業製品の輸入が多い。

エ　D国はサンベルトなどで工業が盛んなため，機械類と精密機械の輸出額の合計が4500億ドルをこえている。

2　都道府県を調べる授業で，誠さんは中部地方について調べた。地図や資料は，そのときまとめたものである。問いに答えなさい。

【略地図】

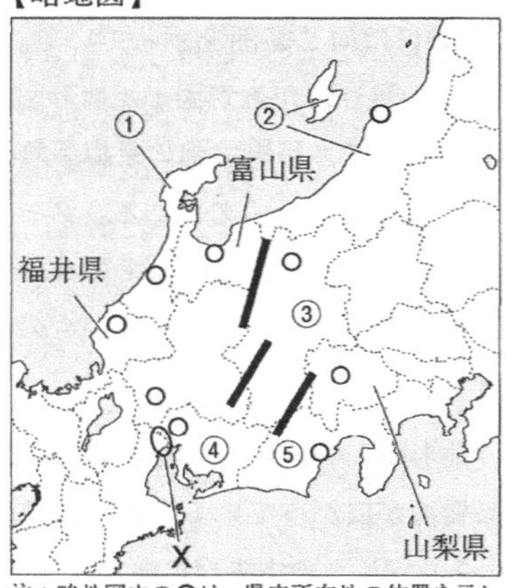

注：略地図中の○は，県庁所在地の位置を示している。

1　略地図中の①～⑤の県のうち，県名と県庁所在地名が異なる県を**すべて**選び，番号で答えなさい。

2　略地図中において━━で示された三つの山脈は，標高3,000m前後の険しい山々が連なり，日本アルプスと呼ばれている。日本アルプスに含まれる山脈として**適切でないもの**を一つ選び，記号で答えなさい。

ア　赤石山脈　　イ　越後山脈

ウ　木曽山脈　　エ　飛騨山脈

3　資料Ⅰは，略地図中のXで示した地域に見られる「輪中」の様子を示した模式図である。資料Ⅰを見て，「輪中」とはどのような地域か，書きなさい。

【資料Ⅰ】

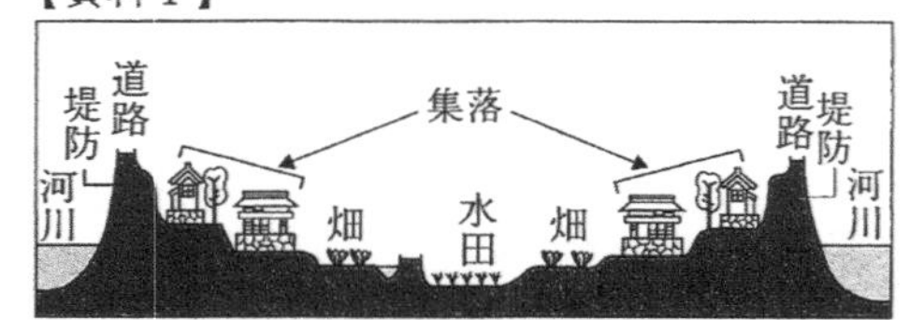

4　次の文章は，誠さんが略地図中の①，②の県や福井県，富山県からなる北陸地域の産業の特色についてまとめたものである。次の問いに答えなさい。

> 北陸地域には，①の県の輪島(わじま)市の漆器，富山県の製薬・売薬といった伝統産業や，福井県鯖江(さばえ)市の眼鏡フレーム，②の県の燕(つばめ)市などの金属製品をはじめとした［ a ］産業など，農家の副業から始まり，地元でとれる原材料などを生かして発展してきた様々な産業がある。こうした産業が，北陸地域で農家の副業から発展した大きな理由としては，［ b ］ことが挙げられる。

(1)　［ a ］にあてはまる語句を，**漢字２字**で書きなさい。

(2)　［ b ］にあてはまる言葉を，**降水量**，**農作業**の二つの語を用いて書きなさい。

5　資料Ⅱは，略地図中の①～⑤の県における，人口密度や農業・工業についてまとめたものである。**ア**～**オ**は，①～⑤の県のいずれかである。③の県にあたるものを一つ選び，記号で答えなさい。また，その県名も書きなさい。

【資料Ⅱ】　(2019年)

	人口密度（人／km^2）	農業産出額に占める割合（%）		製造品出荷額等に占める割合（%）	
		米	野菜	情報通信機械器具	輸送用機械器具
ア	468.5	10.0	30.7	1.6	24.8
イ	176.7	60.2	12.7	1.5	4.9
ウ	1459.9	10.1	34.2	0.4	55.4
エ	151.1	18.5	32.0	17.5	6.5
オ	271.8	54.3	17.6	6.1	5.7

（『データでみる県勢 2022年版』などより作成）

6　略地図中の山梨県の甲府盆地では，山形盆地と同様に果樹栽培が盛んである。地形図Ⅰは1947年，地形図Ⅱは2006年に発行されたもので，いずれも甲府盆地のほぼ同じ範囲を示している。メモは，誠さんが地形図Ⅰと地形図Ⅱをふまえて，甲府盆地の果樹栽培についてまとめたものである。メモの［ X ］～［ Z ］にあてはまる言葉の組み合わせとして正しいものを一つ選び，記号で答えなさい。

【地形図Ⅰ】

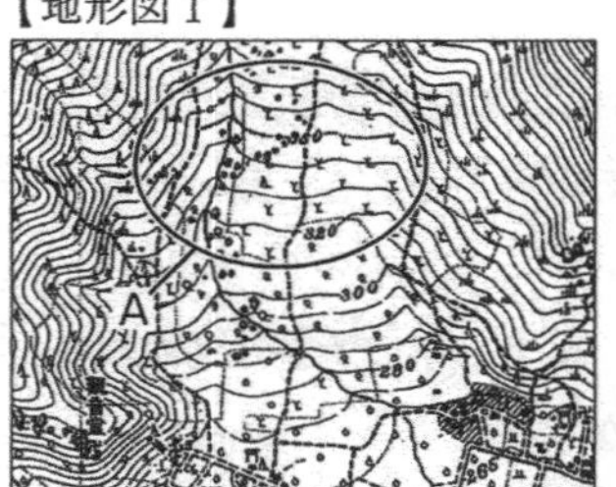

【地形図Ⅱ】

（国土地理院「１：25,000 地形図　甲府」より作成）

【メモ】

> 地形図Ⅰ中の**A**の地域では，養蚕のための［ X ］が広がっていたが，地形図Ⅱでは同じ地域に果樹園が広がっている。**A**の地域は，河川が山から平地に出るところに土砂を積もらせて形成される［ Y ］の中央部にあたり，水はけが［ Z ］という特徴があるため，果樹栽培に適している。

ア　X　桑畑　Y　三角州　Z　良い　　**イ**　X　桑畑　Y　三角州　Z　悪い

ウ　X　桑畑　Y　扇状地　Z　良い　　**エ**　X　竹林　Y　三角州　Z　悪い

オ　X　竹林　Y　扇状地　Z　良い　　**カ**　X　竹林　Y　扇状地　Z　悪い

令和５年度

東北文教大学山形城北高等学校
入学試験問題

理　科

（　12：40　～　13：30　）

注　　意

1　「開始」の合図があるまで，開いてはいけません。

2　問題用紙は，７ページまであります。

3　解答用紙は，問題用紙の中にはさんであります。

4　「開始」の合図があったら，まず，解答用紙を取り出し，受験番号を書きなさい。次に，問題用紙のページ数を確認し，不備があればすぐに手を挙げなさい。

5　答えは，すべて解答用紙に書きなさい。

6　「終了」の合図で，すぐに鉛筆（シャープペンシルを含む）をおき，解答用紙を開いて裏返しにしなさい。

1 拓也さんは，動物の体のつくりについて興味をもち，セキツイ動物，無セキツイ動物それぞれについて調べた。次の問いに答えなさい。

1 拓也さんは，図1のセキツイ動物A～Eについて図鑑を用いて調べ，その特徴を表にまとめた。あとの問いに答えなさい。

図1

A　B　C　D　E

セキツイ動物	A	B	C	D	E
呼吸のしかた	肺で呼吸する。	肺で呼吸する。	子のときは［①］と［②］で，成長すると［③］と［②］で呼吸する。	えらで呼吸する。	肺で呼吸する。
体表のようす	うろこでおおわれている。	毛でおおわれている。	湿った皮ふでおおわれている。	うろこでおおわれている。	羽毛でおおわれている。
子のうまれ方	［④］	胎生	［④］	［④］	［④］

(1) ①～④にあてはまる語を書きなさい。

(2) セキツイ動物A，C，Dと同じなかまに分類される動物の組み合わせとして最も適切なものを，次の**ア**～**エ**から一つ選び，記号で答えなさい。

ア A ワニ　C イモリ　D フナ
イ A ワニ　C イモリ　D クジラ
ウ A イモリ　C ワニ　D フナ
エ A イモリ　C ワニ　D クジラ

2 拓也さんは，無セキツイ動物の体について調べるため，トノサマバッタをつかまえて観察を行った。次は，拓也さんが観察した結果をまとめたものである。

> 図2のトノサマバッタの体はかたい殻でおおわれ，体やあしには節が見られた。また，腹部には小さな穴のようなつくりが見られた。そこで，これらの体のつくりについてインターネットを使って調べてみた。
>
> 図2
>
> 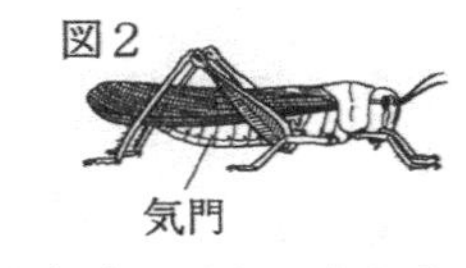
>
>
> トノサマバッタの体をおおう殻は［a］とよばれ，体を支えたり保護したりするはたらきがある。［a］があることと，体やあしに節があることから，トノサマバッタは［b］動物に分類されることがわかった。また，腹部に見られた小さな穴のようなつくりは，気門とよばれるつくりであることがわかった。

(1) ［a］，［b］にあてはまる語を，それぞれ書きなさい。

(2) トノサマバッタは［b］動物の中の昆虫類に分類される。昆虫類の体のつくりについて説明したものとして最も適切なものを，次の**ア**～**エ**から一つ選び，記号で答えなさい。

ア 胸部に3対のあしがあり，気門でにおいを感じている。
イ 胸部に3対のあしがあり，気門から空気をとりこんでいる。
ウ 腹部に3対のあしがあり，気門でにおいを感じている。
エ 腹部に3対のあしがあり，気門から空気をとりこんでいる。

2 日菜さんは，生態系における生物の関係について興味をもち，調べた。次は，日菜さんがまとめたものの一部である。あとの問いに答えなさい。

> 自然界では，Aの生物がBの生物に食べられ，Bの生物がCの生物に食べられるという関係が見られる。この関係のことを［ X ］という。図1はそれを模式的に表したものであり，A～Cは肉食動物，草食動物，植物のいずれかを示している。
>
> 図1
>
> 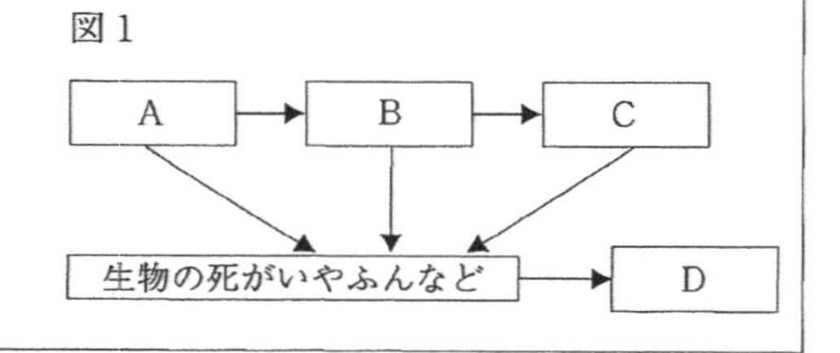
>

1 ［ X ］にあてはまる語を書きなさい。

2 図1のDの生物について，次は，日菜さんがまとめたものである。［ a ］，［ b ］，［ c ］にあてはまるものの組み合わせとして最も適切なものを，あとのア～エから一つ選び，記号で答えなさい。

> Dの生物は土の中の小動物や微生物であり，［ a ］とよばれる。これらの生物は，生物の死がいやふんなどに含まれる［ b ］をとりこみ，二酸化炭素や水などの［ c ］に分解する働きをしている。

ア　a　生産者　b　有機物　c　無機物　　イ　a　生産者　b　無機物　c　有機物
ウ　a　分解者　b　有機物　c　無機物　　エ　a　分解者　b　無機物　c　有機物

3 図2は，ある生態系におけるA～Cの生物の数量のつり合いが保たれた状態を模式的に表したものである。このとき，何らかの原因でBの生物が減少したとしても，やがて図2のようにつり合いが保たれた状態にもどる。Bの生物が減少してから，図2のような状態になるまでの過程になるように，次のア～ウを適切な順に並べなさい。

図2

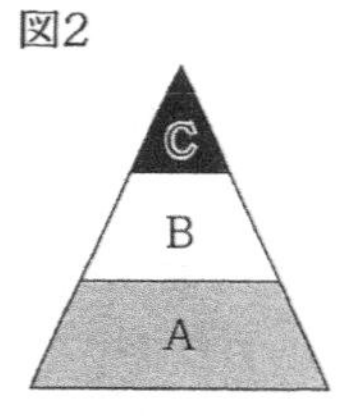

ア

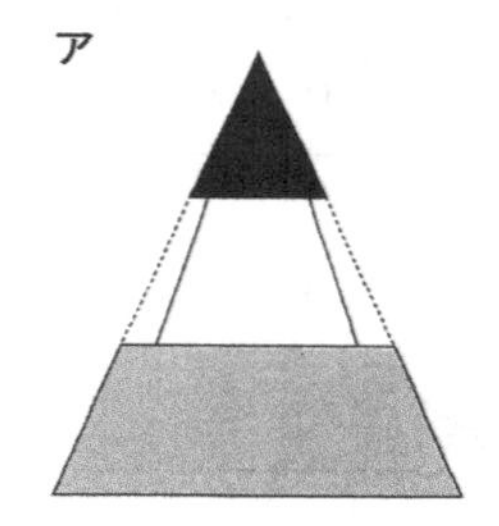

イ

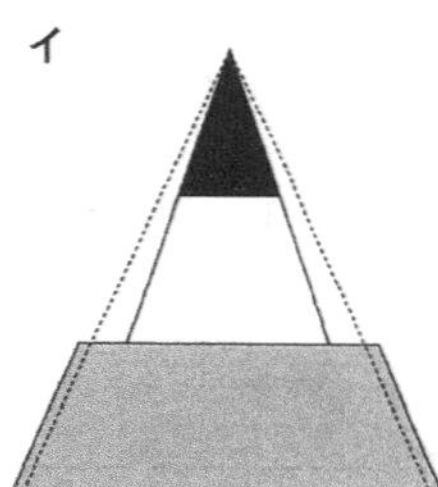

ウ

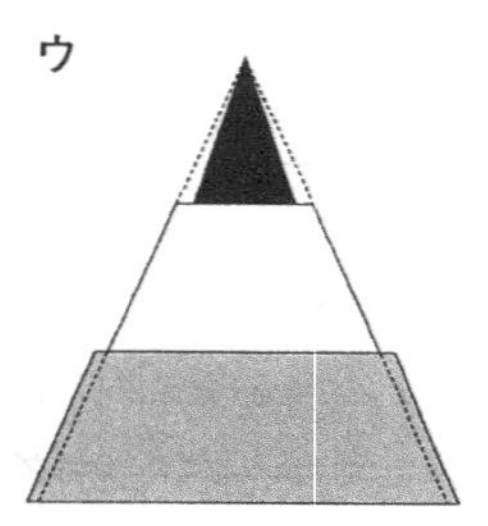

3 悠太さんは，火山の形について調べるために，次の①～③の手順で実験を行った。あとの問いに答えなさい。

【実験】

① ホットケーキミックス100gに水40mLを加えてかき混ぜ，ポリエチレンの袋Aに入れた。次に，図1のように，工作用紙の中心にあけた穴に，袋Aの口を下からさしこみ，テープで固定した。

② 袋Aの中身をゆっくりとおし出し，工作用紙上のホットケーキミックスの真横から見た形を記録した。

③ ホットケーキミックス100gに水60mLを加えてかき混ぜ，ポリエチレンの袋Bに入れ，同様の操作を行った。図2はこのときの，袋A，Bでの結果を表したものである。

図1

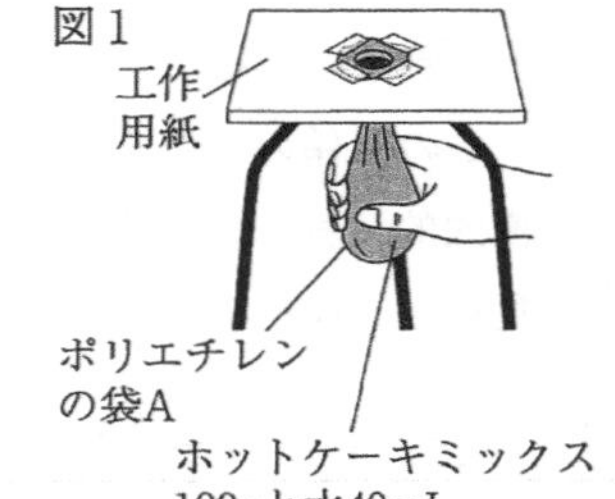

図2

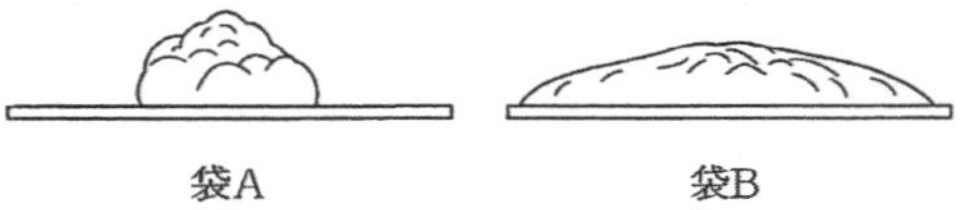

1 実験では，ホットケーキミックスに水を加えた混合物を火山の地下にあるマグマに見たてて実験を行った。マグマが地表に流れ出した溶岩や，火山灰などのように，火山の噴火によって放出される物質を何というか，書きなさい。

2 袋Aのホットケーキミックスをおし出したときと同じ形の火山で火成岩を採取した。図3は，その火成岩の表面をルーペで観察したときのスケッチである。次の問いに答えなさい。

図3

(1) 次は，図3の火成岩についてまとめたものである。[a]，[b]にあてはまる語として最も適切なものを，あとのア～エからそれぞれ一つずつ選び，記号で答えなさい。

図3の火成岩は，目に見えないほど小さな粒の中に，比較的大きな鉱物が散らばったつくりをしている。このようなつくりを[a]といい，このつくりをもつ火成岩を[b]という。

ア 等粒状組織(とうりゅうじょう)　イ 斑状組織(はんじょう)　ウ 火山岩　エ 深成岩

(2) 図3の火成岩は全体が白っぽい色をしていた。この火成岩の名称(めいしょう)を何というか，書きなさい。

3 図4は，雲仙普賢岳(うんぜんふげんだけ)とマウナロアの形を模式的に表したものである。図4の雲仙普賢岳とマウナロアのマグマのねばりけと噴火のようすの組み合わせとして最も適切なものを，あとのア～エからそれぞれ一つずつ選び，記号で答えなさい。

図4

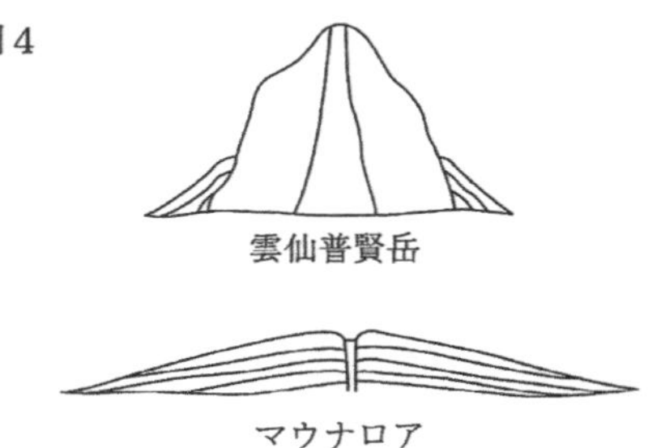

ア マグマのねばりけは強く，激しく噴火する。
イ マグマのねばりけは強く，おだやかに噴火する。
ウ マグマのねばりけは弱く，激しく噴火する。
エ マグマのねばりけは弱く，おだやかに噴火する。

令和5年度

東北文教大学山形城北高等学校
入学試験問題

英　　語

（ 13：50 ～ 14：40 ）

注　　意

1 「開始」の合図があるまで，開いてはいけません。

2 最初に，放送によるテストがあります。

3 問題用紙は，7ページまであります。

4 解答用紙は，問題用紙の中にはさんであります。

5 「開始」の合図があったら，まず，解答用紙を取り出し，受験番号を書きなさい。次に，放送によるテストが始まる前に問題用紙のページ数を確認し，不備があればすぐに手を挙げなさい。

6 答えは，すべて解答用紙に書きなさい。

7 「終了」の合図で，すぐに鉛筆（シャープペンシルを含む）をおき，解答用紙を開いて裏返しにしなさい。

1 これはリスニングテストです。放送の指示に従って答えなさい。 **※音声は収録しておりません**

1

No. 1

ア

イ

ウ

エ

No. 2

公園

病院 ウ

ア

銀行 エ

イ 郵便局

現在地 ✦

2

<明さんが使っているメモ>

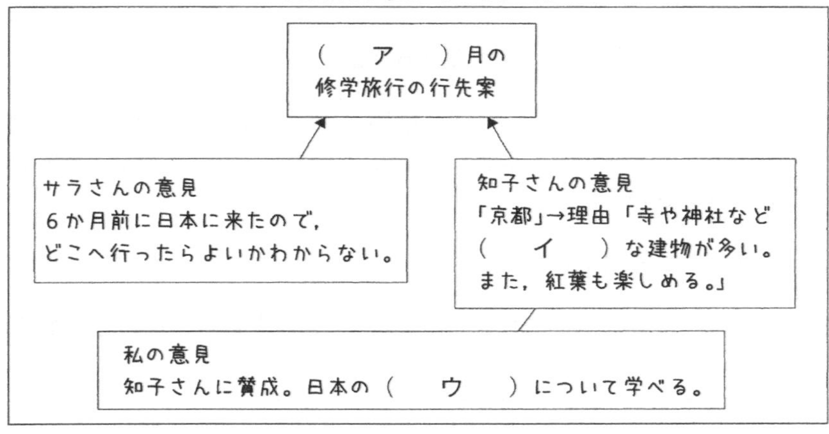
（　ア　）月の
修学旅行の行先案

サラさんの意見
6か月前に日本に来たので，
どこへ行ったらよいかわからない。

知子さんの意見
「京都」→理由「寺や神社など
（　イ　）な建物が多い。
また，紅葉も楽しめる。」

私の意見
知子さんに賛成。日本の（　ウ　）について学べる。

3

No. 1　ア　Nancy is.
イ　Daisuke is.
ウ　Kaori is.
エ　Kaori and Nancy are.

No. 2　ア　She wants to go to the stadium to give Daisuke a cheer.
イ　She wants to play tennis with Nancy.
ウ　She wants to see volleyball at the stadium.
エ　She wants to cheer up Nancy with Daisuke.

4　答えは，解答用紙に書きなさい。

（メモ用）

(　　　)のところの英語を聞き取り，書きなさい。

Jimmy: Oh, what do you have in your hand?

Yoko: I have a book. I think it (　　　　　　　　　　　　　　　　).

2 次の問いに答えなさい。

1 次の対話文の(　　)の中に最も適する英語を，それぞれ1語ずつ書きなさい。

(1) *Lisa:* What's the (　　) today?
Masao: It's January 20.

(2) *Yuka:* What (　　) do you like the best?
Mary: Well, I like music the best. But I'm interested in Japanese, too.

(3) *Man:* Did you read today's newspaper? It says that some children were injured on the street.
Woman: Yes ! I was surprised to read the article about the car (　　).

2 次の対話文の(　　)の中に最も適するものを，あとのア～エからそれぞれ一つずつ選び，記号で答えなさい。

(1) *Takeshi:* Have you done your math homework yet?
Becky: Yes, I have. Why do you ask me?
Takeshi: It's difficult for me. (　　　　)
Becky: Sure. Come to my house after school.

ア Shall I help you with your homework?
イ Can you help me with my homework?
ウ Why don't we play tennis in the park?
エ What are you going to do after school?

(2) *Kumi:* I hear you joined the volunteer work last Sunday.
Robert: Right. We cleaned the park and took care of flowers there.
Kumi: That's nice. I have never joined such work.
Robert: (　　　　) I'll tell you when I hear of the volunteer work next time.

ア Thank you for helping me.　　イ You had a good experience.
ウ You shouldn't do such work.　　エ That will be a good experience.

3 次の対話文の下線部について，あとのア～カの語を並べかえて正しい英文を完成させ，(X)，(Y)，(Z)にあてはまる語を，それぞれ記号で答えなさい。

(1) *Naoko:* Sam, you look hungry. Would you like a (　　)(X)(　　)(Y)(　　)(Z)?
Sam: I'd love to. Thank you, Naoko.

ア I　イ of　ウ piece　エ made　オ cake　カ that

(2) *Hiroshi:* I have two tickets for Ms. Ogata's concert. Can you come with me?
Sally: Sure. Tell me when (　　)(X)(　　)(Y)(　　)(Z).

ア will　イ the　ウ and　エ where　オ concert　カ be

これで，2の問題を終わり，3の問題に移ります。問題用紙2ページの3を見てください。(間2秒)

中学生の香(Kaori)さんは，友人のナンシー(Nancy)さんに電話し，メッセージを残しました。メッセージのあと，クエスチョンズと言って二つの質問をします。それぞれの質問の答えとして最もふさわしいものを，ア，イ，ウ，エの中から一つずつ選び，記号で答えなさい。英文は2回読みます。　(間2秒)

では，始めます。　(間2秒)

Hi, Nancy. How is your tennis team? My volleyball team won our game last week. You know Daisuke is a member of the baseball team, right? His team will have a game next Sunday. If you don't have tennis practice that day, can you come to give him a cheer? The game will be held at Green Stadium and start at nine thirty. If you can, please write an e-mail to me. I hope you will come.

(間2秒)

Questions:　No.1　Who is on the volleyball team?　(間8秒)

No.2　What does Kaori want to do next Sunday?　(間8秒)

くりかえします。　(間2秒)　(英文を読む)　(間10秒)

これで，3の問題を終わり，4の問題に移ります。問題用紙2ページの4を見てください。(間2秒)

これから，英語による対話文を2回読みます。(　　)のところの英語を聞き取り，書きなさい。(間2秒)

では，始めます。　(間2秒)

(Jimmy): Oh, what do you have in your hand?

(Yoko): I have a book. I think it is more interesting than any other book.　(間15秒)

くりかえします。　(間2秒)　(英文を読む)　(間15秒)

これでリスニングテストを終わります。次の問題に移ってください。

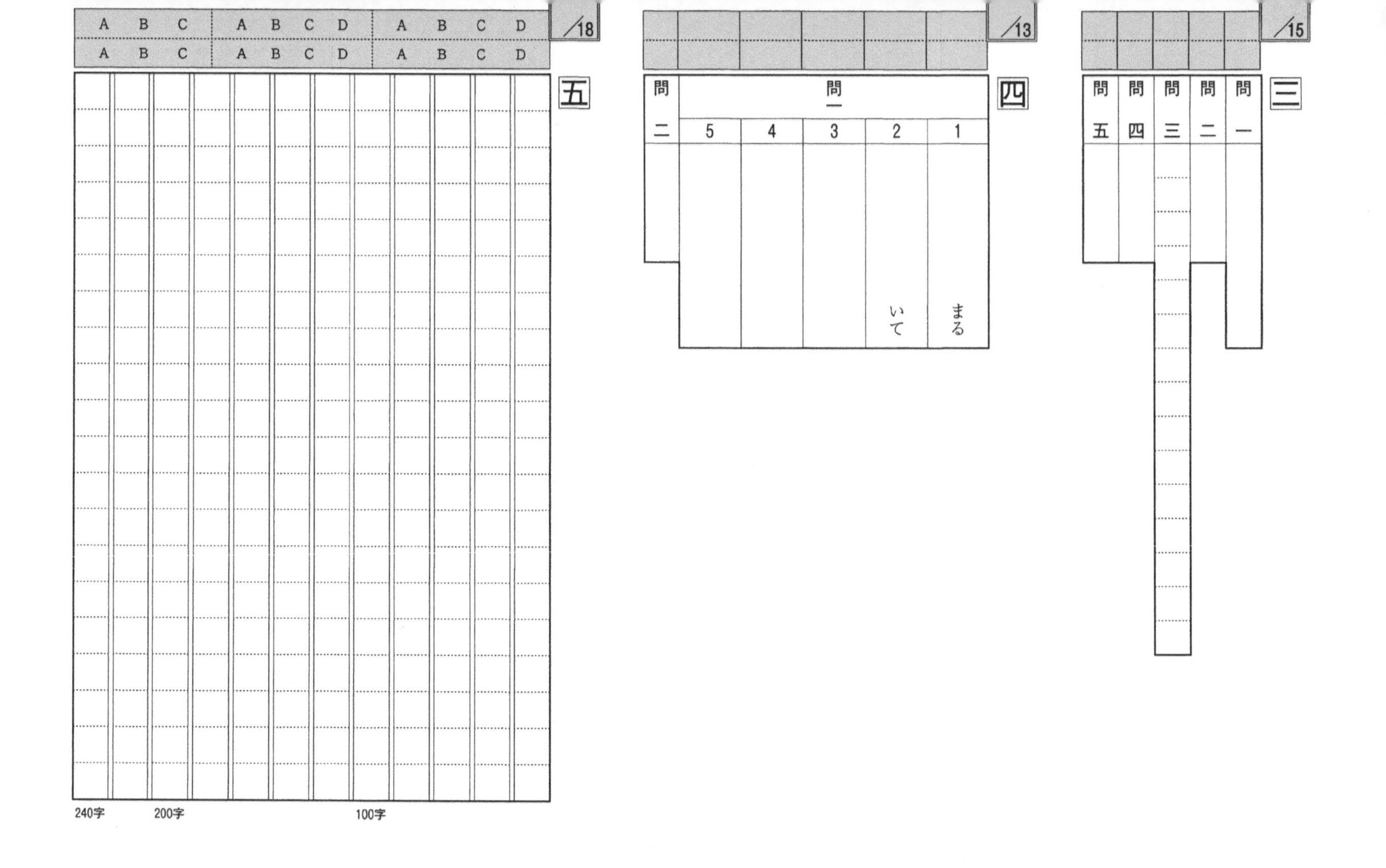
A B C A B C D A B C D
/18
五
240字
200字
100字
/13
四
問一
1 まる
2 いて
3
4
5
問二
/15
三
問一
問二
問三
問四
問五

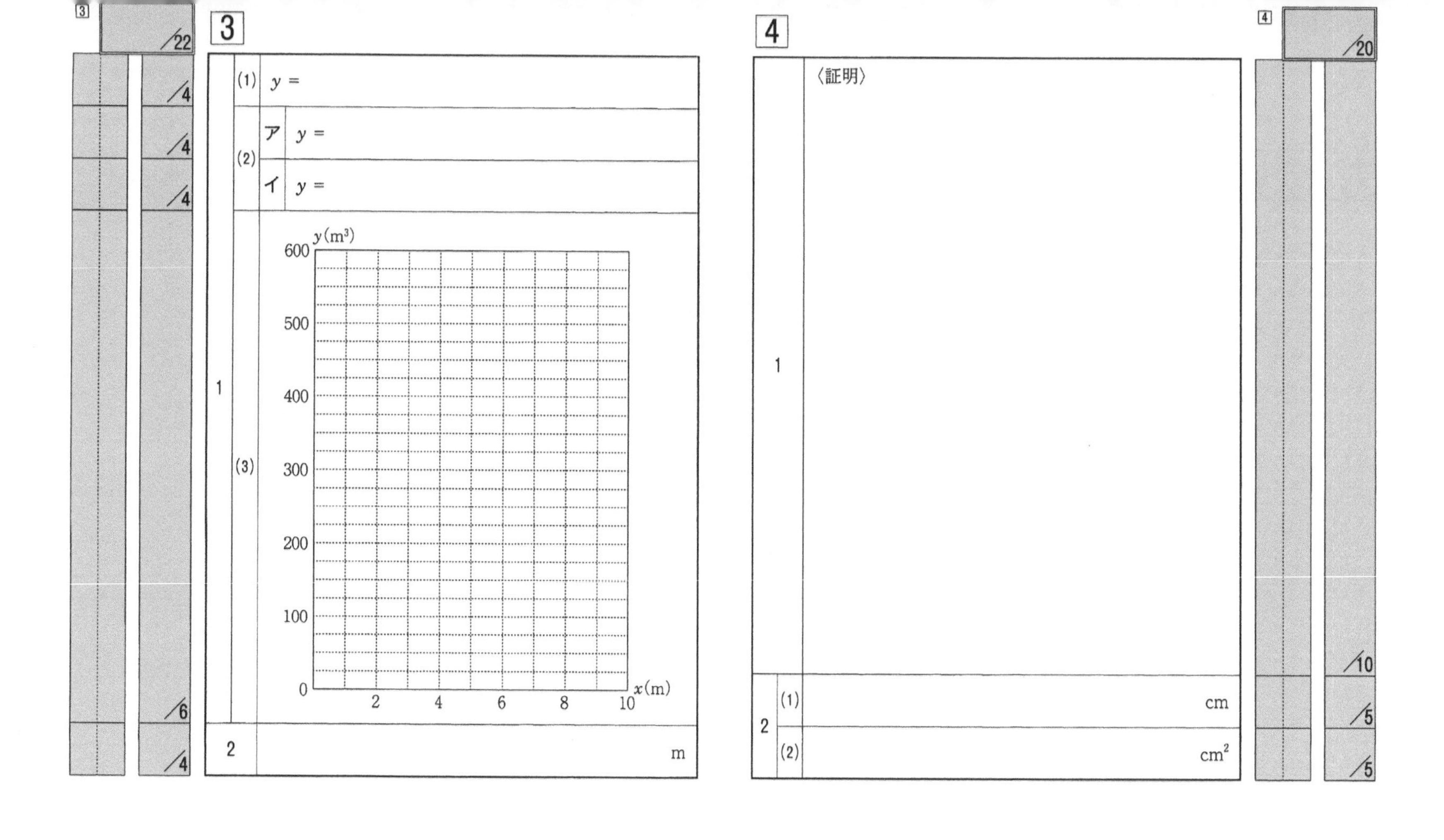
3
/22
/4
/4
/4
/6
/4
1
(1) y =
(2) ア y =
イ y =
(3)
y(m³)
600
500
400
300
200
100
0
2
4
6
8
10
x(m)
2
m
4
/20
1 〈証明〉
2 (1) cm
(2) cm²
/10
/5
/5

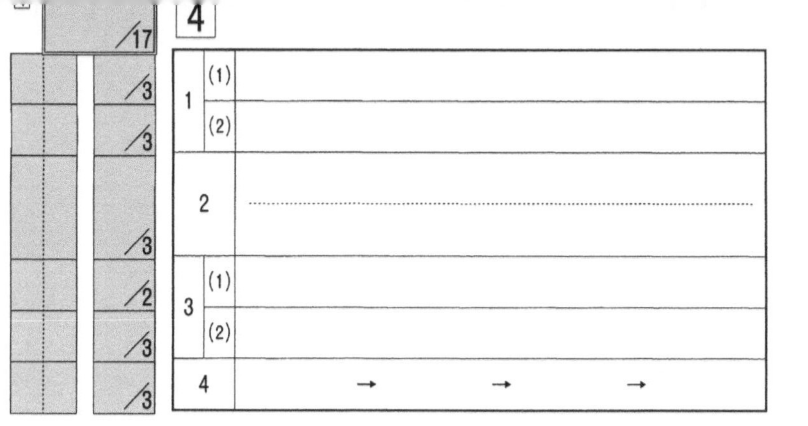

4			
1	(1)		/3
	(2)		/3
2			/3
3	(1)		/2
	(2)		/3
4		→ → →	/3

/17

5			
1	(1)		/2
	(2)		/3
2	(1)		/3
	(2)		/3
3	(1)		/2
	(2)	権利	/2

/15

6			
1	(1)		/2
	(2)		/3
2			/3
3	(1)		/2
	(2)		/2
	(3)		/3

/15

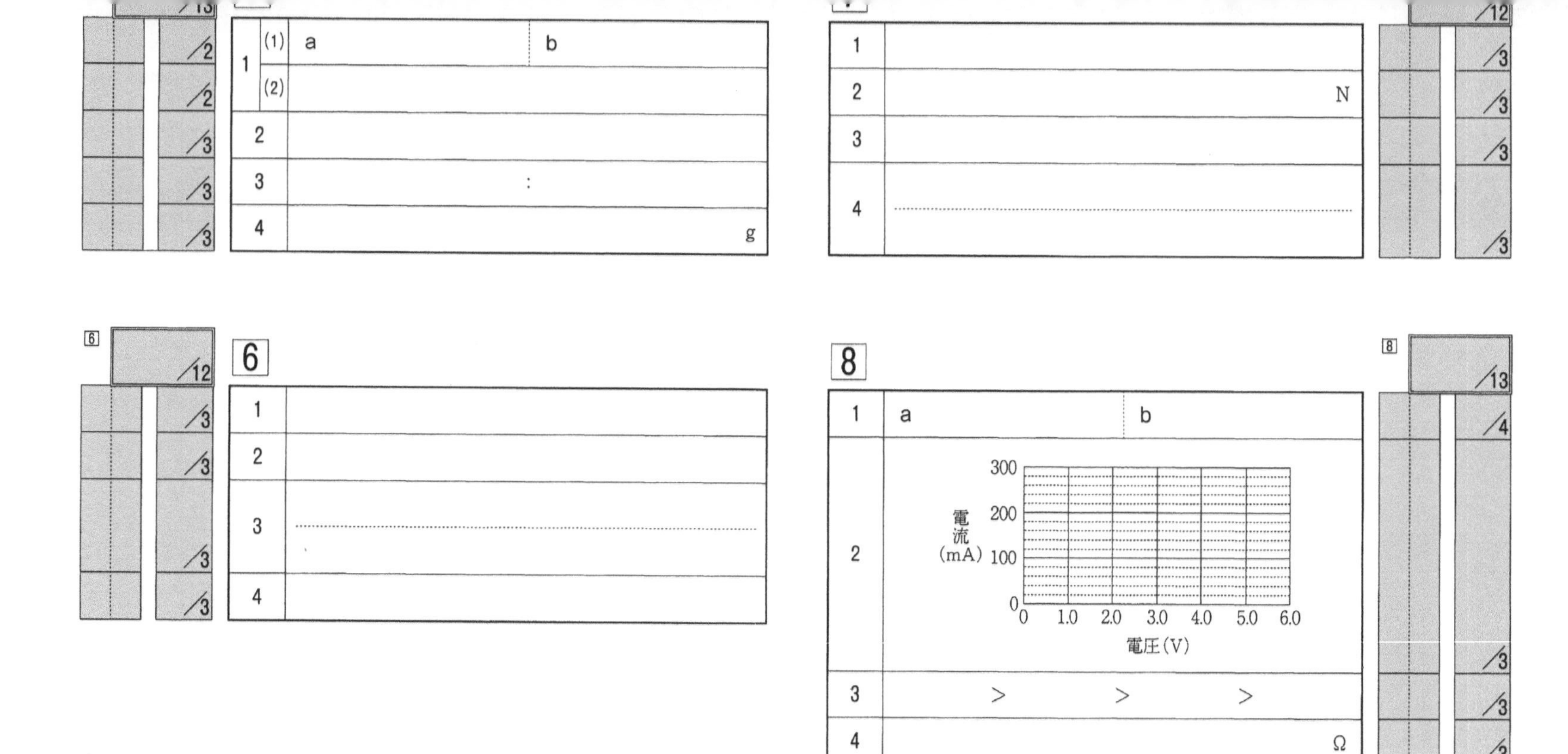

/13
1
(1)
a
b
(2)
2
3
:
4
g
/2
/2
/3
/3
/3
/12
1
2
N
3
4
/3
/3
/3
/3
6
/12
6
1
2
3
4
/3
/3
/3
/3
8
8
/13
1
a
b
2
300
200
100
0
電流(mA)
0
1.0
2.0
3.0
4.0
5.0
6.0
電圧(V)
3
>
>
>
4
Ω
/4
/3
/3
/3

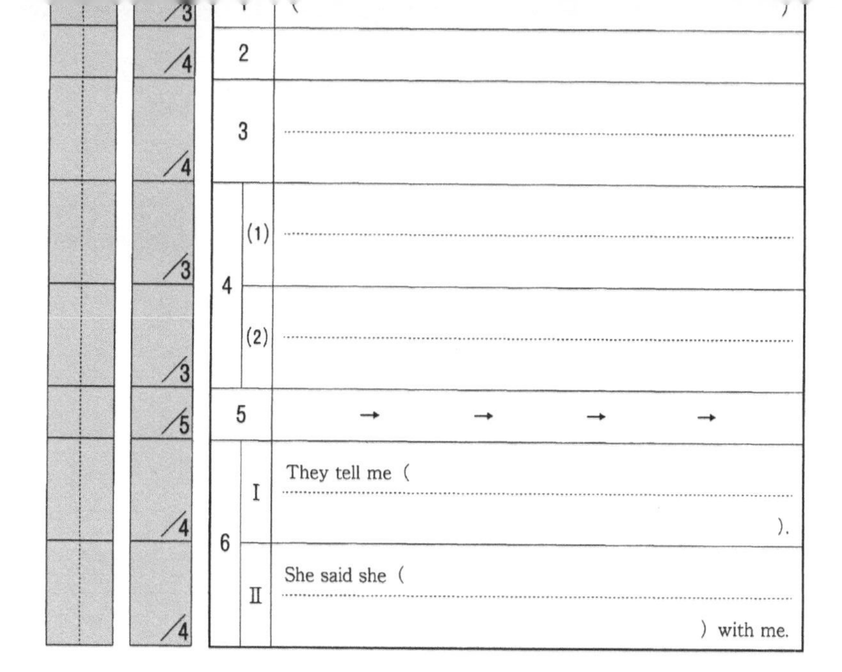

英語解答用紙

※100点満点

受験番号	

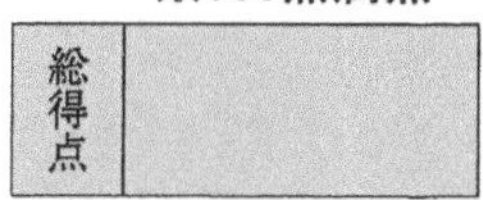
総得点

（灰色）の欄には何も記入しないこと。

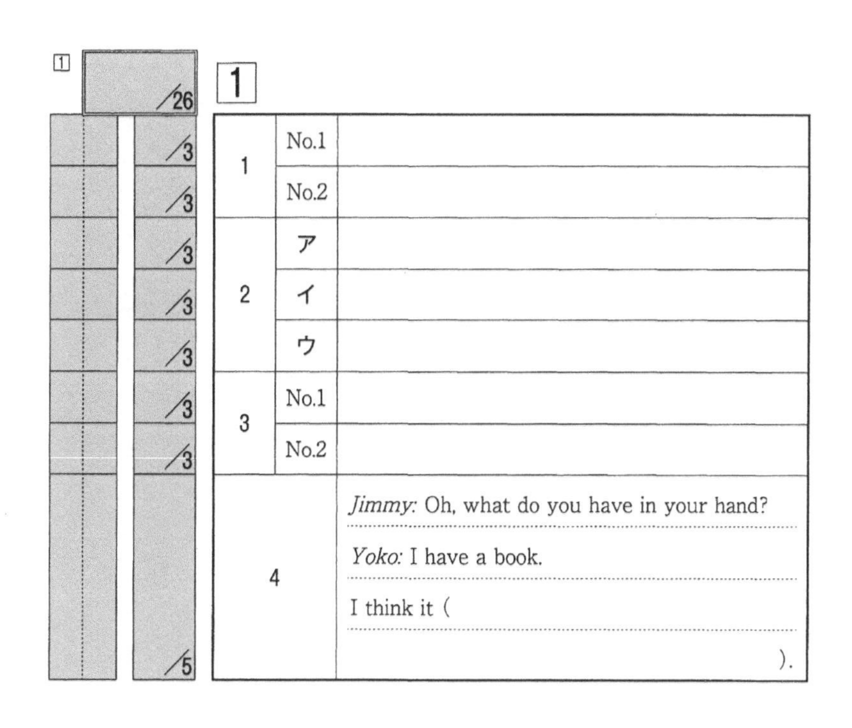

1 ／26

			配点
1	No.1		／3
	No.2		／3
2	ア		／3
	イ		／3
	ウ		／3
3	No.1		／3
	No.2		／3
4		*Jimmy:* Oh, what do you have in your hand? *Yoko:* I have a book. I think it ( ).	／5

2 ／18

					配点
1	(1)				／2
	(2)				／2
	(3)				／2
2	(1)				／3
	(2)				／3
3	(1)	X	Y	Z	／3
	(2)	X	Y	Z	／3

3 ／16

			配点
1	X		／2
	Y		／2
	Z		／2
2			／4
3			／3
			／3

【解答用

※100点満点

理科解答用紙

の欄には何も記入しないこと。

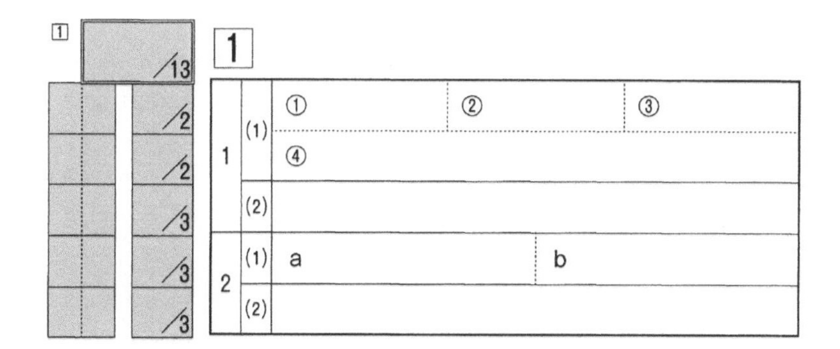

1

1	(1)	① ② ③
		④
	(2)	
2	(1)	a b
	(2)	

3

1		
2	(1)	a b
	(2)	
3		雲仙普賢岳 マウナロア

3 /12 /3 /3 /3 /3

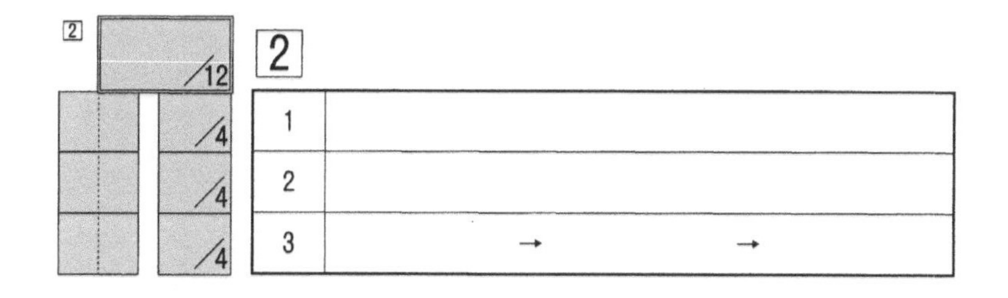

2

1	
2	
3	→ →

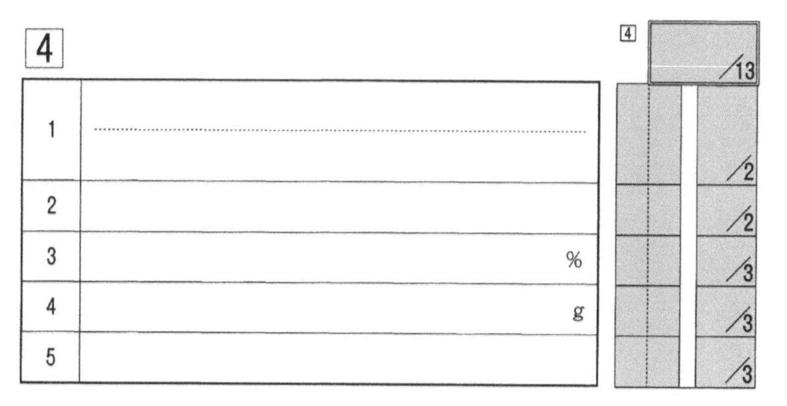

4

1	
2	
3	%
4	g
5	

4 /13 /2 /2 /3 /3 /3

【解答用

※100点満点

社会解答用紙

受験番号	

総得点	

（灰色の欄）の欄には何も記入しないこと。

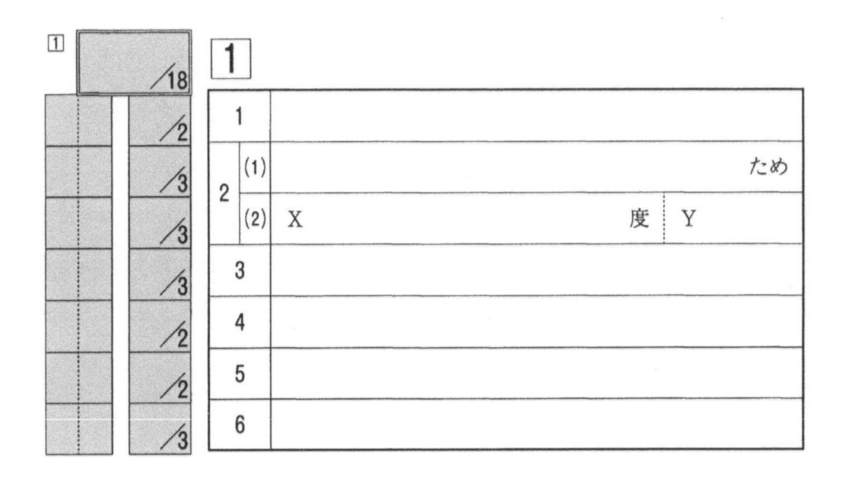

1 ／18

				配点
1				／2
2	(1)	ため		／3
	(2)	X　　度	Y	／3
3				／3
4				／2
5				／2
6				／3

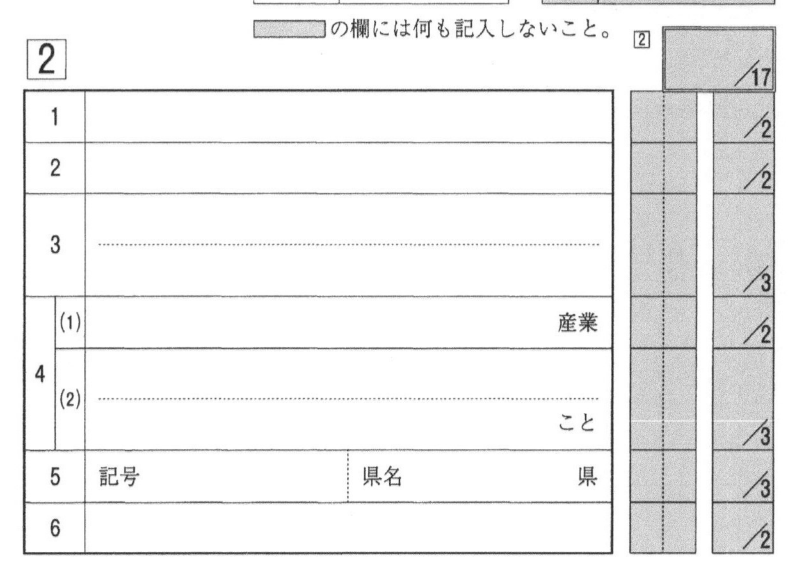

2 ／17

				配点
1				／2
2				／2
3				／3
4	(1)	産業		／2
	(2)	こと		／3
5		記号	県名　　県	／3
6				／2

3 ／18

			配点
1	(1)	ため	／3
	(2)		／2
2			／3
3			／2
4			／3
5	(1)		／2
	(2)	文化	／3

【解答】

※100点満点

数学解答用紙

受験番号	

総得点	

□の欄には何も記入しないこと。

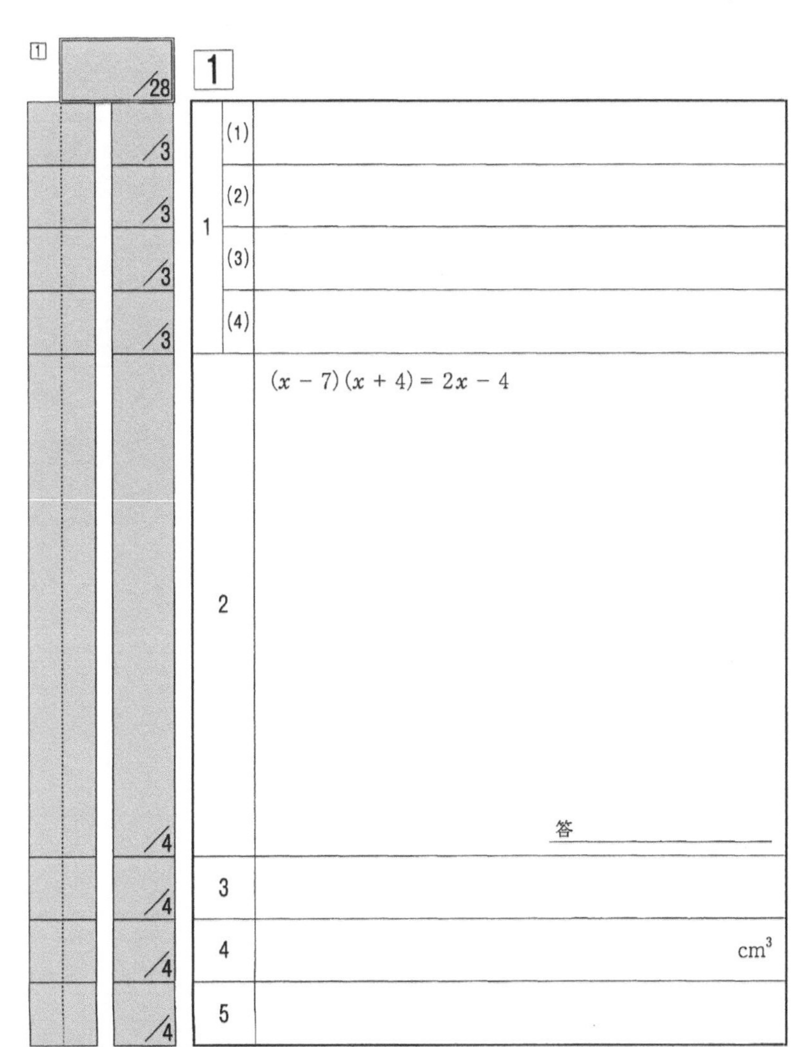

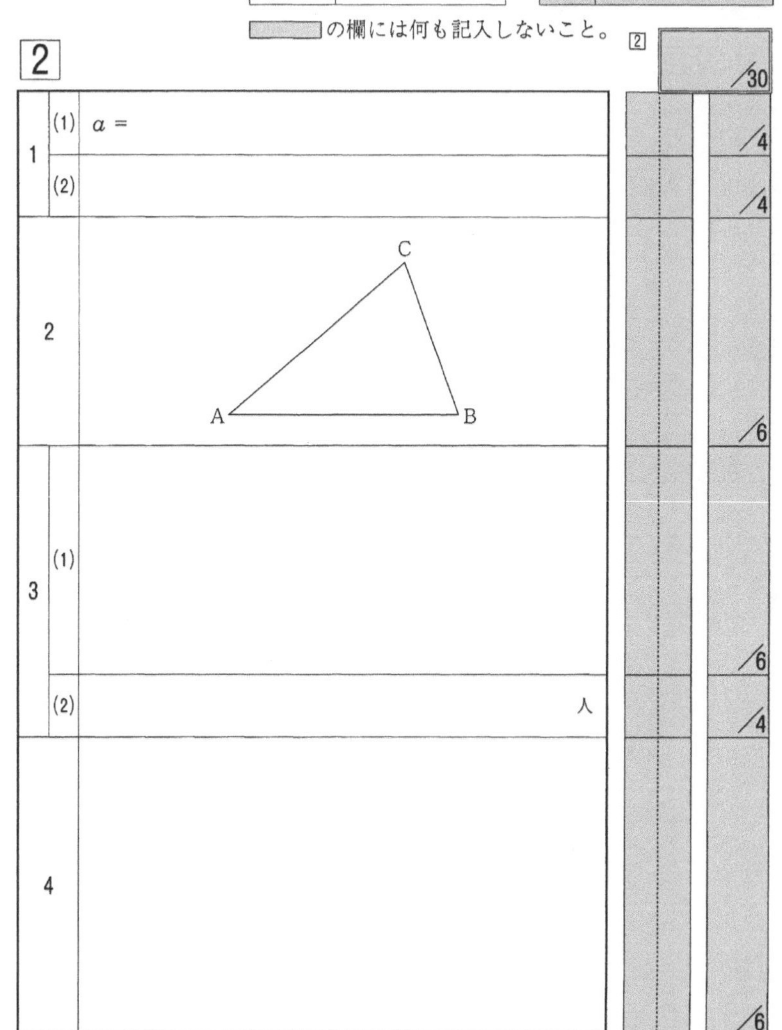

【解答】

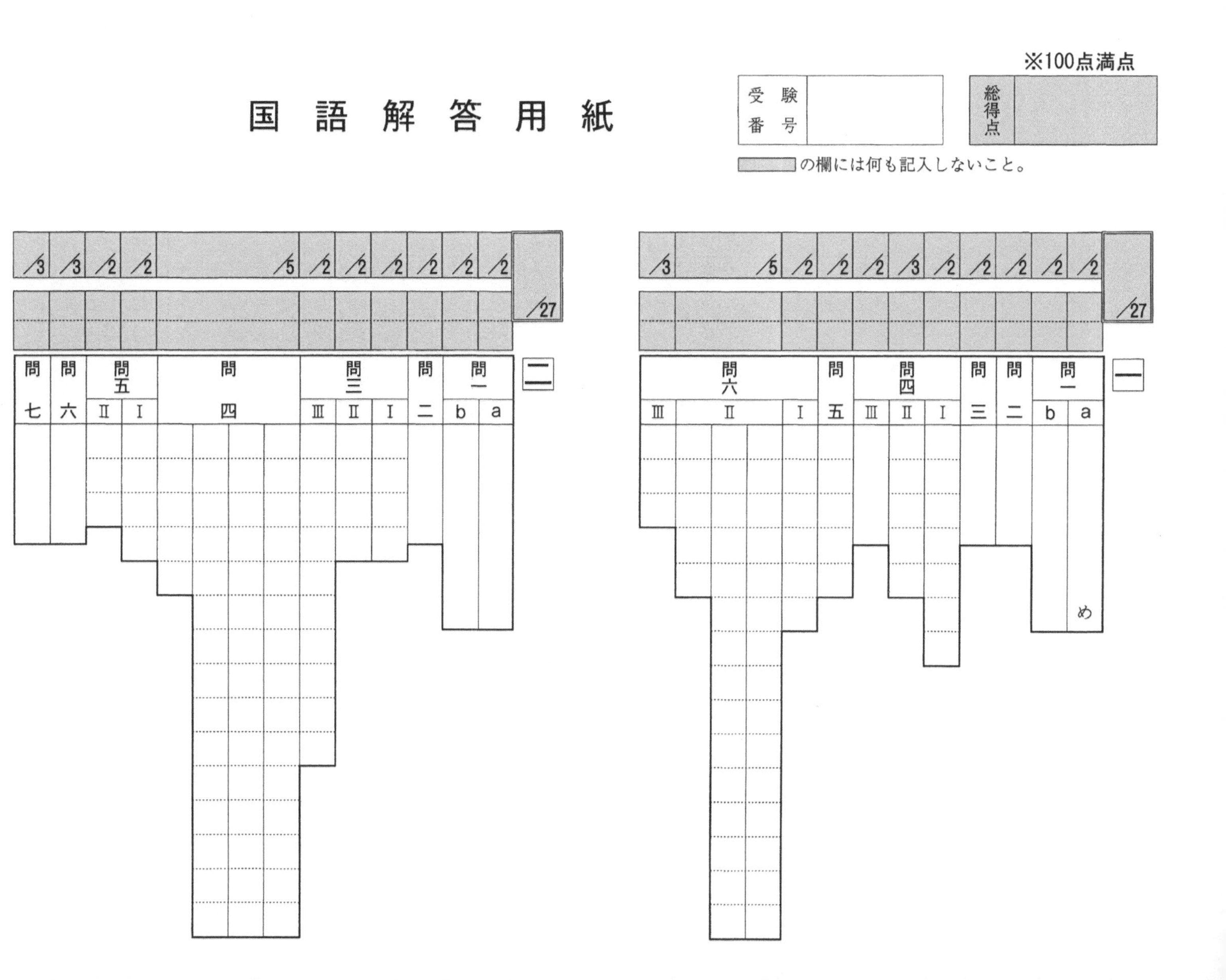

国語解答用紙
受験番号
総得点
※100点満点
の欄には何も記入しないこと。
一
問一 a b
問二
問三
問四 I II III
問五
問六 I II III
/27
二
問一 a b
問二
問三 I II III
問四
問五 I II
問六
問七
/27

【解答

令和５年度　　※音声は収録しておりません

英語リスニングテスト台本

〔注〕(　　) 内は音声として入れない。

ただいまから，リスニングテストを行います。問題は１，２，３，４の四つです。聞いている間にメモをとってもかまいません。　(間３秒)

それでは１の問題から始めます。問題用紙１ページの１を見てください。　(間５秒)

これから，No.１と No.２，それぞれの場面の対話文を読みます。それぞれの場面の対話文を読んだあと，クエスチョンと言って質問します。その質問の答えとして最もふさわしいものを，**ア**，**イ**，**ウ**，**エ**の中から一つずつ選び，記号で答えなさい。英文は１回読みます。　(間２秒)

では，始めます。　(間２秒)

No.1 *(Mike)*: Hi, Emi.　Do you have any plans for tomorrow?

(Emi): Well, I will visit my grandmother to give her some flowers in the morning, Mike. But I'll be free in the afternoon.

(Mike): Well, I'm going to visit Asahi Museum.　If you like art, why don't you come with me?

(Emi): Sounds nice.　Let's meet at the station at two.　(間２秒)

Question: What is Emi going to do tomorrow afternoon?　(間５秒)

No.2 *(Woman)*: Excuse me.　Is there a bookstore near here?

(Boy): Yes.　There are two.　You can see the post office over there.　The bookstore is next to it.　And the other is bigger, but a little far from here.

(Woman): I see.　I want to go to the bigger store.　Can you tell me how to get there?

(Boy): Sure.　Walk two blocks, and turn right at the second corner.　Then you will see a hospital on your left.　The bigger bookstore is next to it.　(間２秒)

Question: Which is the bookstore the woman wants to go to?　(間 10 秒)

これで，１の問題を終わり，２の問題に移ります。問題用紙１ページの２を見てください。(間２秒)

まず最初に，そこにある「明さんが使っているメモ」をよく見てください。　(間５秒)

これから，中学生の明 (Akira) さん，知子 (Tomoko) さん，そして留学生のサラ (Sarah) さんが修学旅行で行きたい場所について話し合いをします。これを聞いて，「明さんが使っているメモ」の**ア**，**イ**，**ウ**にそれぞれあてはまる数字や日本語を書きなさい。英文は２回読みます。　(間２秒)

では，始めます。　(間２秒)

(Akira): Sarah, where do you want to go on our school trip in November?

(Sarah): I came to Japan six months ago.　So, I don't know where to go.

(Tomoko): How about going to Kyoto?　I think it has many traditional buildings to see, for example, temples or shrines.　Also we can enjoy beautiful red or yellow leaves in fall.

(Akira): I think so, too.　And we can learn a lot about Japanese culture.　(間 10 秒)

くりかえします。　(間３秒)　(英文を読む)　(間 10 秒)

3 中学生の京子(Kyoko)さんは，山形の観光地について調べているうちに外国から山形への旅行者(tourist)が減少していることに気がつき，過去の数字を調べてグラフ(graph)と表(table)を作りました。次は，グラフと表を見ている，京子さんと留学生のアンディ(Andy)さんの対話です。グラフ，表および対話について，あとの問いに答えなさい。

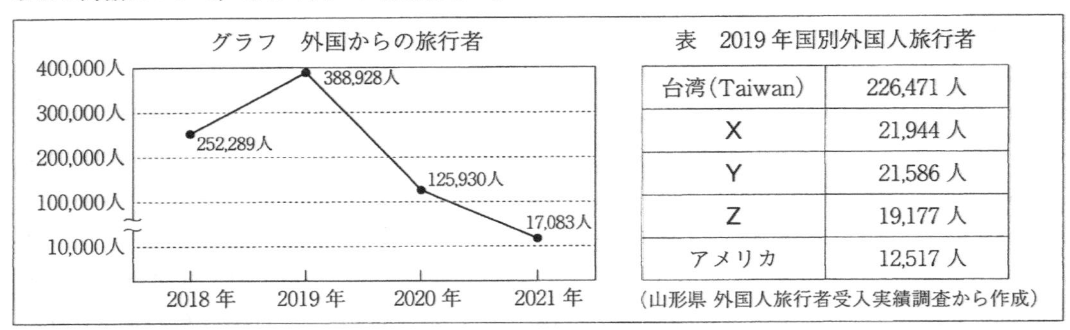

表　2019年国別外国人旅行者

台湾(Taiwan)	226,471人
X	21,944人
Y	21,586人
Z	19,177人
アメリカ	12,517人

(山形県 外国人旅行者受入実績調査から作成)

Kyoko: My father told me that since 2020 the number of tourists, especially tourists from foreign countries, has been smaller. I then became interested in foreign tourists in Yamagata and checked on the internet.

Andy: Good. Tell me more.

Kyoko: From the graph, you can find the number of foreign tourists became larger between 2018 and 2019. ①<u>And there was a great change from 2019 to 2021.</u>

Andy: I know it's because of *COVID-19. The number of foreign tourists became much smaller.

Kyoko: Yes. Now look at the table. It shows how many tourists came to Yamagata from foreign countries in 2019. You can see the number of tourists from Taiwan is much larger than that of tourists from the other four countries. Maybe it's because Taiwan is near Japan. The number of tourists from China is a little smaller than that of *Hong Kong.

Andy: I see. Then the number of tourists from Thailand is smaller than that of China. And in this table, the number of American tourists is the smallest. Is it because America is far from Japan?

Kyoko: I don't know why. Anyway I hope more foreign tourists will be able to come to Yamagata.

Andy: I agree.

(注)　COVID-19　新型コロナウイルス感染症　　Hong Kong　香港

1　表中のX～Zには，中国，香港，タイのいずれかの国名が入ります。対話の内容に即して，X～Zのそれぞれにあてはまる国名を，日本語で書きなさい。

2　下線部①について，アンディさんが具体的に述べていることを，対話の内容に即して日本語で書きなさい。

3　グラフ，表および対話の内容に合うものを，次のア～オから二つ選び，記号で答えなさい。

ア　Kyoko used the internet to know the number of foreign tourists who visited Yamagata.
イ　The tourists who visited Yamagata in 2018 was the most in the four years in the graph.
ウ　Kyoko can't guess why the number of tourists from Taiwan is the largest in 2019.
エ　Kyoko says that the number of American tourists is the smallest because America is far from Japan.
オ　Both Kyoko and Andy hope more tourists from foreign countries will come to Yamagata.

4 中学生の留美(Rumi)さんは，近くの公立図書館(public library)でよく見かける一人の女性と話す機会がありました。その女性との会話から，公立図書館の役目について調べてみることにしました。次の英文を読んで，あとの問いに答えなさい。

Rumi often visits a public library near her house. When she has difficult homework and can't do it *for herself, she goes to the library. There are so many books that answer her questions there. And there are some good *librarians who help her. They tell her which books are useful.

Last Sunday, Rumi had a chance to talk with a woman that she often sees at the public library. Rumi said to the woman, "Why do you often come to this library? To read books or magazines? Or to study something?" The woman said, "I like books, and I also like to spend time in this place. I live alone, so I often want to have a chance to talk with someone about books here. (A) Today is a happy day because I had a chance to talk with you." At that time, Rumi was surprised to hear that and said, ① <u>"Oh, you come here to ...."</u> She has never been to the library for reasons like that. She thought about why people visit public libraries. What are the roles of public libraries? Then she decided to learn about them.

That evening, Rumi checked public libraries on the internet. From an *article, Rumi found they are built to develop *education and culture. (B) One of them is keeping books and important *local *documents. Next, they give everyone the chance to enjoy reading and to get information. Now another role is *required. They *attract more *teenagers like junior high school or high school students. Then she also found very few teenagers read books. (C)

The next day, she asked her classmates how many times they use the public library in a month. Most students answered "Never." *The second most students answered "Once." Rumi uses it six or seven times in a month. From the results, she found that she goes the most times in a month in her class. (D) She thought why they do not use it so often. She thought it may need something attractive. Just then, she remembered yesterday's article.

After Rumi came home, she *surfed the internet again and checked public libraries in different cities. Then she learned some public libraries have started to try to attract more young people. She found an example of a public library in a city. The library asks high school students to work as volunteers and has a place to put books which the students want other students to read. The students also think about how to *decorate the place to make people interested in it.

Through these things, Rumi found that public libraries are trying to be good spaces for young people. ② <u>She thinks it is important to do that.</u> She hopes they will be *comfortable places for all people.

(注) for herself 独力で　librarian(s) 図書館員　article 記事　education 教育
local 地方の　document(s) 文書　required ← require ～ ～を求める
attract ～ ～をひきつける　teenager(s) 十代の若者
the second most ～ 2番目に多くの～　surfed ← surf ～ ～を見て回る
decorate ～ ～を飾り付ける　comfortable 快適な

1　次の英文を，本文の流れに合うように入れるとすれば，どこに入れるのが最も適切ですか。（　A　）～（　D　）から一つ選び，記号で答えなさい。

They have some important roles.

2　下線部①と言ったときの，留美さんの気持ちに最も近いものを，次のア～エから一つ選び，記号で答えなさい。

ア　I'm happy to know you come to the library to read books or magazines which you like.
イ　I'm surprised to know you come to the library for the reasons which are different from mine.
ウ　I want you to tell me why today is a happy day for you because I'm interested in it.
エ　I hope you will tell me what you often study in the library and why.

3　下線部②について，留美さんが大切だと考えているのは，何をすることですか。本文に即して日本語で書きなさい。

4　本文に即して，次の問いに英語で答えなさい。

(1)　How many times in a month does Rumi use the public library?
(2)　Do some high school students think about how to decorate a place in the library?

5　次の英文ア～オは，それぞれ本文の内容の一部です。ア～オを，本文の流れに合うように並べかえ，記号で答えなさい。

ア　Rumi thought public libraries need something attractive and remembered an article on the internet.
イ　Rumi talked with a woman that she often sees at the public library.
ウ　Rumi learned there is a public library which asks high school students to work as volunteers.
エ　From an article on the internet, Rumi found public libraries are built to develop education and culture.
オ　Rumi asked her classmates how many times they use the public library in a month.

6　留美さんは，自分が公立図書館について調べてわかったことを，英語の授業で発表しました。次は，発表したときに交わされた，留美さんとＡＬＴのジョン(John)さんの対話の一部です。対話の［ I ］，［ II ］に入る適切な英語を，文脈に合うように，それぞれ**4語以上**で書きなさい。

Rumi: I often use the public library when I have difficult homework to do for myself. I often ask the librarians for help. They tell me［ I ］. I thought public libraries were such places. But some people visit public libraries for other reasons.

John: Oh, what are they?

Rumi: A woman I often see at the library likes to talk with someone about books. She said she［ II ］with me. I think public libraries should be comfortable places for such people.

John: I hope so, too. I sometimes spend many hours there and enjoy that time.

5 あなたの学校の英語の授業で，ＡＬＴの先生が次のようなアンケート結果を示し，課題を出しました。「レポート用紙」の［　　］に入る英文を，まとまりのある内容になるように，**４文以上**で書きなさい。

ＡＬＴの質問

We have a lot of clubs in this school. I asked 40 students, "Is it good for you to join a club?" Then, this table shows the result.

What can you say about this result? Is it good for you to join a club? Why?

Numbers of students	
Yes	32
No	8

レポート用紙

Name: (××××)

4 里香さんは，空気中の水蒸気について調べるために，次の①～④の手順で実験を行った。あとの問いに答えなさい。

【実験】

① 乾湿計を用いて，実験を行った部屋の気温をはかった。

② 図1のようにくみ置きの水と温度計を入れた<u>金属製のコップ</u>に，氷を入れた試験管を入れてゆっくりかき混ぜた。

③ 金属製のコップの表面がくもりはじめたときの水温を調べた。

④ ①～③の操作を14時と17時の2回行い，実験を行ったときの気温とコップの表面がくもりはじめたときの水温を表1にまとめた。また，図2は湿度表の一部，表2は気温と飽和(ほうわ)水蒸気量の関係を示したものである。

図1

図2

	乾球と湿球の示度の差(℃)			
乾球の示度(℃)	1.0	2.0	3.0	4.0
23	91	83	75	67
22	91	82	74	66
21	91	82	73	65
20	91	81	73	64
19	90	81	72	63
18	90	80	71	62

表1

実験を行った時刻	14時	17時
気温（℃）	28.0	23.0
コップの表面がくもりはじめたときの水温（℃）	24.0	18.0

表2

気温〔℃〕	飽和水蒸気量〔g/m³〕	気温〔℃〕	飽和水蒸気量〔g/m³〕
7	7.8	18	15.4
8	8.3	19	16.3
9	8.8	20	17.3
10	9.4	21	18.3
11	10.0	22	19.4
12	10.7	23	20.6
13	11.4	24	21.8
14	12.1	25	23.1
15	12.8	26	24.4
16	13.6	27	25.8
17	14.5	28	27.2

1 下線部について，ガラスやプラスチックではなく金属製のコップを用いる理由を，「水温」の語を用いて，簡潔に書きなさい。

2 次は，実験でコップの表面がくもるしくみについてまとめたものである。［ a ］にあてはまる語を書きなさい。

> コップ中の水温を下げていくと，コップ表面の空気が［ a ］に達することで，空気に含みきれなくなった水蒸気が水滴(すいてき)として現れる。

3 実験結果から，実験を行った部屋の14時における湿度は何％か。小数第2位を四捨五入して，小数第1位まで求めなさい。

4 実験結果から，実験を行った部屋の17時における空気1 m^3 中に含まれる水蒸気の質量は何 g か，求めなさい。

5 実験結果から，実験を行った部屋の17時における湿球温度計の示す温度は何℃か。最も適切なものを，次のア～エから一つ選び，記号で答えなさい。

ア 18.0℃　　イ 19.0℃　　ウ 20.0℃　　エ 21.0℃

5 美希さんと太郎さんは，酸化銅の化学変化について調べるために，次の①～③の手順で実験を行った。あとの問いに答えなさい。

【実験】

① 酸化銅 12.0g と乾燥(かんそう)した炭素の粉末 0.30g をよく混ぜ合わせ，その混合物をつくった。

② 図のように，酸化銅と炭素の粉末の混合物をすべて試験管Aに入れて十分に加熱し，加熱後の試験管Aに残った固体の質量を測定した。また，試験管Bに入れた石灰水(せっかいすい)のようすを観察した。

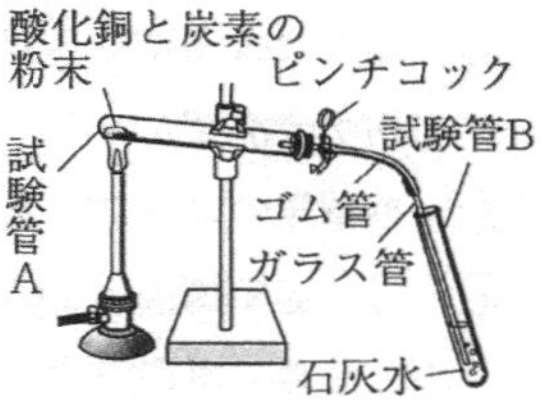

③ 酸化銅の質量は変えずに，混ぜ合わせる炭素の粉末の質量を 0.60g，0.90g，1.20g，1.50g に変えて同様の実験を行った。表は，このときの実験結果である。

図

表

炭素の粉末の質量（g）	0.30	0.60	0.90	1.20	1.50
試験管Aに残った固体の質量（g）	11.20	10.40	9.60	9.90	10.20

1 次は，実験後の美希さんと太郎さんの会話の一部である。

> 美希：実験では酸化銅は酸素を失って［ a ］されたんだね。
> 太郎：［ a ］が起こるときは［ b ］も同時に起こると考えられるよ。
> 美希：この反応では，どんな物質が生成されたんだろう。
> 太郎：まずは石灰水が白くにごったことから発生した気体がわかるね。
> 美希：あとは，炭素の粉末の質量が 0.90g のとき，試験管Aに残った物質は，赤色の物質だけだったけど，これを薬さじの裏でこすると［ c ］ことから，金属が生じたといえるね。

(1) ［ a ］，［ b ］にあてはまる語を，それぞれ書きなさい。

(2) ［ c ］にあてはまる言葉として最も適切なものを，次のア～エから一つ選び，記号で答えなさい。

ア 細かくくだけた

イ 赤色の物質が冷たくなった

ウ 特有の光沢(こうたく)が見られた

エ 細かな傷が多くついた

2 この実験で酸化銅に起こった化学変化を化学反応式で書きなさい。

3 実験結果から，酸化銅と炭素が過不足なく反応したとき，混ぜ合わせた炭素の質量と発生した気体の質量を最も簡単な整数の比で表すとどのようになると考えられるか，書きなさい。

4 酸化銅 5.6g と炭素の粉末 0.48g を混ぜたものを加熱したときに試験管に残る物質の質量は何 g か，求めなさい。

6 塩化銅水溶液の電気分解について調べるために，次の実験を行った。あとの問いに答えなさい。

【実験】 図のように，塩化銅水溶液を入れたビーカーに，炭素棒の電極を入れ，スイッチを入れて電流を流した。このとき，陽極付近では気泡が見られ，陰極の表面には赤い物質が付着した。

図

直流電源装置
スイッチ
陰極
陽極
塩化銅水溶液

1　塩化銅のように，水にとかしたときに水溶液に電流が流れるようになる物質を何というか，書きなさい。

2　この実験で，陽極に発生した気体を確かめる方法として最も適切なものを，次の**ア**～**エ**から一つ選び，記号で答えなさい。

ア　火のついた線香を近づける。　　**イ**　石灰水に通す。

ウ　湿らせた塩化コバルト紙を近づける。　　**エ**　インクで着色した水に通す。

3　実験で，塩化銅水溶液に電流を流し続けたとき，しだいに気泡の発生や新たに赤い物質が付着するのが見られなくなっていった。この理由を，「イオン」という語を用いて簡潔に書きなさい。

4　実験で，陰極付近で起こった反応について説明したものとして最も適切なものを，次の**ア**～**エ**から一つ選び，記号で答えなさい。

ア　陰極付近では水溶液中の陽イオンが電子を放出した。

イ　陰極付近では水溶液中の陽イオンが電子を受け取った。

ウ　陰極付近では水溶液中の陰イオンが電子を放出した。

エ　陰極付近では水溶液中の陰イオンが電子を受け取った。

7 水中の物体にはたらく力について調べるために，次の実験を行った。あとの問いに答えなさい。ただし，質量100gの物体にはたらく重力の大きさは1Nとし，糸の質量や体積は無視できるものとする。

【実験】 図1のように，質量120gの物体Aを糸でばねばかりにつるし，物体A全体を水に入れたところ，ばねばかりは0.4Nを示した。

図1

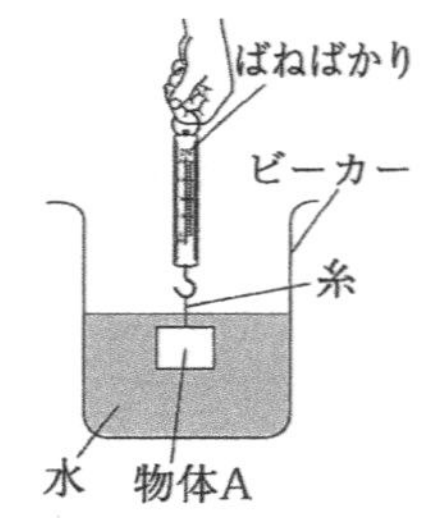

1　水中の物体にはたらく上向きの力を何というか，書きなさい。

2　実験で，物体A全体を水に入れたときの物体Aにはたらく上向きの力の大きさは何Nか，求めなさい。

3　図1の状態から，物体Aがビーカーの底面につかないように，物体Aをさらに深く沈めていった。このとき，ばねばかりが示す値はどのようになるか，簡潔に書きなさい。

4　図2は，パイプの両側にゴム膜を張った物体Bを縦向きにして水に沈めたときのゴム膜のようすを模式的に表したものである。このゴム膜のようすから，水中の物体に上向きの力がはたらく理由を，「上面」，「下面」の語を用いて，簡潔に書きなさい。

図2

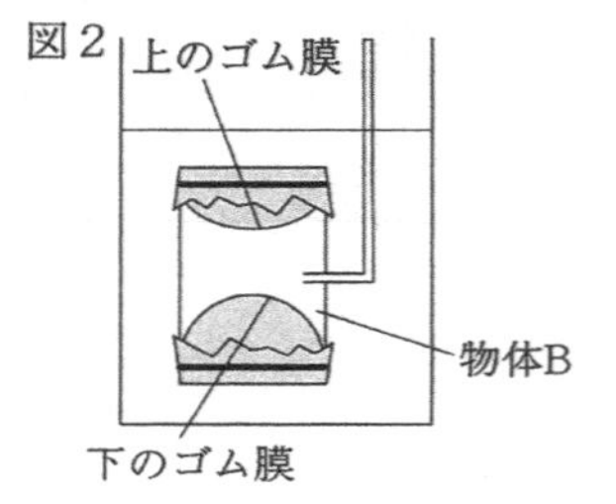

8 結衣さんと大輝さんは，複数の電熱線を用いた回路の各部の電圧と電流の大きさについて調べるために，次の①，②の手順で実験を行った。あとの問いに答えなさい。ただし，電熱線以外の抵抗は考えないものとし，それぞれの回路図で電流計と電圧計は省略している。

【実験】

① 図１のように，電熱線Aを用いて回路を組み立て，電源装置の電圧の大きさを変えて，回路に流れる電流の大きさをはかった。

② 電熱線Aと抵抗の大きさが異なる電熱線Bを用いて，同様の実験を行った。図２は，この実験の結果をグラフに表したものである。

図１

電熱線A

電源装置

1 次は，回路に流れる電流と電熱線に加わる電圧をはかるときの電流計と電圧計の正しいつなぎ方についてまとめたものである。［ a ］，［ b ］にあてはまる語を，それぞれ書きなさい。

> 電流計は，電流の大きさを調べたい場所に［ a ］につなぎ，電圧計は，電圧の大きさを調べたい場所に［ b ］につなぐ。

図２

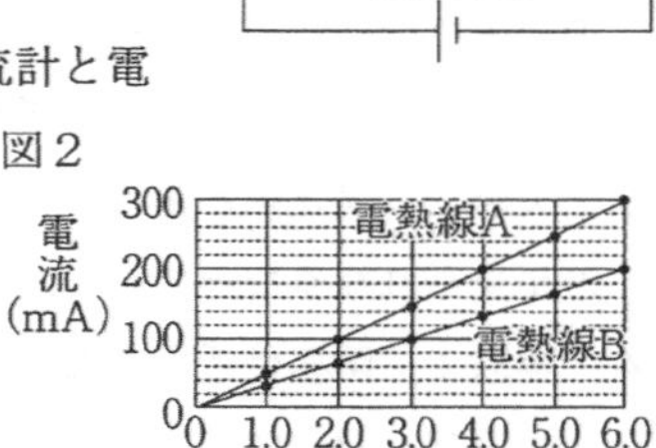

2 図３のように，実験で用いた電熱線A，Bを直列につなぎ，電源装置の電圧の大きさを変えて，回路に流れる電流の大きさをはかった。このとき，回路全体に流れた電流と電圧の関係をグラフで表しなさい。

図３

電熱線A　電熱線B

電源装置

3 図４は実験で用いた電熱線A，Bを直列につないだ回路，図５は実験で用いた電熱線A，Bを並列につないだ回路である。これらの回路において，電源装置の電圧の大きさをいずれも6.0 Vにしたとき，点a～dを流れる電流の大きさの関係を不等号を用いて表すとどうなるか。流れる電流が大きい順に左から記号を書きなさい。

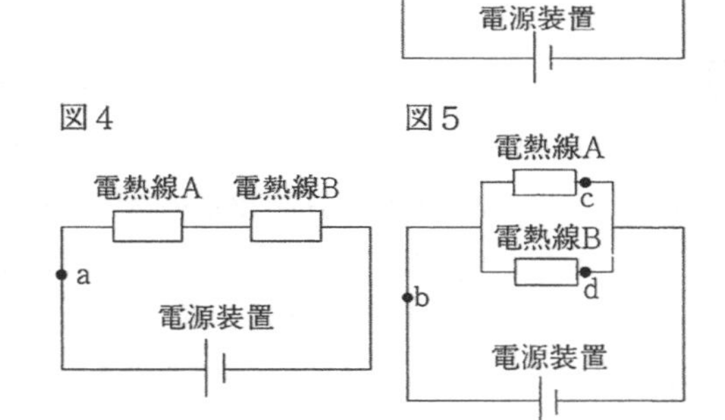

4 抵抗の大きさがわからない電熱線Cを用いて，図６のような回路をつくった。この回路において，電源装置の電圧の大きさを4.5Vにしたとき，点eには150mAの電流が流れた。このときの電熱線Cの抵抗の大きさは何Ωか，求めなさい。

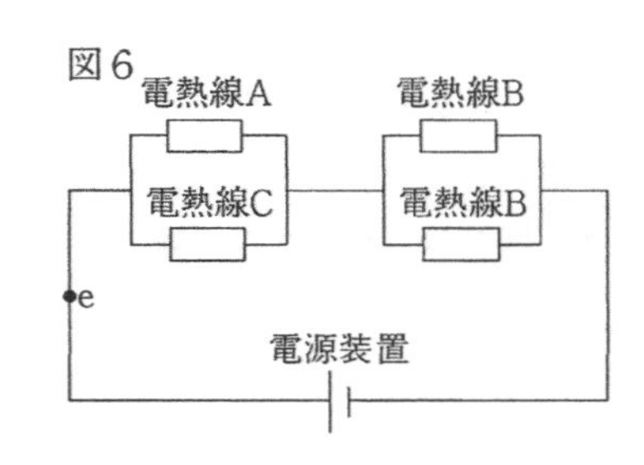

3 次の略年表は，山形県が属する東北地方に関連する古代から近世までのできごとを中心にまとめたものである。資料を見て，問いに答えなさい。

【略年表】

年	で　き　ご　と
709	現在の山形県庄内地方に出羽柵が築かれる
802	坂上田村麻呂が現在の奥州市（岩手県南部）に胆沢城を築く……①
1124	平泉（岩手県南部）を拠点に栄えていた［X］が中尊寺金色堂を建立する……②
↕ A	
1613	仙台藩主伊達政宗（だてまさむね）が，家臣の支倉常長（はせくらつねなが）らをヨーロッパへ派遣する……③
1767	米沢（よねざわ）藩主上杉鷹山（うえすぎようざん）（治憲（はるのり））による藩政改革が始まる……④

1　次の文章は，略年表中の①についてまとめたものである。次の問いに答えなさい。

> 坂上田村麻呂は，［a］ため，朝廷により征夷大将軍に任じられ，東北地方へ派遣された。当時の朝廷では，［b］天皇による律令政治の立て直しが進められていた。

(1)［a］にあてはまる言葉を，**蝦夷**，**朝廷**の二つの語を用いて書きなさい。

(2)［b］にあてはまる語句を一つ選び，記号で答えなさい。

ア　桓武　　**イ**　天武　　**ウ**　天智　　**エ**　聖武

2　略年表中の②について，［X］にあてはまる，三代およそ100年にわたって栄えた一族を表す言葉を，**漢字５字**で書きなさい。

3　略年表中のAの時期の世界のできごととして**適切でないもの**を一つ選び，記号で答えなさい。

ア　ドイツでルターが宗教改革を始めた。
イ　フランス革命が起こり人権宣言が発表された。
ウ　朝鮮半島で李成桂が朝鮮国を建国した。
エ　チンギス・ハンがモンゴル帝国を築いた。

4　略年表中の③について，支倉常長らはスペイン人宣教師とともにメキシコを経てスペインへ渡り，ローマへも赴いてローマ教皇に謁見（えっけん）した。伊達政宗が使節を派遣した目的の一つは，仙台藩とスペイン領であったメキシコとの間に直接の通商関係を開くことだったともいわれている。17世紀初頭まで，九州の長崎や平戸などに来航したスペインやポルトガルの商人と日本との間で行われていた貿易のことを何というか，**漢字４字**で書きなさい。

5　次の文章は，略年表中の④についてまとめたものである。次の問いに答えなさい。

> 鷹山は，質素・倹約のほか新田開発や農村の発展を進め，米沢織などの新しい産業をおこすなどして藩の財政を再建した。この間，江戸では1772年に［c］が老中となり，商工業者による株仲間の結成を奨励して営業税を徴収するなど，商工業の発展から得られる利益を幕府財政の立て直しに利用しようとした。19世紀初頭には，経済的に発展した江戸を中心に，豊かな町人だけでなく庶民までも担い手とする文化が花開いた。この文化を［d］文化という。

(1)［c］にあてはまる人物名を書きなさい。

(2)［d］にあてはまる語句を，**漢字２字**で書きなさい。

4 玲奈さんは，興味のある日本の世界遺産と，その世界遺産に関連する歴史について調べてみた。次の表は，そのとき調べたことをまとめたものである。表を見て，問いに答えなさい。

【表】

	A	B	C	D
	富岡製糸場と絹産業遺産群（群馬県）	白川郷・五箇山の合掌造り集落（岐阜県・富山県）	原爆ドーム（広島県）	小笠原諸島（東京都）
まとめ	X 政策を進めるための官営模範工場として1872年に操業を開始した。1876年には改称され，その後も名前を変えて1987年まで操業を続けた。	大きな屋根裏は養蚕などに利用された。大正時代以降，電源開発などによる生活の近代化が進んだが，文化財として1995年に世界文化遺産に登録された。	第二次世界大戦末期の1945年8月6日，原爆の投下で被爆し，原爆の悲惨（ひさん）さを現在に伝えている。日本は同年8月14日に Y を受諾し，連合国に降伏した。	本土から遠く離れた太平洋上に連なり，独自の進化をとげた動植物が見られる。第二次世界大戦後から1968年までアメリカの統治下におかれていた。

1　Aについて，次の問いに答えなさい。

(1)　X にあてはまる，新政府が欧米の知識や技術を取り入れて近代産業の育成に努めた政策を何というか，**漢字4字**で書きなさい。

(2)　下線部について，同じ1876年には三島通庸（みしまみちつね）が山形県の県令として中央政府より派遣されて，赴任（ふにん）した。このことと最も関係の深いできごとを一つ選び，記号で答えなさい。

ア　大日本帝国憲法が発布された。　　イ　版籍奉還が行われた。
ウ　地方自治法が制定された。　　エ　廃藩置県が行われた。

2　Bの下線部について，大正時代には第一党である立憲政友会の原敬が，初めて本格的な政党内閣を組織した。原敬内閣が本格的な政党内閣であるといわれている理由を，資料を参考にして書きなさい。

【資料】

大臣	所属政党など	大臣	所属政党など
総理	立憲政友会	陸軍	軍人
外務	官僚	海軍	軍人
内務	立憲政友会	司法	立憲政友会
大蔵	立憲政友会	文部	立憲政友会
農商務	立憲政友会	鉄道	立憲政友会
逓信（ていしん）	立憲政友会		

3　Cについて，次の問いに答えなさい。

(1)　下線部について，第二次世界大戦中には山形県内にも小学生が疎開してきた。このことと最も関係の深いできごとを一つ選び，記号で答えなさい。

ア　女性や子どもも労働力として動員された。　　イ　まゆなどの農産物の価格が暴落した。
ウ　都市部への空襲が激しくなった。　　エ　米や衣料などが配給制や切符制となった。

(2)　Y にあてはまる，日本の降伏条件と戦後の占領方針を示した文書を何というか，書きなさい。

4　Dについて，次のア～エは，下線部の第二次世界大戦後から1968年の間のできごとである。ア～エを，起こった年の古い順に並べかえ，記号で答えなさい。

ア　サンフランシスコ平和条約が結ばれた。　　イ　日韓基本条約が結ばれた。
ウ　日本が国際連合に加盟した。　　エ　日本国憲法が施行された。

5 哲也さんは，日本の国の政治と地方の政治について，テーマに関連する図や資料を集めた。次の表は，そのとき哲也さんが集めたものの一部である。表を見て，問いに答えなさい。

【表】

	A	B	C
テーマ	日本の政治のしくみ	国の財政支出	地方公共団体の独自のきまり
集めた図や資料	国会と内閣の関係図	国のおもな歳出の内訳の推移	山形県の［X］の前文

A 国会と内閣の関係図

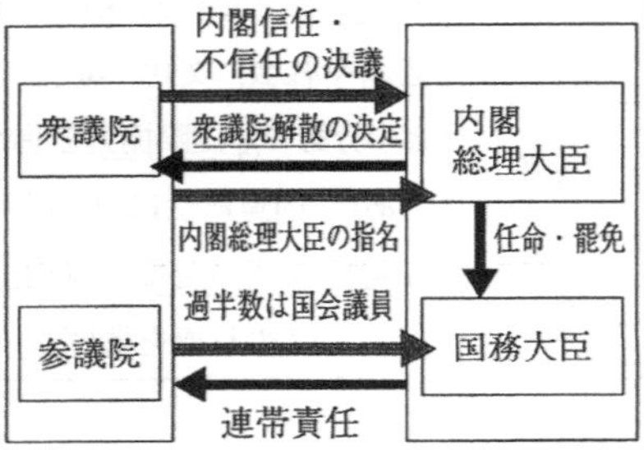

衆議院／参議院 → 内閣（内閣総理大臣・国務大臣）

- 内閣信任・不信任の決議（衆議院 → 内閣）
- 衆議院解散の決定（内閣 → 衆議院）
- 内閣総理大臣の指名（国会 → 内閣総理大臣）
- 任命・罷免（内閣総理大臣 → 国務大臣）
- 過半数は国会議員（国務大臣）
- 連帯責任（内閣 → 国会）

B 国のおもな歳出の内訳の推移

歳出総額に対する割合（%）

年度	①社会保障関係費	国債費	②地方交付税交付金
2000	17.6	21.4	14.9
2010	28.2	19.5	18.4
2022	36.3	24.3	15.9

（『日本国勢図会 2022/23 年版』より作成）
注：2022 年度は当初予算。

C 山形県の［X］の前文

私たちのふるさと山形県は，数多くの秀麗な山々，県土を縦貫する母なる最上川，紺碧（こんぺき）の日本海に象徴され，全国一の面積のブナの天然林をはじめとする豊かな緑や清らかな水などの美しく豊かな自然に恵まれている。この自然と先人のたゆまぬ努力は，……（省略）……

1　Aについて，次の問いに答えなさい。

(1)　Aの関係図に示されているように，内閣が国会の信任にもとづいて成立し，国会に対して連帯責任を負うしくみを何というか，**漢字5字**で書きなさい。

(2)　下線部について，衆議院解散の決定は内閣が行うが，衆議院の解散そのものは天皇の国事行為である。天皇の国事行為としてあてはまるものを一つ選び，記号で答えなさい。

ア　内閣が結んだ条約を承認すること。　　**イ**　国会で制定された法律を執行すること。
ウ　日本国憲法の改正の発議をすること。　**エ**　最高裁判所の長官を任命すること。

2　Bについて，次の問いに答えなさい。

(1)　下線部①について，Bの資料に見られるように，国の歳出に占める社会保障関係費の割合が高まっている理由を書きなさい。

(2)　下線部②について，地方交付税交付金は，地方公共団体間の財政力の格差を縮めるために国から地方公共団体に配分される資金で，使い道は指定されていない。これと同じように国から地方公共団体へ配分される資金のうち，教育や公共事業など特定の仕事に使うために支給されるものを何というか，**漢字5字**で書きなさい。

3　Cについて，次の問いに答えなさい。

(1)　［X］には，地方議会が制定する法を意味する語句が入る。あてはまる語句を書きなさい。

(2)　次の文章は，哲也さんがCの資料に関連することがらをまとめたものである。［Y］にあてはまる言葉を書きなさい。

> Cの資料で示した法では，施策の一つとして環境への配慮を推進することを掲げている。私たちが生活するうえで住みよい環境を求める権利を環境権といい，日本国憲法に規定されていない「新しい人権」とされている。「新しい人権」は環境権のほかに，国民が政治に参加し判断するための情報を得る［Y］権利や，自分の生き方について自由に決定する自己決定権などが認められている。

6

美咲さんは，「私たちと経済」および「国際社会」についてテーマを決めて調べた。次のカードＡ～Ｃは，そのときまとめたものの一部である。資料を見て，問いに答えなさい。

カードＡ

山形県内に生産拠点をおく企業Ｔ
一般に株式会社の株主は利潤（利益）の一部を［ ① ］として受け取ることができる。この企業ではさらに，優待品として山形県産の高級さくらんぼを株主に送っている。株主とは，②株式会社が発行する株式を買った人である。

カードＢ

景気変動（景気循環）について
下の図のように，経済は好景気（好況）の時期と不景気（不況）の時期をくり返してゆく。

カードＣ

国際連合の役割
第一の役割は，③世界の平和と安全の維持である。第二の役割は，経済や社会，文化，環境，人権などの分野で④国際協力を進めることであり，国連総会は2015年に⑤持続可能な開発目標（SDGs）を採択し，17の目標を掲げている。

1　カードＡについて，次の問いに答えなさい。

(1)　［ ① ］にあてはまる語句を，**漢字２字**で書きなさい。

(2)　次の文章は，美咲さんが下線部②に関連することがらをまとめたものである。［ a ］にあてはまる言葉を，**銀行**という語を用いて書きなさい。

> 企業が株式を発行したり，社債を発行し資金の出し手から直接借り入れたりして資金を集めることを，直接金融という。これに対し，企業が［ a ］資金を集めることを間接金融という。

2　次の文章は，美咲さんがカードＢに関連することがらをまとめたものである。［ b ］・［ c ］にあてはまる言葉の組み合わせとして正しいものを一つ選び，記号で答えなさい。

> 図中のＸにあたる時期には，一般に物価が下がり続ける［ b ］の状態となる。このとき日本銀行は，一般の銀行との間で［ c ］などの取り引きを行い，市場に出回る通貨量を増やそうとする。

ア　b　インフレーション　c　国債を売る　　イ　b　インフレーション　c　国債を買う

ウ　b　デフレーション　c　国債を売る　　エ　b　デフレーション　c　国債を買う

3　カードＣについて，次の問いに答えなさい。

(1)　下線部③について，国際連合は，紛争が起こった地域で停戦や選挙の監視などの活動を行っており，日本の自衛隊もこれに参加している。この活動のことを何というか，書きなさい。

(2)　下線部④について，こうした国際協力では，社会貢献のために活動する非政府組織などの民間団体との連携も重要である。このような非政府組織の略称を，**アルファベット３字**で書きなさい。

(3)　下線部⑤について，山形県では諸政策をSDGsの複数の目標と関連づけて整理している。資料は，SDGsのうち六つを示しており，次のア～エは山形県の政策の一部を示している。資料中の目標すべてに関連する政策としてあてはまるものを一つ選び，記号で答えなさい。

ア　暮らしの様々なリスクへの対応力の強化

イ　収益性の高い農業の展開

ウ　総合的な少子化対策の新展開　　エ　若者の定着・回帰の促進

【資料】

目標2	飢餓をゼロに
目標8	働きがいも経済成長も
目標9	産業と技術革新の基盤をつくろう
目標12	つくる責任・つかう責任
目標13	気候変動に具体的な対策を
目標15	陸の豊かさも守ろう

3　次の問題について，あとの問いに答えなさい。

〔問題〕
ある中学校の全校生徒の人数は340人です。このうち，運動部に所属しているのは，男子生徒の60%，女子生徒の40%で，男女合わせて172人です。このとき，運動部に所属している男子生徒の人数は何人ですか。

(1)　この問題を解くのに，方程式を利用することが考えられる。どの数量を文字で表すかを示し，問題にふくまれる数量の関係から，1次方程式または連立方程式のいずれかをつくりなさい。

(2)　運動部に所属している男子生徒の人数を求めなさい。

4　次は，健太さんと友子さんの会話の場面である。あとの問いに答えなさい。

〈会話の場面〉

健太：　数学の授業で，連続する整数の性質について考えたね。

友子：　3，5や9，11のように，連続する2つの奇数(きすう)にはどんな性質があるのかな。

健太：　大きいほうの奇数の2乗から小さいほうの奇数の2乗をひいた差を考えてみようか。
例えば，3，5の場合は，$5^2 - 3^2 = 25 - 9 = 16$になるね。

友子：　9，11の場合は，$11^2 - 9^2 = 121 - 81 = 40$になるわ。
どちらの場合も計算結果は8の倍数になったよ。

健太：　連続する2つの奇数について，大きいほうの奇数の2乗から小さいほうの奇数の2乗をひいた差が8の倍数になることを，文字式を使って確かめてみよう。

健太さんは，連続する2つの奇数について，大きいほうの奇数の2乗から小さいほうの奇数の2乗をひいた差が8の倍数になることを，文字式を使って下のように説明した。□に説明のつづきを書いて，説明を完成させなさい。

〈説明〉
nを整数として，連続する2つの奇数のうち，小さいほうの奇数を$2n + 1$と表す。
大きいほうの奇数を，nを使って表すと，

□

したがって，連続する2つの奇数について，大きいほうの奇数の2乗から小さいほうの奇数の2乗をひいた差は8の倍数になる。

3 下の図１は，ある貯水槽（ちょすいそう）の形を表したものである。貯水槽は，ＡＢ＝15m，ＡＤ＝5m，ＡＥ＝10m の直方体ＡＢＣＤ－ＥＦＧＨから，ＡＢ∥ＩＪ，ＡＩ＝5m，ＩＪ＝3m の台形ＡＢＪＩを底面とする四角柱ＡＢＪＩ－ＤＣＫＬをとり除いた形をしていて，２点Ｉ，ＬはそれぞれＡＥ，ＤＨ上の点である。

面ＡＢＣＤが水平になるように設置された，水の入っていない貯水槽に，満水になるまで水を入れていく。このとき，それぞれの問いに答えなさい。

ただし，貯水槽の厚さは考えないものとする。

図１

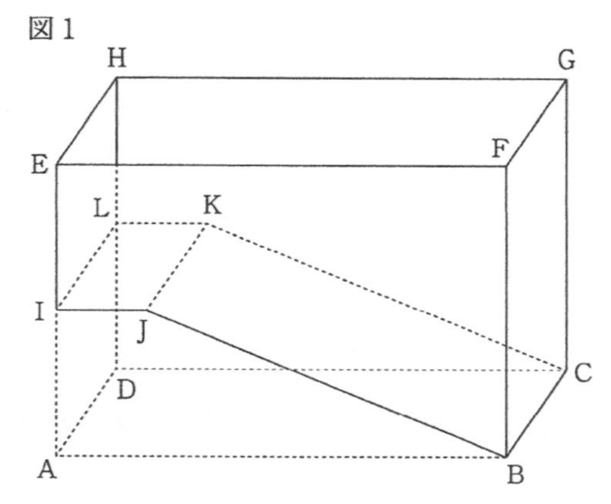

1　点Ｂから水面までの高さが xm のときに貯水槽に入っている水の量を ym³ とするとき，次の問いに答えなさい。

ただし，$x=0$ のとき $y=0$ であるとする。

(1)　$x=6$ のときの y の値を求めなさい。

(2)　右の表は，貯水槽に水を入れ始めてから満水になるまでの x と y の関係を式に表したものである。［ア］，［イ］にあてはまる式を，それぞれ書きなさい。

xの変域	式
$0 \leqq x \leqq 5$	$y=$［ア］
$5 \leqq x \leqq 10$	$y=$［イ］

(3)　貯水槽に水を入れ始めてから満水になるまでの x と y の関係を表すグラフをかきなさい。

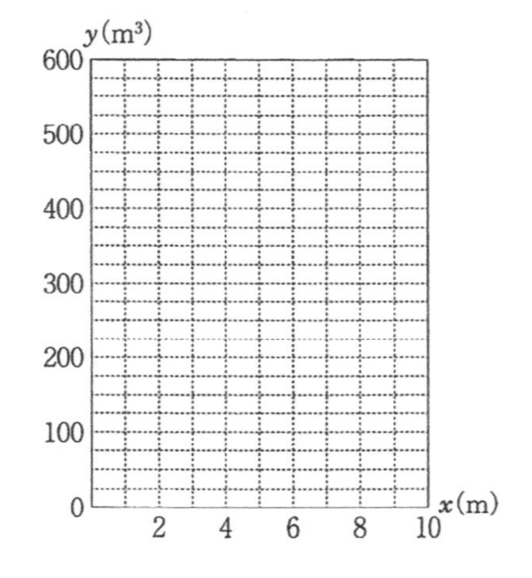

2　下の図２は，∠ＰＱＲ＝90°，ＰＱ∥ＳＲの台形ＰＱＲＳを底面とする四角柱ＰＱＲＳ－ＴＵＶＷの形をしたおもりであり，ＰＱ＝10m，ＰＴ＝5mである。また，∠ＳＰＱ＝∠ＪＢＦである。

図３は，満水になった図１の貯水槽に，図２のおもりを入れたようすを表している。貯水槽からあふれる水の量が$\frac{1000}{3}$m^{3}であるとき，図２のおもりのＱＲの長さを求めなさい。

ただし，おもりの面ＰＱＵＴは貯水槽の面ＢＦＧＣに重なっているものとする。

図２

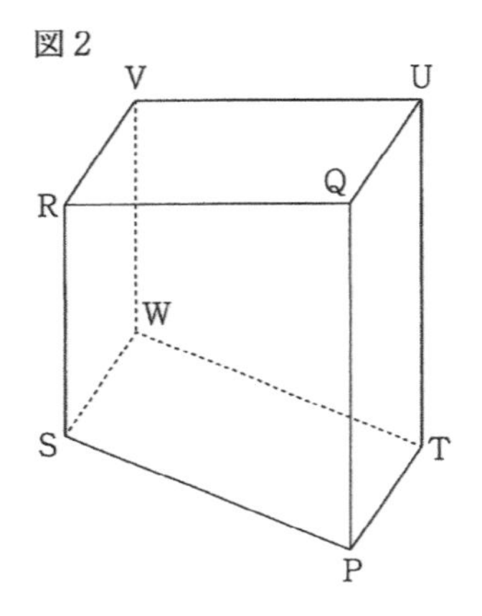

図３

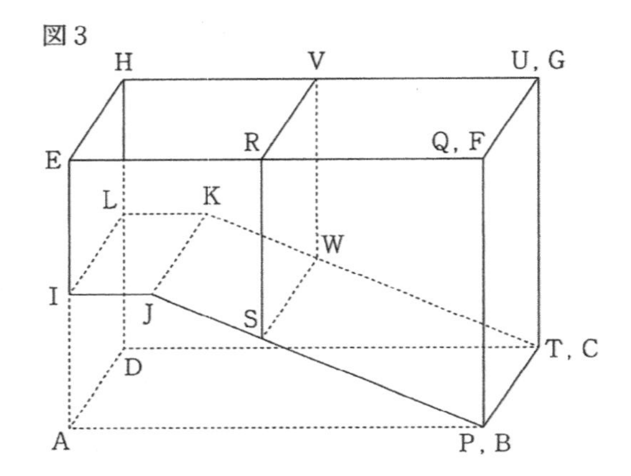

4 下の図のように，ＡＢ＜ＡＤである長方形ＡＢＣＤの対角線の交点をＯとする。点Ａを通る線分ＢＤの垂線と線分ＢＤとの交点をＥ，直線ＡＥと辺ＢＣとの交点をＦとする。また，直線ＡＦ上に，ＡＧ＝ＡＣとなるように点Ｇを，直線ＢＣについて点Ａと反対側にとる。このとき，あとの問いに答えなさい。

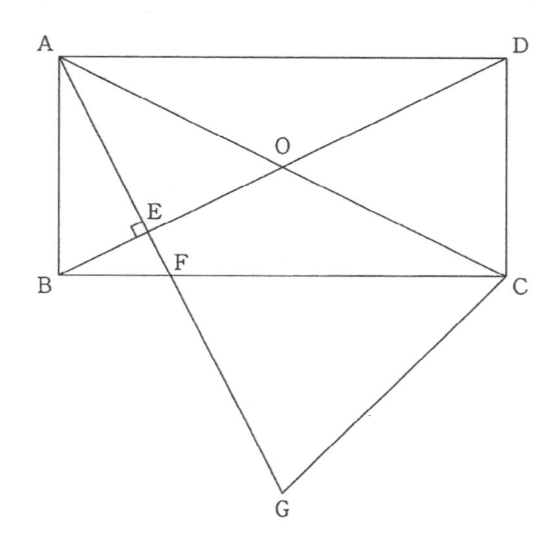

1　△ＡＢＥ∽△ＢＤＣであることを証明しなさい。

2　ＡＢ＝2cm，ＡＤ＝4cm であるとき，次の問いに答えなさい。

(1)　ＡＥの長さを求めなさい。

(2)　△ＡＣＧの面積を求めなさい。

二　次の文章を読んで、あとの問いに答えなさい。

主要都市間を連絡する長距離列車を主体として発展したヨーロッパの鉄道駅は、大抵終着駅ですから乗客が駅に入ると手前から奥へと線路は伸びています。駅舎も正面の幅が短いので設計しやすいし「街の顔」にもなっています。

しかし東京駅は、通過駅ですから、正面部が線路と平行するという特異な外観を持っていて日本独特のものとして変容していった。

最近はさらに進化し、ホテルやギャラリーだけでなく駅のなかに地下空間も広がって、レストランができたりみやげ物屋さんが軒を並べたり、単なる駅にとどまらず「東京ステーションシティ」と呼ばれているようです。シティ、つまり街となって変容し続けている。

ヨーロッパでは、パリのサン・ラザール駅とか東駅、リヨン駅などは街外れのわびしい場所に建って、みやげ物屋さんはたいてい屋台か何かです。

対して東京駅は、皇居に対して要の場所に位置し、行幸道路＊があって都市計画のなかでも重要なポイントになっている。

日本の鉄道がヨーロッパと比べて一番違う点は、駅としての位置づけとともに運行形態が特殊、独特であることです。

フランスのTGV＊は、日本の新幹線よりスピードが速い。通常の運行時速は最大350km、日本では300kmもなかなか出さないので「どうだ、速いだろう」と威張っている。しかし「日本には負ける」とフランスが驚嘆するのは、超過密ダイヤにもかかわらず毎日ほぼ支障なく運行していること。3分、5分おきに次々発車して、しかも特急や各駅停車の列車が混在していて、先発の各駅停車がどこかの駅で特急の後発列車に追い越される、そういう稠密＊かつ複雑なダイヤ編成です。

この問題については、三戸祐子さんの書かれた『定刻発車』という、非常におもしろくてわかりやすい本があります。

以前「日本の社会はなぜこうまで巨大システム依存型になったのか？〜鉄道を通して考える」というテーマの研究会が開かれて、三戸さんが発表されたとき「日本では、10秒で降りて10秒で乗り込む、乗客もそういう訓練、準備ができているから稠密ダイヤが可能になる」という話をされて、「なるほど」と

わけですが、西洋の技術を入れながら日本的に変容させていくひとつの事例として、かなり日本的な特性、能力を表しているのではないか、そういう統合的なマネジメント能力に、昔から日本人は長けていると思うわけです。

〈高階秀爾『鉄道と絵画 ―鉄道を通して見る日本の近代』による。〉

〔注〕
＊行幸道路＝昭和天皇が陸軍士官学校の卒業式に出席するために作られた道路。
＊TGV＝高速鉄道。　＊稠密＝密集していること。
＊手業＝手先でする仕事。　＊士大夫＝役人。
＊六芸＝士大夫が修得すべき教養、技能、技術のこと。
＊ロココ＝十八世紀にヨーロッパで広まった装飾様式。

問一　＝＝部a、bの漢字の読み方を、ひらがなで書きなさい。

問二　〰〰部の「の」と同じ用法のものは次のうちどれですか。次のア〜エから一つ選び、記号で答えなさい。

ア　祖母の家は遠方にある。　イ　あそこにいるのが兄です。
ウ　君の作った料理はおいしい。　エ　リーダーの彼は人気者だ。

問三　――部1について次のような形で説明したとき、［Ⅰ］〜［Ⅲ］に入る適切な言葉を、［Ⅰ］、［Ⅱ］には四字で、［Ⅲ］には十字で、それぞれ本文中から抜き出して書きなさい。

> 列車を停めるという［Ⅰ］としての役割だけでなく、街として進化し、［Ⅱ］において重視されている点と、［Ⅲ］で運行している点。

問四　――部2とあるが、「みんなができる」ということが海外で成立しないのはなぜですか。その理由を次のような形で説明したとき、［　］に入る適切な言葉を、次の三つの言葉を使って、五十字以内で書きなさい。

そのふたりのなかに入ってはいなかった。
それゆえにさちは、半紙の上に金時丸が見えたと正直に明かせなかった。
永承はしかし、真摯な目でさちを見ていた。
どこで教わったのかときつい口調で問いかけたが、そのあとは静かな目でさちを見ていた。目の色には、いささかも妬みのような色は含まれてはいなかった。
「半紙を見詰めていたら、船の形が見えました。わたしはそれを、きちんとなぞっただけです」
永承の目の色が、さちに正直な答えを言わせた。
「やはり、そうだったのか」
深く得心がいったようだ。さちを見る永承の目には、心底、相手を敬っている色が浮かんでいた。
「御前吟味の折りに、さちは紙を見詰めたまま、*四半刻以上も筆をとらずにいただろう」
あれも、紙に線が見えるのを待っていたのかと永承は問うた。
吟味の行われたその日のうちに、線が見えたのかと訊きたくてたまらなかった。しかしあの日の永承は、さちにそれを問うきっかけを得られず仕舞いだった。
紙を見詰めていれば、描きたいものが浮かんで見える。
このことは、弟子のだれもが先輩から申し送りとして聞かされていた。しかしそれを成し遂げたのは、師匠の岡崎のほかにはほとんどいない……このこともまた、弟子たちは聞かされていた。
さちは見事に成し遂げていた。
半紙のうえに見えた金時丸を、四枚の絵図に仕上げていた。
永承は師匠に教えを請う弟子のような所作で、さちが口にする*仔細に聞き入った。
金時丸を隅々まで自分の足で歩き、大きさや造りを身体の芯に覚え込ませた……船の長さと幅を歩幅で測ったと、永承に話した。
「わたしもそれを為していたおまえを見ていたが、自分の足で測ろうとはしなかった」
よろず、ものごとが成就できるか否かの分かれ道は、心がけの差のなかに潜んでいたのか……おのれの甘さを思い知った永承は、目をきつく閉じ合わせた。
さちは永承を見詰めた。
両目を開いたときの永承は、晴れやかな目でさちを見た。
「先生から外出のお許しをいただき、わたしはもう一度、金時丸を見に行ってくる」

ア　思わずきつい口調で「さち」を問い詰めてしまったことを反省して、今は「さち」の優れた絵の技量を心から賞賛している
イ　技量の秀でた「さち」に劣等感や嫉妬心を抱きながらも、その感情を「さち」にぶつけてはいけないと必死に我慢している
ウ　自身の感情とは関係なく、「さち」が今の技量を身につけるに至った経緯を知りたいという、純粋な疑問を抱いている
エ　絵の技量をうらやむのではなく、どうしたら形や大きさを捉えられる描き方ができるのかを、真剣に追求している

問五　――部4とあるが、本文には、その心情が表れた動作を比喩的に表現している一文があります。その一文を本文中からさがし、その最初の五字を抜き出して書きなさい。

問六　Aさんたちは国語の授業で最後の「永承」の様子から読み取れることをグループで話し合いました。［Ⅰ］に入る適切な言葉を、本文中から六字で抜き出して書きなさい。また、［Ⅱ］、［Ⅲ］に入る適切な言葉を、［Ⅱ］には三十五字以内で、［Ⅲ］には三字以内で、それぞれ考えて書きなさい。

Aさん　「永承」は、「目をきつく閉じ合わせた」ときと「両目を開いた」ときで様子が違っているよね。
Bさん　そうだね。「目をきつく閉じ合わせた」ときは［Ⅰ］を痛感しているよ。「さち」や「岡崎」が成し遂げたことを達成するうえで、自分に足りていないことは何か、気がついたんじゃないかな。
Cさん　「永承」に足りていないことって？
Bさん　［Ⅱ］のことだよ。
Aさん　「もう一度、金時丸を見に行ってくる」と言っているもんね。自分のやるべきことが明確になったんだ。
Cさん　なるほど。両目を開いてからの「晴れやかな目」や「熱い口調」というのは、これからどのように励めばよいかわかって［Ⅲ］な気持ちになったことの表れなんだね。

一　次の文章を読んで、あとの問いに答えなさい。

「さち」は、江戸の有名な絵師である「岡崎」に弟子入りした。屋形船*「金時丸」での花火見物で、「さち」は同じ弟子である「永承」とともに料理を任されることになった。「さち」は「永承」と二人で「金時丸」の台所の下見に行き、自分の歩幅で船の大きさや台所の寸法を測って帰った。

屋敷に戻ったあと、さちは白紙の半紙を見詰めた。

見詰めているうちに、真っ白な紙の上に金時丸の形が浮かんで見えた。しかも見える形は、さまざまに異なっていた。

筆を手にしたさちは、半紙に見えている船形をなぞった。半刻*のうちに、四枚の絵が仕上がった。

船の座敷を真上から見下ろした図。

船端に立ち、斜めに見た図。

船着場から見た、金時丸の真横の図。

そして、艫*の台所から舳先*を見渡した図。

「これは大した絵図だ」

さちが描いた金時丸の絵図四枚を見て、永承は感嘆のうなり声を漏らした。

「これらを見れば、だれもが金時丸を目の当たりにしたも同然の気になれる」

四方向から船を描いたことで、形も大きさもはっきりと捉えることができていた。

「おまえはこのような描き方を、亡くなられた黄泉*様から教わっていたのか？」

「いいえ」

さちの首の振り方は、きっぱりとしていた。

「ならば、どこで教わったのだ？」

確かな答えを、早く知りたいのだろう。永承の問い方は、いつになくきつい口調になっていた。

さちはすぐには答えなかった。

見詰めている半紙のうえに、金時丸の形が浮かんで見えた。しかしそのことを、永承に言っていいのだろうか。

さちは判断がつかず、言葉がすぐには出なかったのだ。

御前吟味*の折りに、さちは紙の上に線を見た。そのことを明かしたとき、岡崎は深い目でさちを見た。

かつて紙に線を見た者はふたりしかいない、と、岡崎は名を挙げた。永承は、

永承は熱い口調でさちに語りかけた。

〈山本一力『ほうき星』ＫＡＤＯＫＡＷＡによる。〉

〔注〕

＊屋形船＝　船上で食事などが楽しめる、屋根と座敷のある船。

＊半刻＝　約一時間。　＊艫＝　船の後方部分。

＊舳先＝　船の前方部分。

＊黄泉＝　「さち」の父親。評判の絵師だった。

＊御前吟味＝　「岡崎」に弟子入りするための試験。

＊四半刻＝　約三十分。　＊仔細＝　詳細のこと。

問一　══部ａ、ｂの漢字の読み方を、ひらがなで書きなさい。

問二　〰〰部における「目の当たりにした」のここでの意味として最も適切なものを、次のア～エから一つ選び、記号で答えなさい。

ア　良いものと認めた　　イ　直接測った

ウ　実際に見た　　エ　正しく理解した

問三　――部１について、このときの「永承」の心情を説明したものとして最も適切なものを、次のア～エから一つ選び、記号で答えなさい。

ア　「さち」がどうやって四方向から船を描くことができたのかを知りたい。

イ　「さち」の描き方はどこで教わったものなのかを一刻も早く知りたい。

ウ　「さち」のように紙に浮かんだ線をなぞる力を身につける方法を知りたい。

エ　「さち」だけが教わっている「黄泉」の技術がないかを確実に知りたい。

問四　――部２から３で、「さち」の心情にどのような変化がありましたか。それを次のような形で説明したとき、［Ⅰ］に入る適切な言葉を、本文中から七字で抜き出して書き、［Ⅱ］に入る言葉を、五字以内で考えて書きなさい。また、［Ⅲ］に入る言葉として最も適切なものを、あとのア～エから一つ選び、記号で答えなさい。

最初は、［Ⅰ］という域に達していない「永承」に正直に話せなかったが、「永承」が［Ⅱ］ために本当のことを伝える気持ちになった。

令和5年度

東北文教大学山形城北高等学校
入学試験問題

国　語

（ 8：50 ～ 9：40 ）

注　意

1 「開始」の合図があるまで，開いてはいけません。

2 問題用紙は，6ページまであります。

3 解答用紙は，問題用紙の中にはさんであります。

4 「開始」の合図があったら，まず，解答用紙を取り出し，受験番号を書きなさい。次に，問題用紙のページ数を確認し，不備があればすぐに手を挙げなさい。

5 答えは，すべて解答用紙に書きなさい。

6 「終了」の合図で，すぐに鉛筆（シャープペンシルを含む）をおき，解答用紙を開いて裏返しにしなさい。

2023(R5) 東北文教大学山形城北高
K 教英出版

五

次のグラフは、「文化に関する世論調査」の中の、「どのようなジャンルを日本の文化芸術の魅力として諸外国に発信すべきか」という質問に対する回答結果を、年代別に表したものです。

このグラフを使って、まとまりのある二段落構成の文章を書きなさい。第一段落には、グラフを見て気づいたことを書きなさい。それをふまえ、第二段落には、あなたが発信したいと思う日本の文化芸術と、その理由を書きなさい。

ただし、あとの《注意》に従うこと。

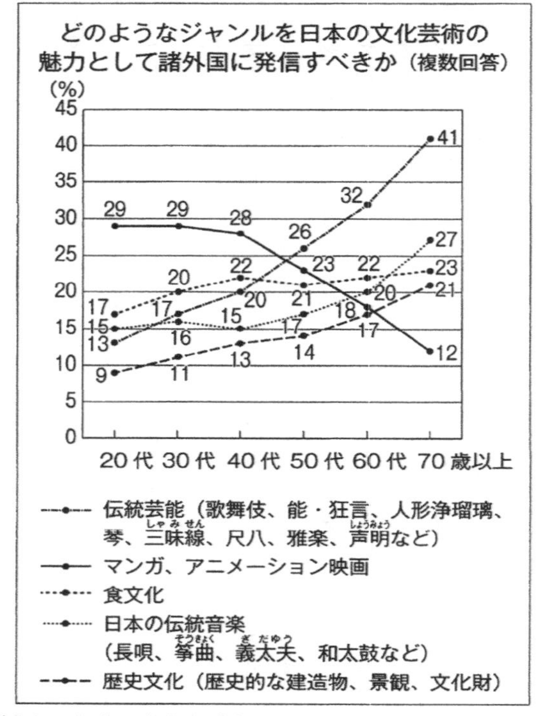

（令和３年度　文化庁「文化に関する世論調査」から作成）

《注意》

◇「題名」は書かないこと。

◇二段落構成とすること。

◇二〇〇字以上、二四〇字以内で書くこと。

◇文字は、正しく、整えて書くこと。

◇グラフの数値・数字を使う場合は、次の例にならって書くこと。

例　三一％　五〇％　二〇代

四　次の問いに答えなさい。

問一　次の1～5の――部のカタカナの部分を、漢字で書きなさい。なお、楷書で丁寧に書くこと。

1　河川に堤防をキズく。
2　水鳥のムれが飛び立つ。
3　空に人工エイセイを打ち上げる。
4　野原をサンサクする。
5　民主主義のコンカンが揺らぐ。

問二　前田さんは、国語の授業で、方言について調べてクラス全体に向けて発表します。次は、前田さんの発表原稿と、発表のときに提示するフリップです。これらを読んで、あとの(1)、(2)の問いに答えなさい。

《前田さんの発表原稿》

ⓐ　方言は現在、地域活性化など、さまざまな場面で活用されています。私は、方言の活用について調べたことと考えたことをお伝えします。

ⓑ　皆さんは、特産品の商品名、施設やイベントの名称に方言が使われているのを知っていますか。県内のダム湖の名称にも方言が使われていますね。

ⓒ　データを見ていきましょう。方言は、好意的に捉えている人が多く、言葉自体から心に響く優しい印象を受けているようです。だから商品名などに使われるのですね。また、方言は主に身近な人との会話で使われるため、親近感や連帯感を湧かせる効果が期待できそうです。また、地元にいるときにはわからなかった、方言のよさもあるようです。方言は地域の独自のものなので、郷愁や愛着を湧かせるのでしょう。これからも方言を適宜使っていければよいと考えている人が多いのは、時代が変わっても、残ってほしい魅力があるからでしょう。

ⓓ　以上のように、方言には活用される理由があるのです。今後も、多くの場面で活用されながら、後世に受け継がれていくことでしょう。

(1)　前田さんはⓒの部分を話すとき、次のⒶ～Ⓓの四枚のフリップを提示します。どの順序で提示するとよいですか。Ⓐ～Ⓓを並べ替えて答えなさい。

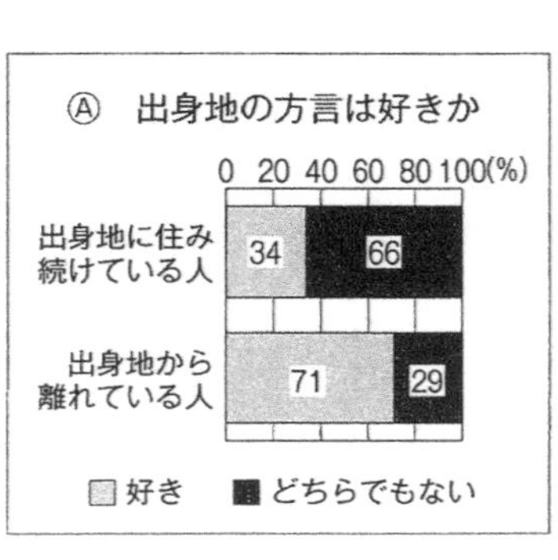

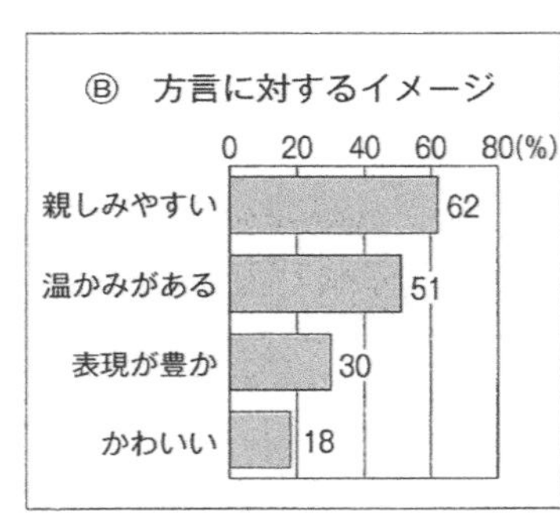

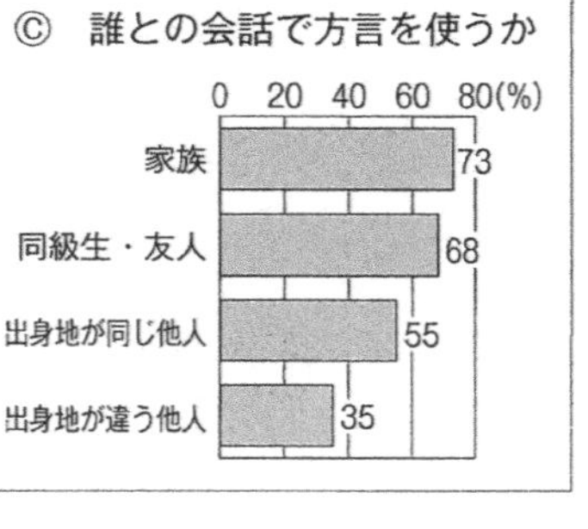

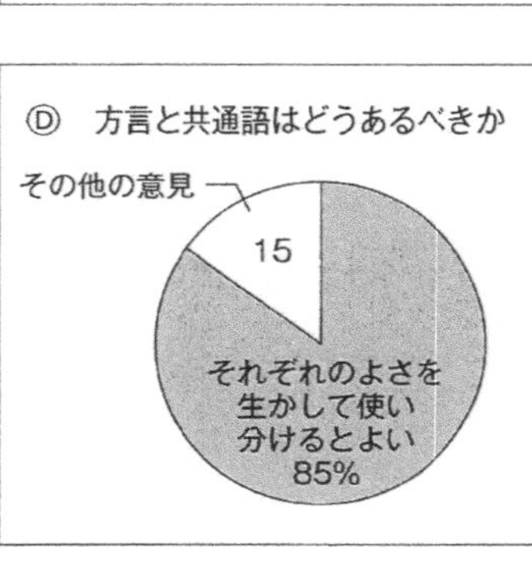

(2)　前田さんは友人から、「発表の全体像を示す前に、具体的な事例を出しながら聞き手に考えさせることで、聞き手の興味を引いたらよいのではないか」というアドバイスを受けました。このアドバイスに従うと、前田さんの発表原稿のⓐ～ⓓのうち、どれとどれを入れ替えればよいですか。入れ替えるもの二つを、ⓐ～ⓓから選び、記号で答えなさい。

三 次の文章を読んで、あとの問いに答えなさい。

〔「御曹子（おんぞうし）」は、北方の鬼の島にある、秘伝の巻き物を手に入れるために旅をしている。〕

心あこがれ（落ち着かないまま）行くほどに、日数（ひかず）積もりて、十七日と申すには、とある島に着き給（たま）ふ。船を漕（こ）ぎ寄せ見給へば、みな裸にて並（な）みゐたり。御曹子御覧（ごらん）じて、「いかに申さん、島人たち、この島の名を何といふ」。島の者ども承（うけたまは）り、「さん候（さうら）ふ（お答えいたします）。昔より、麻の種絶えてなく、みな裸にて住みければ、裸島と申すなり、都の＊くはんきよ」と申しけり。御曹子聞こしめし、風吹かば、寒くはなきかと問はせ給ふに、中にも、さかしき（賢い）人詠（よ）みてけり。

風吹けば寒さぞまさる裸島麻の衣も身にもまとはで（身にはつけておりませんので）

としたりければ、また、島人の中に、「いやいや、身にもまとはでとは、麻の衣はあれども、身にはまとはぬといふやうにて、悪（あ）しし」とて、下句をば、

麻の衣の絶えてなければ

とて、直しにけり。御曹子御覧じて、島人には心やさしき（みやびやかなこと）をあはれみ給ひ、御（お）船（ふね）の中（うち）より、＊巻絹（まきぎぬ）を三百取り出（いだ）させ給ひ、「これを身にまとひ給へ」とて、賜（た）びけり。それより、今に絶えず、衣を身にまとふとなり。

〈『御曹子島渡』による。〉

〔注〕
＊ くはんきよ＝ ここでは「御曹子」のこと。

＊ 巻絹＝ 軸に巻いた絹の反物。

問一 〰〰部「並みゐたり」を現代かなづかいに直し、すべてひらがなで書きなさい。

問二 本文中には、「 」のついていない発言があります。その部分を本文中から探し、最初と最後の三字ずつを抜き出して書きなさい。

問三 ――部について、初めの和歌の下の句を直した理由を、次のような形で説明したとき、［　］に入る適切な言葉を、現代語で二十字以内で書きなさい。

> 初めの和歌の下の句では、［　　　　］という、事実と違った内容に捉えられる可能性があるから。

問四 本文の内容について説明したものとして最も適切なものを、次の**ア**～**エ**から一つ選び、記号で答えなさい。

ア 御曹子は、島の人たちの心持ちを気に入りたくさんの絹の反物を与えたが、島の人たちは恐れ多くて衣にすることはできなかった。

イ 御曹子は、丁寧に応対してくれた島の人たちに感謝して、麻よりもよい絹の衣を身につけてもらいたくてたくさんの反物を与えた。

ウ 御曹子は、和歌を詠むような風流な心をもっている島の人たちに感心して、たくさんの絹の反物を与えて身につけるように言った。

エ 御曹子は、貧しくて衣を持っていないため寒い思いをしている島の人たちに同情して、たくさんの絹の反物を与える約束をした。

えず相手は関係ない。ただこちらが言いたいことを言う。

それに対して、[2]「間柄」の世界を生きる私たち日本人は、双方向の視点をもつ。「個」の世界を生きるなら、ただ自分の思うところを自己主張していればよい。だが、「間柄」の世界を生きるとなると、そう単純にはいかない。相手のことを意識し、相手との関係にふさわしいように、相手を傷つけないように、気まずいことにならないように、相手が不満に思うようなことにならないように、相手の期待を裏切らないように、などと相手に配慮しつつ、自分の思うところを伝えることになる。

私、僕、オレなどの自称詞*さえも相手との関係性によってごく自然に使い分けているように、持ち前の共感能力を発揮して、相手が何を思っているか、相手が何を望んでいるかなど相手の立場や気持ちに配慮しながら、双方が心地よさを失わないようにものの言い方を調整する。

こうしてみると、はっきりと自己主張できないのは、べつに情けないことなのではなく、相手の気持ちや考えていることがわかるし、相手の立場がわかるから、[3]一方的にこっちの言い分を押しつけるようなことがしにくいからなのだ。

相手が何を望んでいるか、どう感じているかなど相手のことを気にするのも、主体性がないというのではなく、相手の期待に応えたいから、つまり自分自身の満足だけでなく相手の満足も大切にしたいからである。

言いたいことがあっても言えなかったり、要求があるのに遠慮したりするのも、自己主張のスキル*が未熟だからというわけではなく、相手に負[b]担をかけたくないし、相手からずうずうしい人物とみられたくないからであり、それゆえに[4]自己主張のスキルを磨く必要などなかったのだ。

このように、私たち日本人には他者から独立した自己などというものはないが、だからといって未熟なのではない。日本文化においては、他者から切り離された自己の方が、相手に配慮できず自己中心的であるという意味で未熟とみなされる。

〈榎本博明『思考停止という病理(やまい)』による。〉

欧米人は［　　　］ので、相手に関係なく一方的に自分を出すことが基本になるから。

問六　――部4の理由を次のような形で説明したとき、［Ⅰ］、［Ⅱ］に入る適切な言葉を、［Ⅰ］には六字、［Ⅱ］には五字で、それぞれ本文中から抜き出して書きなさい。

日本人が相手のことを気にして言いたいことを言えない原因は、［Ⅰ］ことや、自己主張のスキルが足りないことではない。むしろ自己主張することで、［Ⅱ］な人物だとみなされるため、自己主張のスキルを磨く必要がなかったのである。

問七　本文の特徴について説明したものとして最も適切なものを、次のア～エから一つ選び、記号で答えなさい。

ア　日本人の行動の変化について疑問を挙げ、日本人の他者との関わり方の特徴を説明したうえで、なぜ変化が起きたのかを探ろうとしている。

イ　日本人の言動の特徴を複数の面から検証することで、日本文化の特徴を明らかにし、日本文化の優れた点を生かすべきだと主張している。

ウ　日本人と欧米人について、それぞれの文化の長所と短所を比較することで、コミュニケーションのあり方について多面的に示している。

エ　短所として指摘されることもある日本人の特徴について、背景となる日本文化のあり方を含めて考察することで、別の見方を示している。

令 和 6 年 度

東北文教大学山形城北高等学校
入学試験問題

数　　学

（ 10：00 ～ 10：50 ）

注　　　意

1 「開始」の合図があるまで，開いてはいけません。

2 問題用紙は，7ページまであります。

3 解答用紙は，問題用紙の中にはさんであります。

4 「開始」の合図があったら，まず，解答用紙を取り出し，受験番号を書きなさい。次に，問題用紙のページ数を確認し，不備があればすぐに手を挙げなさい。

5 答えは，すべて解答用紙に書きなさい。

6 「終了」の合図で，すぐに鉛筆（シャープペンシルを含む）をおき，解答用紙を開いて裏返しにしなさい。

1 次の問いに答えなさい。

1　次の式を計算しなさい。

(1)　$(-8)+6-(-4)$

(2)　$\left(-\frac{1}{3}\right)\div\frac{2}{3}+\frac{5}{8}$

(3)　$12x^2y^4\div\left(-\frac{3}{5}x^3y^2\right)\times\left(-\frac{1}{4}x^2y\right)$

(4)　$(\sqrt{6}-2)^2+\frac{12}{\sqrt{6}}$

2　2次方程式　$4x^2-7=(x-2)(x+3)$　を解きなさい。解き方も書くこと。

3　$a=-\frac{1}{4}$，$b=-\frac{1}{2}$のとき，$4(a+2b)-6(2a+b)$　の値を求めなさい。

4　右の図は，1辺の長さが10cmの正四面体A－ＢＣＤである。頂点Ｂから辺ＡＣ上の点Ｐを通り，頂点Ｄまで糸をかけた。

ＢＰ＋ＰＤの長さが最も短くなるとき，この糸の長さを求めなさい。

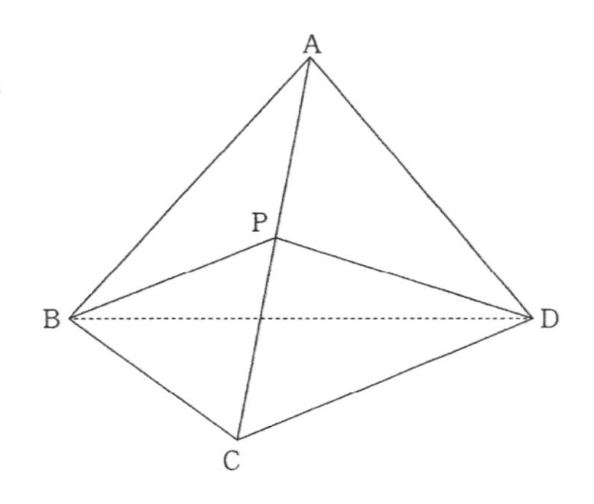

5　下の図は，あるクラスの生徒25人が受けた英語，数学，国語のテストの得点のデータを，箱ひげ図に表したものである。あとの①～③のそれぞれについて，これらの箱ひげ図から読み取れることとして正しいものを○，正しくないものを×としたとき，○と×の組み合わせとして適切なものを，あとの**ア～ク**から1つ選び記号で答えなさい。

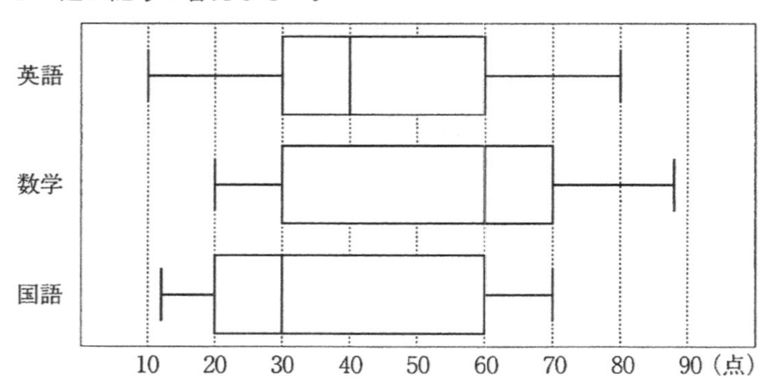

①　英語，数学，国語の合計点が240点以上の生徒はいない。

②　四分位範囲がもっとも大きいのは，英語である。

③　数学で，30点以下の生徒は少なくとも6人いる。

	ア	イ	ウ	エ	オ	カ	キ	ク
①	○	○	○	○	×	×	×	×
②	○	○	×	×	○	○	×	×
③	○	×	○	×	○	×	○	×

2 次の問いに答えなさい。

1　右の図において，①は関数$y = ax^2$のグラフ，②は関数$y = -\frac{16}{x}$のグラフである。点Aは①と②の交点で，x座標が－4，点Bは①上の点で，x座標が2である。また，点Bを通りy軸に平行な直線と②のグラフとの交点をCとする。点AとB，AとCをそれぞれ結ぶ。このとき，次の問いに答えなさい。

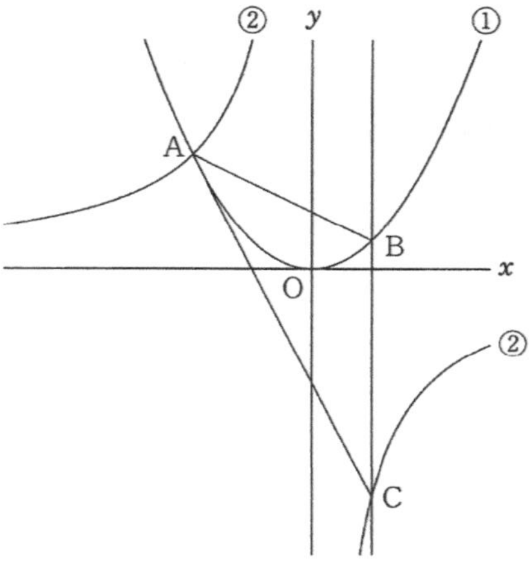

(1)　aの値を求めなさい。

(2)　△ＡＢＣの面積を求めなさい。

2　赤玉３個，白玉３個の合計６個の玉が入っている袋の中から，１個ずつ玉を取り出す。このとき，取り出した玉はもとに戻さないものとする。このようにして２個の玉を取り出すとき，取り出した２個の玉の色が異なる場合と玉の色が同じ場合のどちらの方が起こりやすいかを，確率を使って説明しなさい。ただし，どの玉が取り出されることも同様に確からしいものとする。

令 和 6 年 度

東北文教大学山形城北高等学校
入学試験問題

社　　会

（ 11：10 ～ 12：00 ）

注　　　意

1 「開始」の合図があるまで，開いてはいけません。

2 問題用紙は，7ページまであります。

3 解答用紙は，問題用紙の中にはさんであります。

4 「開始」の合図があったら，まず，解答用紙を取り出し，受験番号を書きなさい。次に，問題用紙のページ数を確認し，不備があればすぐに手を挙げなさい。

5 答えは，すべて解答用紙に書きなさい。

6 「終了」の合図で，すぐに鉛筆（シャープペンシルを含む）をおき，解答用紙を開いて裏返しにしなさい。

1 美里さんは，世界の国々を調べる授業で，略地図Ⅰ～Ⅲ中のA国～D国や日本に関連することについて，地図や資料を使って調べた。資料を見て，問いに答えなさい。

【略地図Ⅰ】

A国
①
B国
②

【略地図Ⅱ】

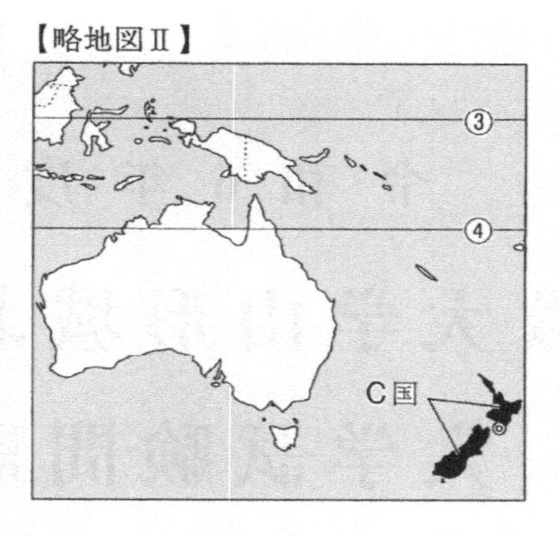

【略地図Ⅲ】

注１：略地図Ⅰ～Ⅲ中の◎は，首都の位置を示している。　注２：各地図の縮尺は同じではない。

1　略地図Ⅰ，Ⅱ中の────で示した①～④は，それぞれある緯度を表す緯線である。緯度０度を表す緯線の組み合わせとして正しいものを一つ選び，記号で答えなさい。また，緯度０度の緯線のことを何というか，**漢字２字**で書きなさい。

ア　①と③　　イ　①と④　　ウ　②と③　　エ　②と④

2　A国について，次の問いに答えなさい。

(1)　次は，美里さんが，略地図Ⅰ中のA国の首都の気候や歴史について調べ，まとめたものである。A国の首都名を書きなさい。

　この都市の気候には，日本の首都である東京と同じように四季の変化があるが，東京に比べて夏は涼しく，また，季節ごとの降水量の差が小さいという特徴がある。この都市は，第二次世界大戦後の冷戦（冷たい戦争）下で東西に分割され，冷戦の象徴ともいわれる壁によって分断された。しかし，1989年に壁は取りこわされ，同じ年に冷戦の終結が宣言された。

(2)　美里さんは，A国が属する地域統合組織について調べた。資料Ⅰは，A国が属する地域統合組織，アメリカ合衆国，日本の人口や貿易額などについてまとめたものであり，**ア～ウ**は，A国が属する地域統合組織，アメリカ合衆国，日本のいずれかである。A国が属する地域統合組織にあたるものを一つ選び，記号で答えなさい。また，この地域統合組織の名称を書きなさい。

【資料Ⅰ】　(2020年)

	人口（百万人）	貿易額（億ドル）		国内総生産（GDP）（億ドル）
		輸出	輸入	
ア	336	14,249	24,069	208,937
イ	445	50,759	45,164	152,922
ウ	125	6,413	6,355	50,578

（『世界国勢図会 2022/23年版』より作成）

3　次は，美里さんが，略地図Ⅰ中のB国で生産がさかんな農産物についてまとめたものである。[W]にあてはまる，輸出用の特定の作物を大規模に栽培する農園を何というか，**カタカナ８字**で書きなさい。

　B国は，世界有数のカカオ豆生産国である。植民地時代，ヨーロッパ人が南アメリカからカカオ豆を持ちこみ，アフリカで[W]農業を行った。独立後もカカオ豆は重要な輸出品となっている。

4　美里さんは，略地図Ⅱ中のC国の民族や日本との関係について調べた。次の問いに答えなさい。

(1)　C国の先住民で，その言語が英語とともに公用語とされている民族を何というか，書きなさい。

(2)　資料Ⅱは，東京都中央卸売市場における，カボチャの月別取扱量を表している。次は，美里さんが，資料Ⅱをふまえて，C国産のカボチャの取扱量についてまとめたものである。［　X　］にあてはまる言葉を，日本と比べた地球上におけるC国の位置に触れ，**季節**，**収穫時期**の二つの語を用いて書きなさい。

【資料Ⅱ】

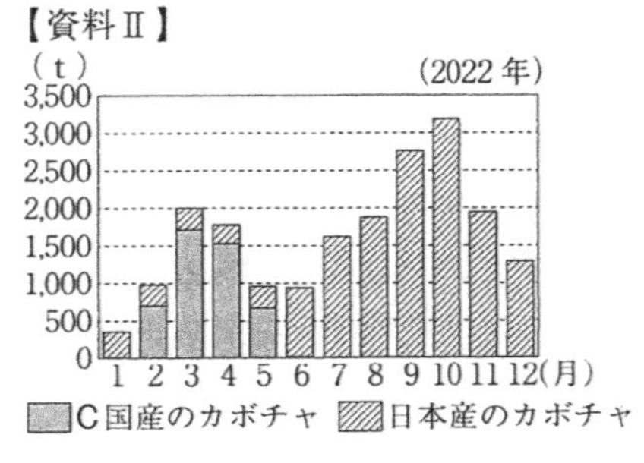

(東京都中央卸売市場のホームページより作成)

> C国は，［　X　］。そのため，日本産のカボチャの取扱量が減る2月～5月の時期に，C国から多くのカボチャを輸入しているのだと考えられる。

5　次は，美里さんが，略地図Ⅲ中のD国の産業についてまとめたものである。次の問いに答えなさい。

> D国は，世界有数の石油産出・輸出国で，1960年にイラン，イラク，クウェート，ベネズエラの4か国とともに［　Y　］という組織をつくり，生産調整などにより原油価格に大きな影響を及ぼす存在になっている。D国では，輸出総額のおよそ9割を原油や石油製品が占めているが，［　Z　］ため，現在では観光業などにも力を入れている。

(1)　［　Y　］にあてはまる，「石油輸出国機構」の略称を，**アルファベット4字**で書きなさい。

(2)　資料Ⅲは，D国の原油生産量と埋蔵量および可採年数を表している。［　Z　］にあてはまる言葉を，資料Ⅲをふまえて，**埋蔵量**，**依存**の二つの語を用いて書きなさい。

【資料Ⅲ】

生産量(2021年，万kL)	埋蔵量(2020年末現在)	
	埋蔵量(百万kL)	可採年数(年)
63,570	47,307	74

(『日本国勢図会 2023/24年版』より作成)

注：可採年数は埋蔵量を生産量で割って算出したものである。

2　山形県内に住む中学生の健太さんは，インターネット上で知り合った外国に住む友人に，山形県について紹介するメールを送った。次は，そのとき送った内容の一部である。問いに答えなさい。

【健太さんが送ったメールの内容の一部】

> ○　山形県は山地や山脈に囲まれ，山の多い県ですが，一方は海に面しています。冬には，［　a　］から吹いてくる季節風が，［　b　］という大きな山脈にぶつかり，山間の盆地などに多くの雪を降らせます。
> ○　山形県の北部を①北緯39度，南部を北緯38度の緯線が通っています。
> ○　県内を貫いて流れる最上川は，水の量が豊かで，②日本三大急流の一つといわれています。

1　［　a　］，［　b　］にあてはまる言葉の組み合わせとして正しいものを一つ選び，記号で答えなさい。

ア　a　北東　　b　越後山脈　　　イ　a　北東　　b　奥羽山脈
ウ　a　北西　　b　越後山脈　　　エ　a　北西　　b　奥羽山脈

2　下線部①について，北緯39度の緯線が国土を通っている国として正しいものを一つ選び，記号で答えなさい。

ア　アルゼンチン　　イ　スウェーデン　　ウ　トルコ　　エ　メキシコ

3　下線部②について，健太さんは，日本三大急流に関連することがらについて調べた。略地図は，日本三大急流と，日本三大急流が流れる県をまとめたものである。次の問いに答えなさい。

【略地図】

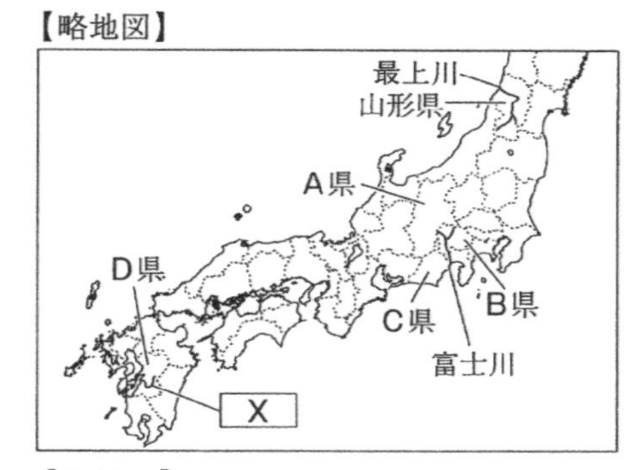

(1)　略地図中の X にあてはまる，日本三大急流の一つである川として正しいものを一つ選び，記号で答えなさい。

ア　利根川　　イ　球磨川
ウ　吉野川　　エ　筑後川

(2)　資料Ⅰは，最上川下流の酒田市臼ケ沢観測所における，最上川の1日平均流量の月別変化を表している。次は，健太さんが，資料Ⅰからわかったことや考えたことをまとめたものである。 c にあてはまる言葉を，**山**，**水**の二つの語を用いて書きなさい。

【資料Ⅰ】

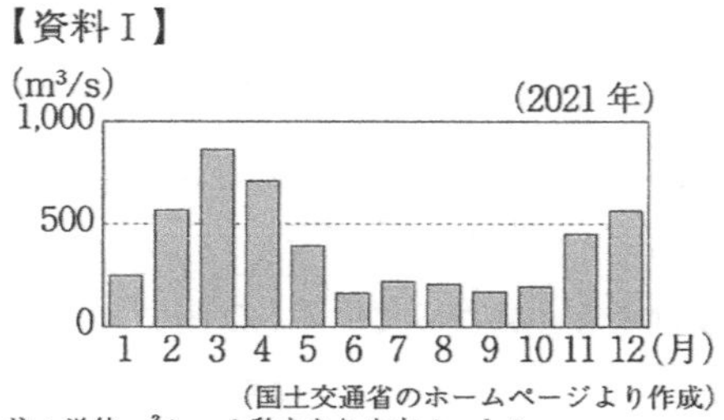

(国土交通省のホームページより作成)
注：単位 m³/s = 1秒あたり立方メートル

> 最上川の下流で平均流量が多くなるのは，3月～4月の時期であるとわかる。これは，この時期に，　c　からであると考えられる。

(3)　資料Ⅱは，略地図中の山形県とA県～D県の工業や漁業などについてまとめたものである。ア～オは，山形県かA県～D県のいずれかである。C県にあてはまるものを一つ選び，記号で答えなさい。また，その県名も書きなさい。

【資料Ⅱ】　(製造品出荷額等は2019年，海面漁業生産量は2020年)

	製造品出荷額等（億円）		海面漁業生産量（t）	
	電子部品等精密機器	輸送用機械器具	漁業漁獲量	養殖業収獲量
ア	2,216	1,060	–	–
イ	7,385	4,040	–	–
ウ	3,420	3,970	13,080	52,990
エ	3,242	42,907	184,055	2,445
オ	5,008	1,267	4,399	–

(『データでみる県勢2023年版』より作成)

(4)　次は，健太さんが，略地図中のD県でさかんな養殖業についてまとめたものである。 d ， e ， f にあてはまる言葉の組み合わせとして正しいものを一つ選び，記号で答えなさい。

> D県の北西に広がる　d　ではノリの養殖がさかんに行われているが，2022年には，プランクトンの異常な増殖によって　e　が発生したことに加え，降水量が　f　く，栄養分が海に十分供給されなかったため色落ちが発生し，生産量が激減している。

ア　d　有明海　e　アオコ　f　多　　イ　d　有明海　e　赤潮　f　多
ウ　d　有明海　e　赤潮　f　少な　　エ　d　八代海　e　アオコ　f　多
オ　d　八代海　e　アオコ　f　少な　　カ　d　八代海　e　赤潮　f　少な

令和6年度

東北文教大学山形城北高等学校
入学試験問題

理　　科

（　12：40　～　13：30　）

注　　意

1 「開始」の合図があるまで，開いてはいけません。

2 問題用紙は，7ページまであります。

3 解答用紙は，問題用紙の中にはさんであります。

4 「開始」の合図があったら，まず，解答用紙を取り出し，受験番号を書きなさい。次に，問題用紙のページ数を確認し，不備があればすぐに手を挙げなさい。

5 答えは，すべて解答用紙に書きなさい。

6 「終了」の合図で，すぐに鉛筆（シャープペンシルを含む）をおき，解答用紙を開いて裏返しにしなさい。

1 拓也さんは，山形県のシンボルであるさくらんぼについて興味をもち，植物のつくりについて調べた。次の問いに答えなさい。

1　拓也さんは，さくらんぼをつけるサクラの花や果実，葉のつくりを調べた。図１は，サクラの花のつくりを，図２はサクラの果実のつくりを，図３はサクラの葉のつくりをそれぞれ模式的に表したものである。あとの問いに答えなさい。

図１

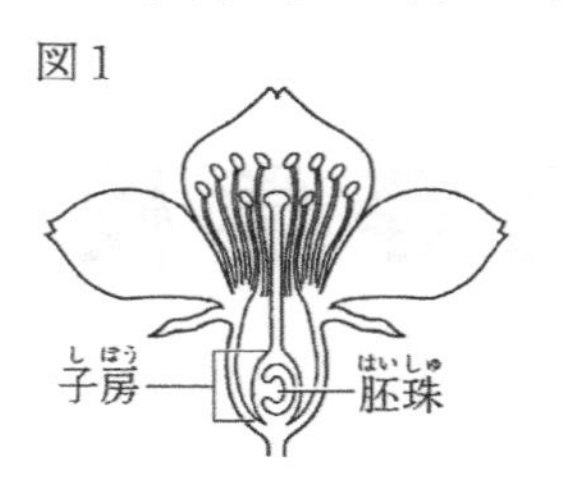

図２

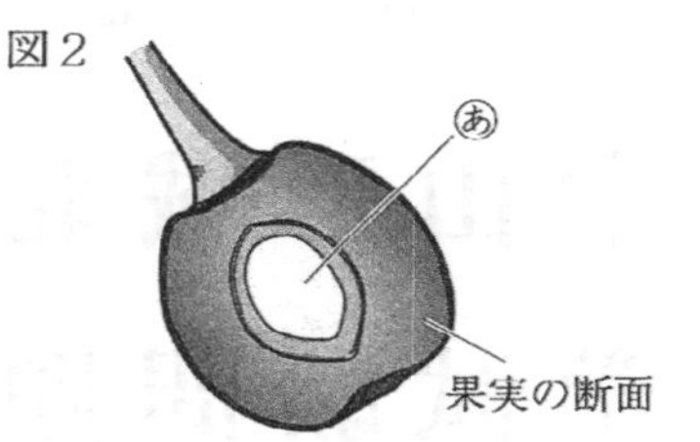

図３

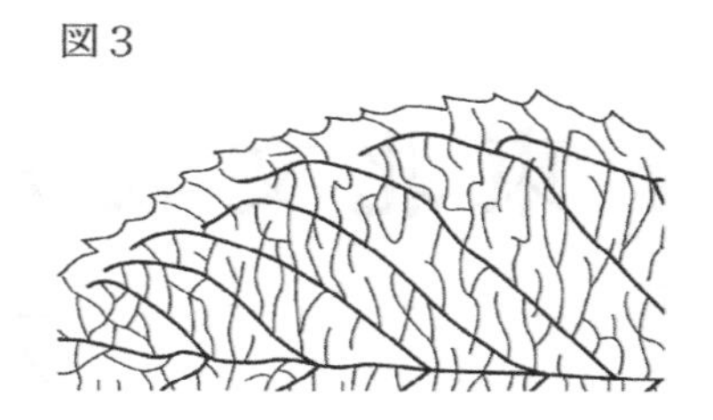

(1)　次は，拓也さんが図２のサクラの果実についてまとめたものの一部である。［ X ］，［ Y ］にあてはまるものの組み合わせとして最も適切なものを，あとのア～エから一つ選び，記号で答えなさい。

> 図２のⓐは［ X ］であり，受粉することで，図１の［ Y ］が成長したものである。

ア　X　胞子　　Y　子房　　**イ**　X　胞子　　Y　胚珠
ウ　X　種子　　Y　子房　　**エ**　X　種子　　Y　胚珠

(2)　図３の葉のつくりから，サクラは被子植物のうち，何類に分類されると考えられるか，書きなさい。

2　拓也さんは，マツの花のつくりについて調べ，サクラの花のつくりと比較を行った。あとの問いに答えなさい。

> 図４は，マツの枝の先端付近に見られる花とりん片のつくりを模式的に表したものである。図４から，マツの花とサクラの花のつくりを比べると，マツの花は［ Z ］という特徴があることがわかった。

図４

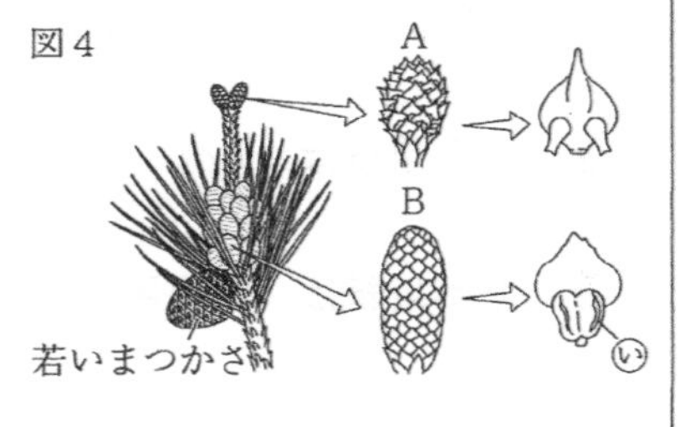

(1)　次は，マツの花のつくりについて，拓也さんがまとめたものである。［ a ］，［ b ］にあてはまる記号や語をそれぞれ書きなさい。

> マツの花には雌花と雄花の区別があり，雌花は図４のA，Bのうち，［ a ］である。また，図４のBのりん片にはⓘのつくりが見られ，このつくりを［ b ］という。

(2)　［ Z ］にあてはまる言葉を，「胚珠」の語を用いて，書きなさい。

2 日菜さんは，だ液のはたらきについて調べるために，次の①，②の手順で実験を行った。表は，実験の結果を示したものである。あとの問いに答えなさい。

【実験】

① 試験管A～Dを用意し，それぞれの試験管にデンプン溶液を5mLずつ入れたあと，AとBには水でうすめただ液2mL，CとDには水2mLを入れ，それぞれよく混ぜ合わせた。

② 図1のように，試験管A～Dを約40℃の湯に10分間入れたあと，AとCにヨウ素液を加え，また，BとDにはベネジクト液と沸騰石（ふっとうせき）を入れて加熱して，それぞれの水溶液の変化を観察した。

図1

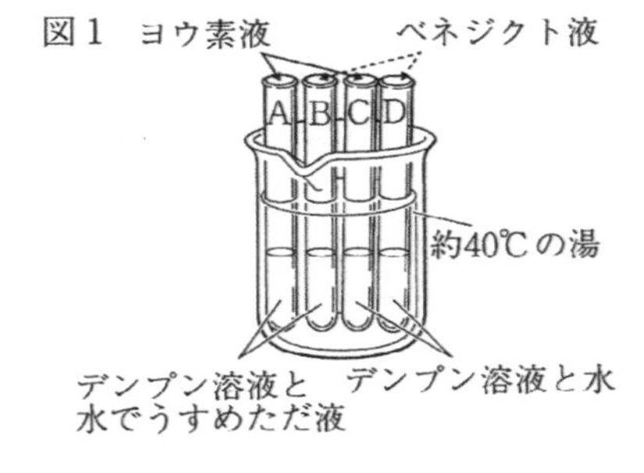

表

試験管	水溶液の変化
A	変化しなかった。
B	赤褐色（せきかっしょく）の沈殿ができた。
C	X
D	変化しなかった。

1 表の X にあてはまる言葉を書きなさい。

2 だ液にふくまれる消化酵素（こうそ）を何というか，書きなさい。

3 実験結果から，だ液のはたらきによって，糖ができたことがわかる。このことは，どの試験管の結果を比べるとわかるか。最も適切なものを，次のア～エから一つ選び，記号で答えなさい。

ア 試験管AとB　　イ 試験管AとC　　ウ 試験管BとC　　エ 試験管BとD

4 実験のあと，日菜さんは，だ液のはたらきと温度の関係を調べるために，試験管a～fを用意し，それぞれの試験管にデンプン溶液を5mLずつ入れた。その後，a，c，eには水でうすめただ液2mL，b，d，fには水2mLを入れ，それぞれよく混ぜ合わせ，試験管aとbを約5℃の水に，試験管cとdを約40℃の湯に，試験管eとfを約80℃の湯に10分間入れた。その後，それぞれの試験管の溶液を2つに分け，一方にはヨウ素液を加え，また，もう一方にはベネジクト液と沸騰石を入れて加熱して，それぞれの水溶液の変化を観察した。次は，日菜さんが実験の結果についてまとめたものである。 Y にあてはまる言葉として最も適切なものを，あとのア～エから一つ選び，記号で答えなさい。

図2

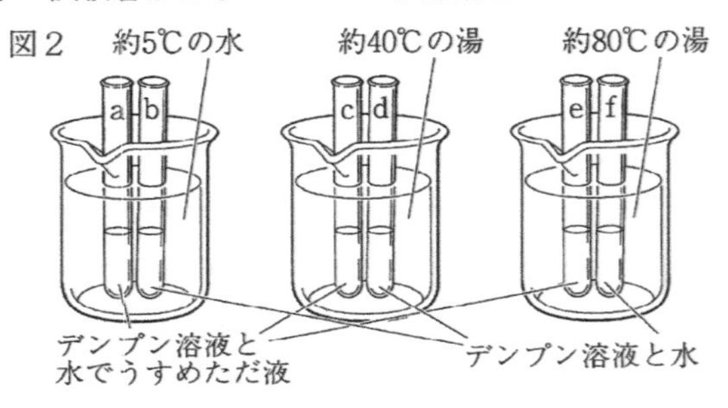

> 実験の結果，試験管a，b，d，e，fの溶液ではヨウ素液による変化が，試験管a，cではベネジクト液による変化が見られた。このことから，だ液のはたらきは Y ことがわかる。

ア 温度によって変わらない

イ 低温にするとさかんになる

ウ 高温にすると失われる

エ 温度が高くなるほどさかんになる

3 悠太さんは，地震に興味をもち，日本で起こった地震Xについて調べた。次は，悠太さんがまとめたものの一部である。あとの問いに答えなさい。ただし，地震Xは地下のごく浅い場所で起こり，初期微動や主要動を伝える波の伝わる速さは一定であったものとする。

【日本で起こった地震Xについて】

地点A～Cの震源からの距離（きょり）と，初期微動と主要動がそれぞれ始まった時刻を調べ，表にまとめた。

表

地点	震源からの距離（km）	初期微動が始まった時刻	主要動が始まった時刻
A	56	13時30分26秒	13時30分34秒
B	21	13時30分21秒	13時30分24秒
C	98	13時30分32秒	13時30分46秒

1　震度やマグニチュードについて説明したものとして最も適切なものを，次の**ア**～**エ**から一つ選び，記号で答えなさい。

ア　震度は観測地点におけるゆれの強さを表し，日本では8階級で表される。

イ　震度は観測地点におけるゆれの強さを表し，日本では10階級で表される。

ウ　マグニチュードは観測地点におけるゆれの強さを表し，日本では8階級で表される。

エ　マグニチュードは観測地点におけるゆれの強さを表し，日本では10階級で表される。

2　地震が発生してからの時間と初期微動を伝える波が進んだ距離の関係を表したグラフを，図1にかきなさい。

3　地震Xにおいて，震源からの距離が126kmの地点で初期微動継続時間は何秒か，求めなさい。

4　地震Xにおいて，地点Dにおける初期微動継続時間は12秒であった。このとき，震央と地点A～Dの位置関係を表したものとして最も適切なものを，次の**ア**～**エ**から一つ選び，記号で答えなさい。

図1

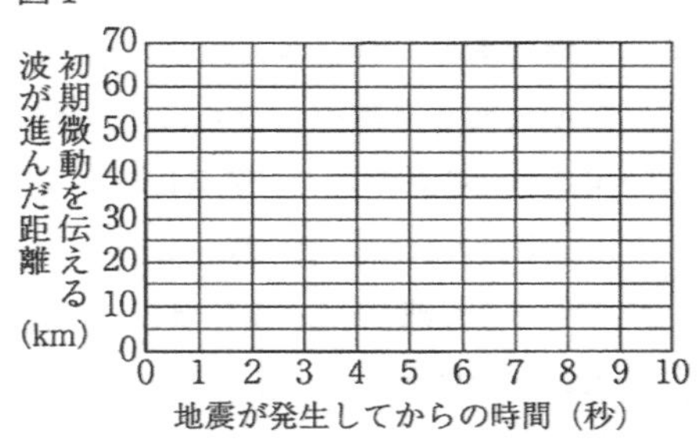

ア

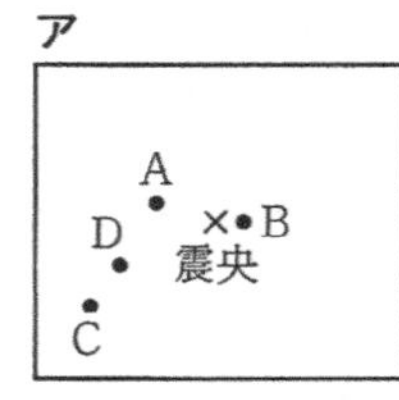

イ

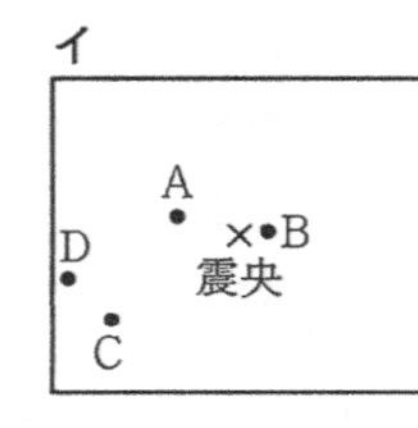

ウ

A D
×•B
震央
C

エ

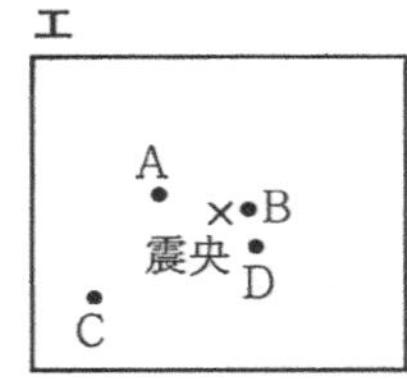

5　地震Xでは，震源からの距離が14kmの地点の地震計で初期微動を観測してから5秒後に緊急地震速報が発表された。図2は，緊急地震速報のしくみを模式的に表したものである。地点A～Cのうち，緊急地震速報が発表されたあとに主要動が始まった地点の組み合わせとして最も適切なものを，次の**ア**～**エ**から一つ選び，記号で答えなさい。

図2

地震発生　震源

地震計：震源に近い地震計が初期微動を観測

気象庁：地震計の情報をもとに，震源の位置やマグニチュード，主要動が始まる時刻を予想し，大きな地震の場合，緊急地震速報を発表する

テレビ・携帯電話など：テレビや携帯電話で緊急地震速報を受信

ア　地点AとBとC　　**イ**　地点AとC　　**ウ**　地点C　　**エ**　該当（がいとう）する地点はない

令 和 6 年 度

東北文教大学山形城北高等学校
入学試験問題

英　　語

（ 13：50 ～ 14：40 ）

注　　　意

1 「開始」の合図があるまで，開いてはいけません。

2 最初に，放送によるテストがあります。

3 問題用紙は，7ページまであります。

4 解答用紙は，問題用紙の中にはさんであります。

5 「開始」の合図があったら，まず，解答用紙を取り出し，受験番号を書きなさい。次に，放送によるテストが始まる前に問題用紙のページ数を確認し，不備があればすぐに手を挙げなさい。

6 答えは，すべて解答用紙に書きなさい。

7 「終了」の合図で，すぐに鉛筆（シャープペンシルを含む）をおき，解答用紙を開いて裏返しにしなさい。

1 これはリスニングテストです。放送の指示に従って答えなさい。 **※音声は収録しておりません**

1

No. 1

ア

イ

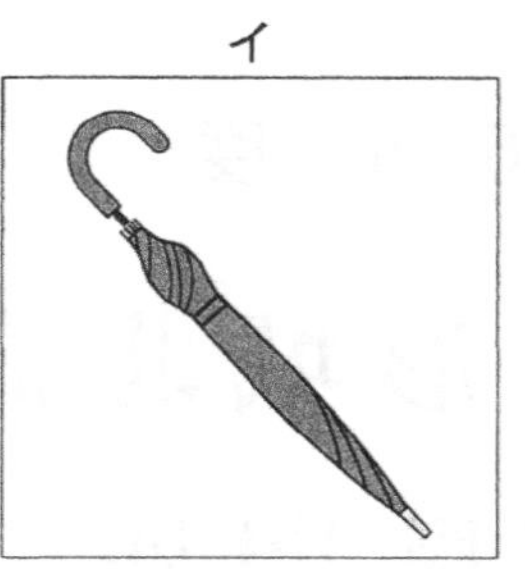

ウ

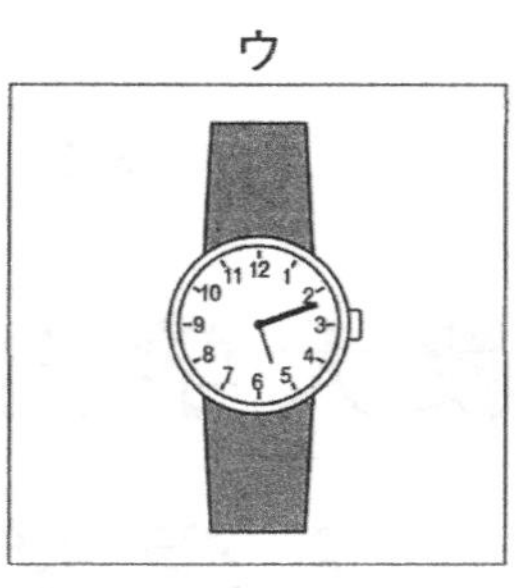

エ

No. 2

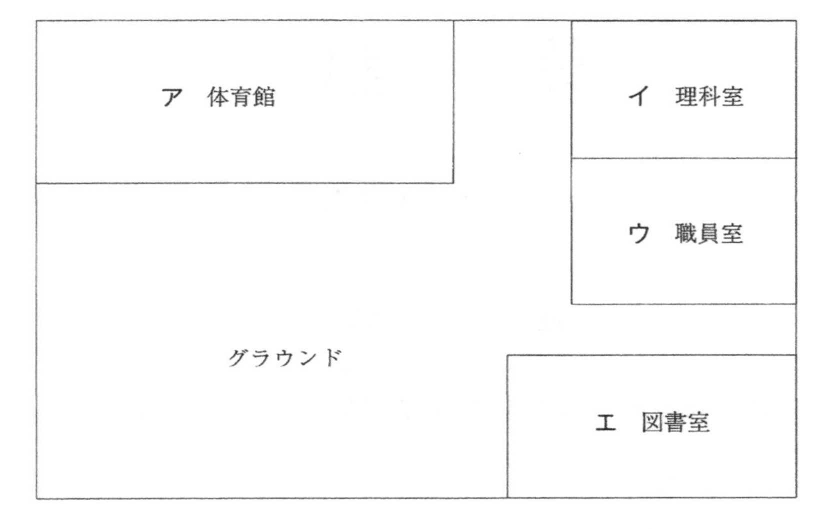

2

<由紀さんが使っているメモ>

留学生のマイクについて

・滞在期間

２年前に日本に来て，横浜に住んでいた。

→山形に住んで（ ア ）になる。

・所属クラブ

最初は（ イ ）部に所属していたが，（ ウ ）を訪れたときに日本の芸術に興味を持って今は美術部に所属している。

3

No. 1

ア For five days.

イ For thirteen days.

ウ For three weeks.

エ For four weeks.

No. 2

ア Visiting Dave's school was.

イ Talking about Japanese anime was.

ウ Giving water to the vegetables was.

エ Eating the vegetables he took care of was.

4 答えは，解答用紙に書きなさい。

（メモ用）

（　　）のところの英語を聞き取り，書きなさい。

Sally: Look. Jack runs very fast.

Yuta: Yes! I think (　　　　　　　　) in our class.

2 次の問いに答えなさい。

1 次の対話文の（　　）の中に最も適する英語を，それぞれ1語ずつ書きなさい。

(1) *Becky:* What is your favorite（　　）?
Mari: I like blue, but I like green the best of all.

(2) *Akira:* How old is your uncle?
Nancy: Well, he is thirty-nine years old, and next Sunday is his fortieth（　　）.

(3) *Kota:* You are reading a book about Japanese things, right?
Lucy: Right. I'm interested in traditional Japanese things（　　）*kimono* and *koto*.

2 次の対話文の（　　）の中に最も適するものを，あとのア～エからそれぞれ一つずつ選び，記号で答えなさい。

(1) *Takuya:* I'm going to play tennis with Tony tomorrow. If you are free, why don't you join us?
Beth: Sounds nice. I have a piano lesson in the morning, but I'll be free in the afternoon.
Takuya: I see.（　　　　　　）
Beth: OK. I'll call you.

ア How about playing tennis?　　イ I'm sorry to hear that.
ウ You mean you can't join us.　　エ Tell me what time you can join us.

(2) *Emi:* Have you ever been to Okinawa?
Jack: Never, but I've wanted to go there for a long time. I like swimming.
Emi: Oh, it's a very good place to enjoy swimming.
Jack: I really want to go there!（　　　　　　）

ア I have already enjoyed swimming there.
イ I'll ask my father to take me to Okinawa.
ウ I don't like swimming.
エ It won't be interesting because I like swimming.

3 次の対話文の下線部について，あとのア～カの語句を並べかえて正しい英文を完成させ，（ X ），（ Y ），（ Z ）にあてはまる語句を，それぞれ記号で答えなさい。

(1) *Oliver:* Rika, tell me a good way to learn Japanese.
Rika: <u>I think（　　）（ X ）（　　）（ Y ）（　　）（ Z ）easy Japanese.</u>

ア for you　イ books　ウ useful　エ it's　オ written in　カ to read

(2) *Father:* <u>（　　）（ X ）（　　）（ Y ）（　　）（ Z ）before dinner, right?</u>
John: Sorry, Dad. I'll do it now.

ア to　イ I　ウ you　エ your homework　オ told　カ do

くりかえします。　（間３秒）　（英文を読む）　（間 10 秒）

これで，２の問題を終わり，３の問題に移ります。問題用紙２ページの３を見てください。（間２秒）
中学生の健二(Kenji)さんは英語の授業でスピーチをすることになりました。次に読まれる英文はスピーチの原稿です。そのあとに，クエスチョンズと言って二つの質問をします。それぞれの質問の答えとして最もふさわしいものを，ア，イ，ウ，エの中から一つずつ選び，記号で答えなさい。英文は２回読みます。　（間２秒）
では，始めます。　（間２秒）

Last year, I visited New Zealand and stayed with the Jones family for three weeks. Mr. Jones was a farmer of fruits and vegetables. His son, Dave, was thirteen. I visited his school five times. I talked about Japanese anime in his class. Everyone enjoyed listening to me, so I was happy. After school, Dave helped his father. I joined in their work. I gave water to the vegetables. It was difficult, but fun. The most exciting thing for me was eating the vegetables I took care of. I shared happy feelings with the Jones family.
（間２秒）

Questions: No.1 How long did Kenji stay with the Jones family?　（間８秒）
No.2 What was the most exciting thing for Kenji?　（間８秒）
くりかえします。　（間２秒）　（英文を読む）　（間 10 秒）

これで，３の問題を終わり，４の問題に移ります。問題用紙２ページの４を見てください。（間２秒）
これから，英語による対話文を２回読みます。（　　）のところの英語を聞き取り，書きなさい。
（間２秒）
では，始めます。　（間２秒）

(Sally): Look. Jack runs very fast.
(Yuta): Yes! I think he runs the fastest of all the boys in our class.　（間 15 秒）
くりかえします。　（間２秒）　（英文を読む）　（間 15 秒）

これでリスニングテストを終わります。次の問題に移ってください。

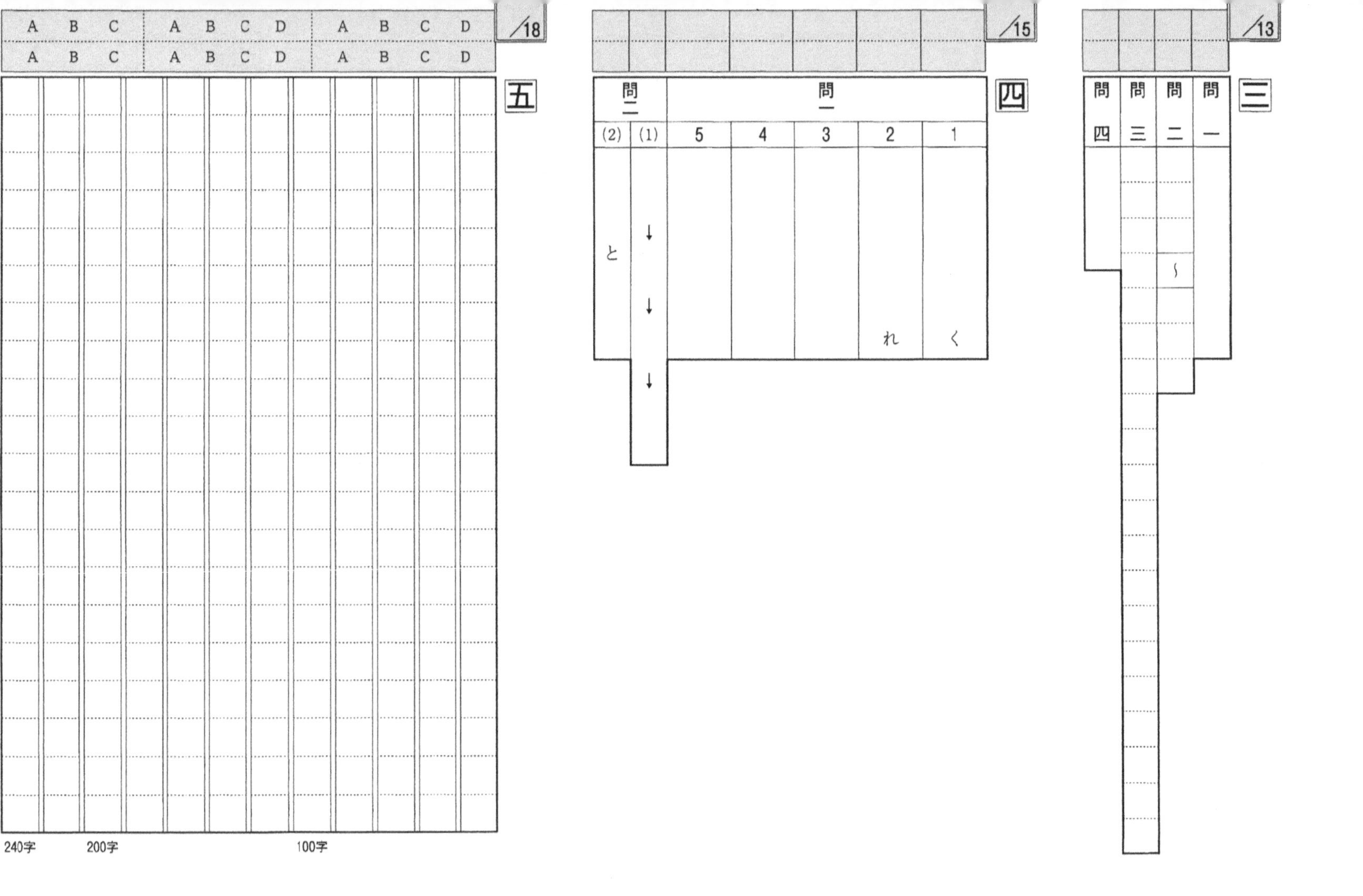

2024(R6) 東北文教大学山形城北高

K 教英出版

3

				得点
1	(1)	$y =$		/3
	(2)	ア		/3
		イ		/3
		ウ		/3
	(3)			/6
2		$x =$		/4

3 /22

4

			得点
1		〈証明〉	/10
2	(1)	cm	/5
	(2)	cm^2	/5

4 /20

4

		4 /17
1		/2
2		/3
3		/2
4		/3
5		/3
6	→ → →	/2
7		/2

5

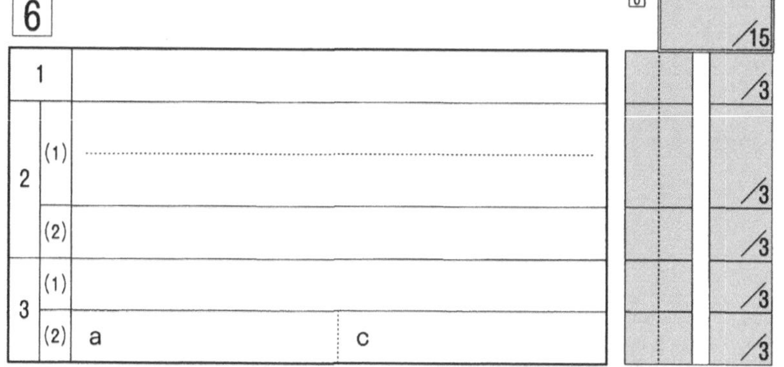

		5 /15
1		/2
2		/2
3		/3
4		/2
5		/3
6	人分	/3

6

				6 /15
1				/3
2	(1)			/3
	(2)			/3
3	(1)			/3
	(2)	a	c	/3

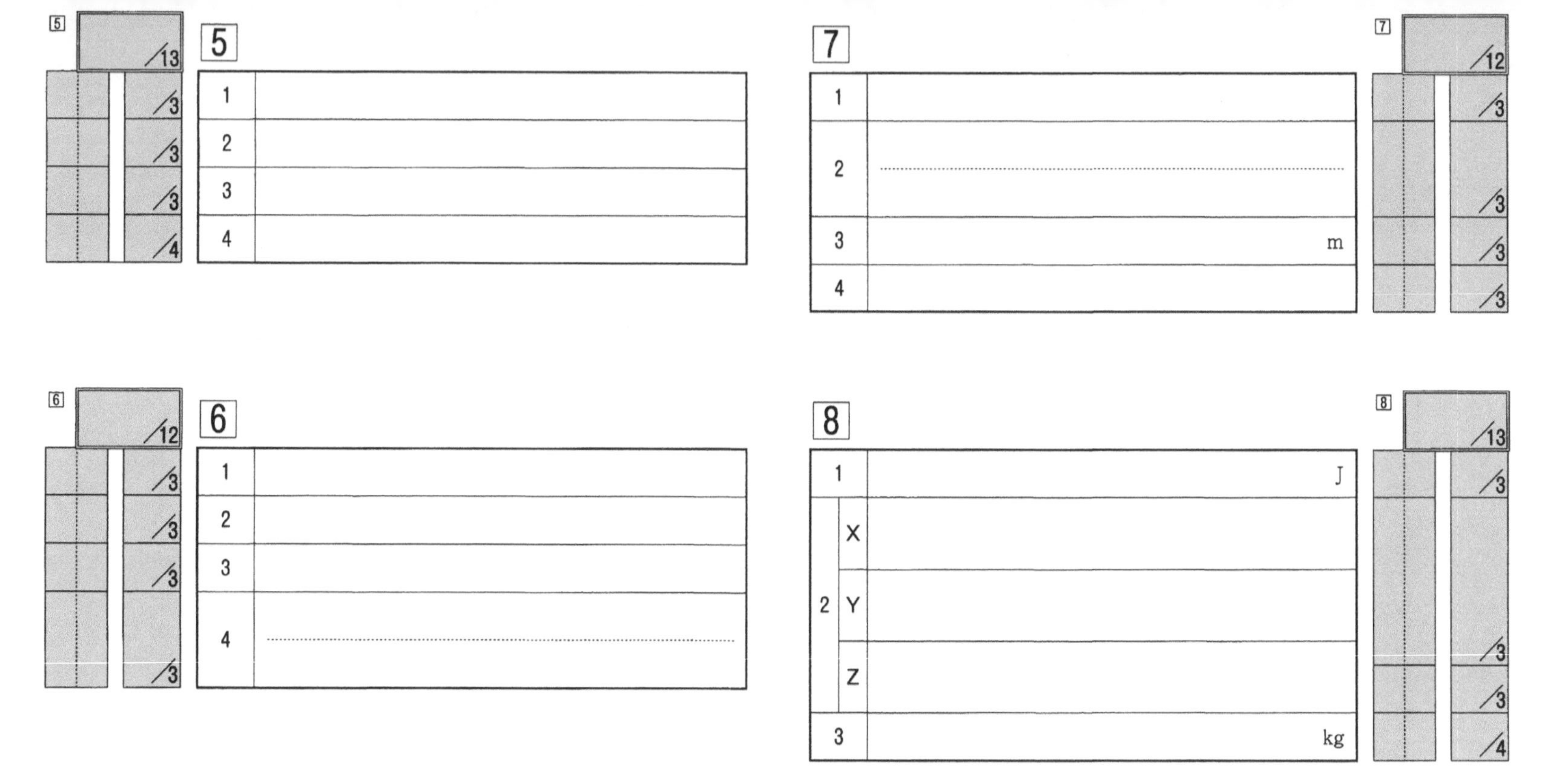

5

		5 /13
1		/3
2		/3
3		/3
4		/4

6

		6 /12
1		/3
2		/3
3		/3
4		/3

7

		7 /12
1		/3
2		/3
3	m	/3
4		/3

8

			8 /13
1		J	/3
2	X		
	Y		
	Z		/3
3		kg	/3
			/4

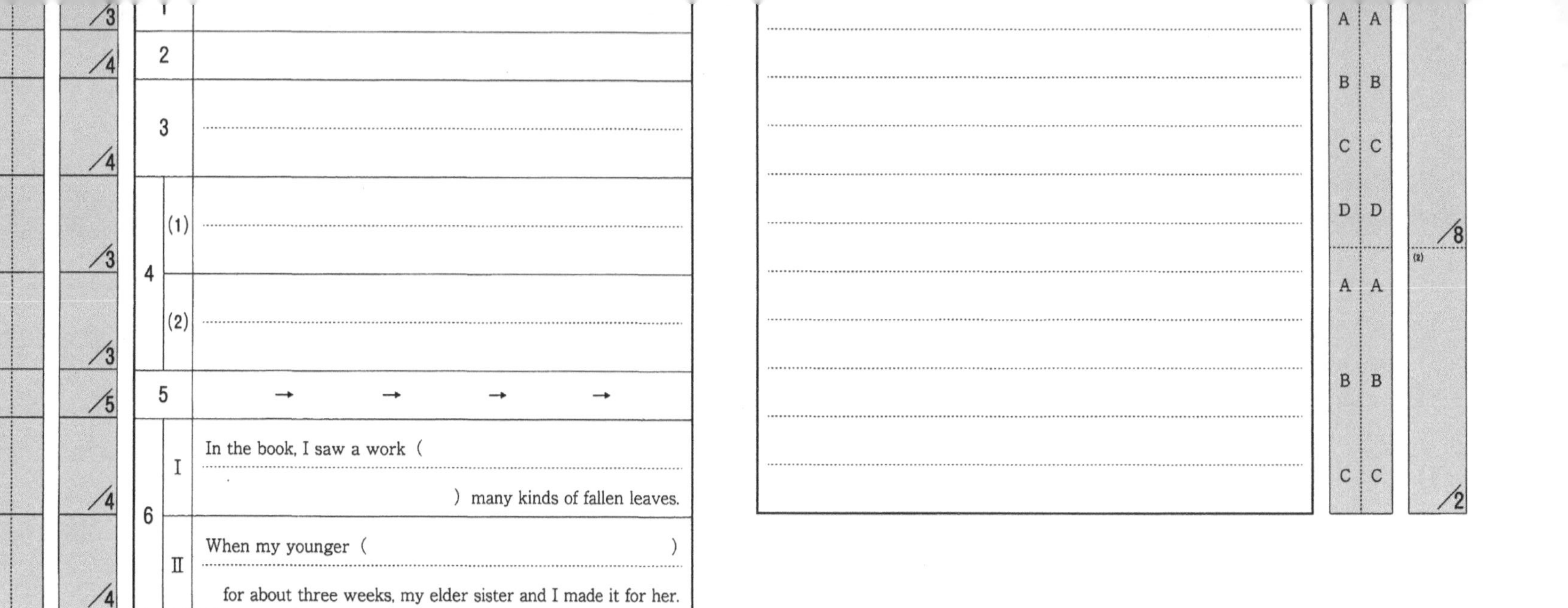

1		/3
2		/4
3		/4
4	(1)	/3
	(2)	/3
5	→ → → →	/5
6	I	In the book, I saw a work ( ) many kinds of fallen leaves.	/4
	II	When my younger ( ) for about three weeks, my elder sister and I made it for her.	/4

A	A	
B	B	
C	C	
D	D	/8
A	A	(2)
B	B	
C	C	/2

英語解答用紙

※100点満点

受験番号		総得点	

□の欄には何も記入しないこと。

1

			配点
1	No.1		/3
	No.2		/3
2	ア		/3
	イ		/3
	ウ		/3
3	No.1		/3
	No.2		/3
4		*Sally:* Look. Jack runs very fast. *Yuta:* Yes! I think ( ) in our class.	/5

1 /26

2

					配点
1	(1)				/2
	(2)				/2
	(3)				/2
2	(1)				/3
	(2)				/3
3	(1)	X	Y	Z	/3
	(2)	X	Y	Z	/3

2 /18

3

			配点
1	X		/2
	Y		/2
	Z		/2
2			/4
3			/3
			/3

3 /16

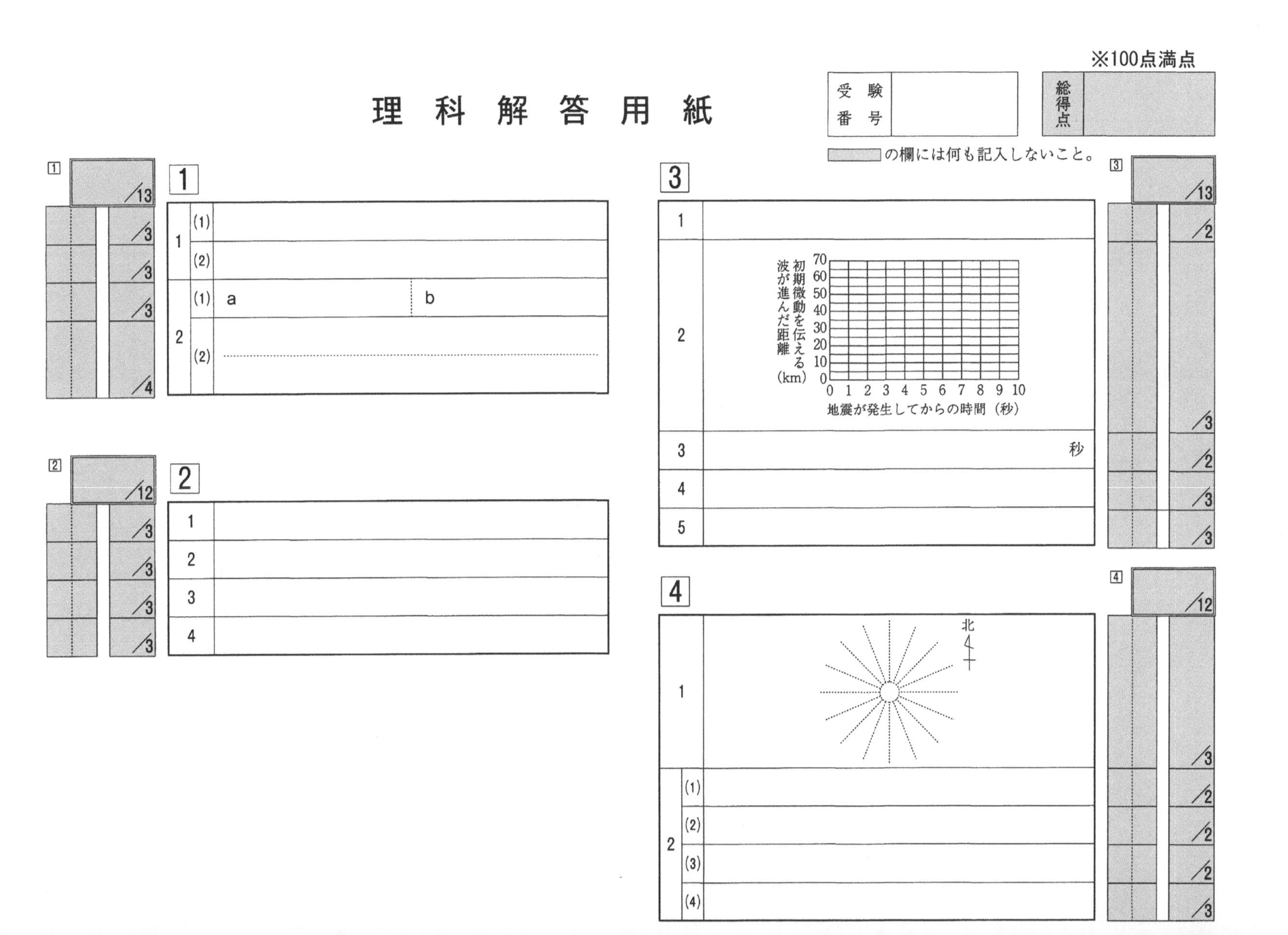

理 科 解 答 用 紙

※100点満点

受験番号	

総得点	

■の欄には何も記入しないこと。

1

			配点
1	(1)		/3
	(2)		/3
2	(1)	a　　b	/3
	(2)		/4

1 計 /13

2

		配点
1		/3
2		/3
3		/3
4		/3

2 計 /12

3

		配点
1		/2
2	初期微動を伝える波が進んだ距離 (km) 0–70 ／ 地震が発生してからの時間（秒） 0–10	/3
3	秒	/2
4		/3
5		/3

3 計 /13

4

			配点
1		北	/3
2	(1)		/2
	(2)		/2
	(3)		/2
	(4)		/3

4 計 /12

【解答用

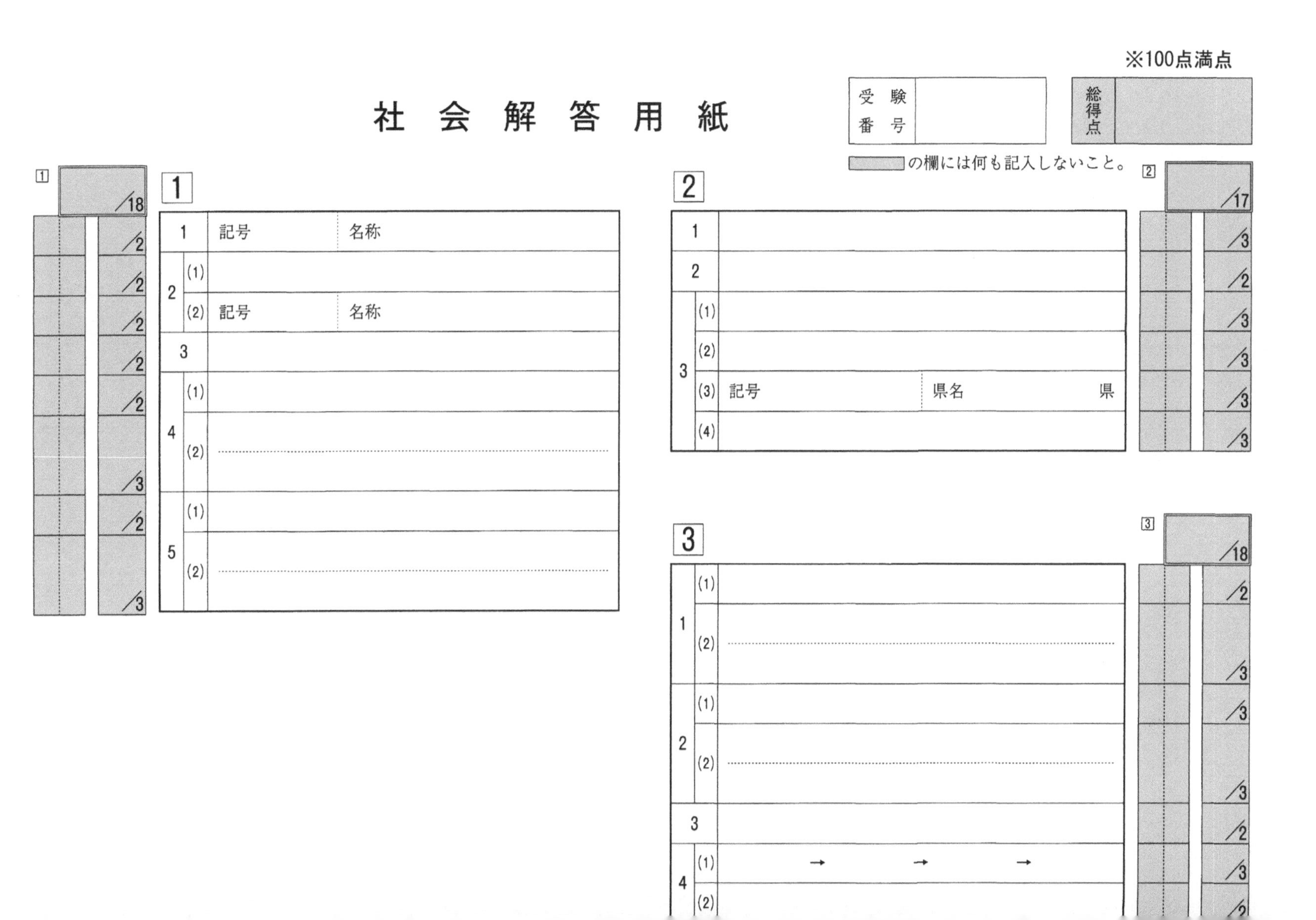

社　会　解　答　用　紙

※100点満点

受験番号		総得点	

の欄には何も記入しないこと。

1　/18

				配点
1		記号	名称	/2
2	(1)			/2
2	(2)	記号	名称	/2
3				/2
4	(1)			/2
4	(2)			/3
5	(1)			/2
5	(2)			/3

2　/17

				配点
1				/3
2				/2
3	(1)			/3
3	(2)			/3
3	(3)	記号	県名　　県	/3
3	(4)			/3

3　/18

			配点
1	(1)		/2
1	(2)		/3
2	(1)		/3
2	(2)		/3
3			/2
4	(1)	→ → →	/3
4	(2)		/2

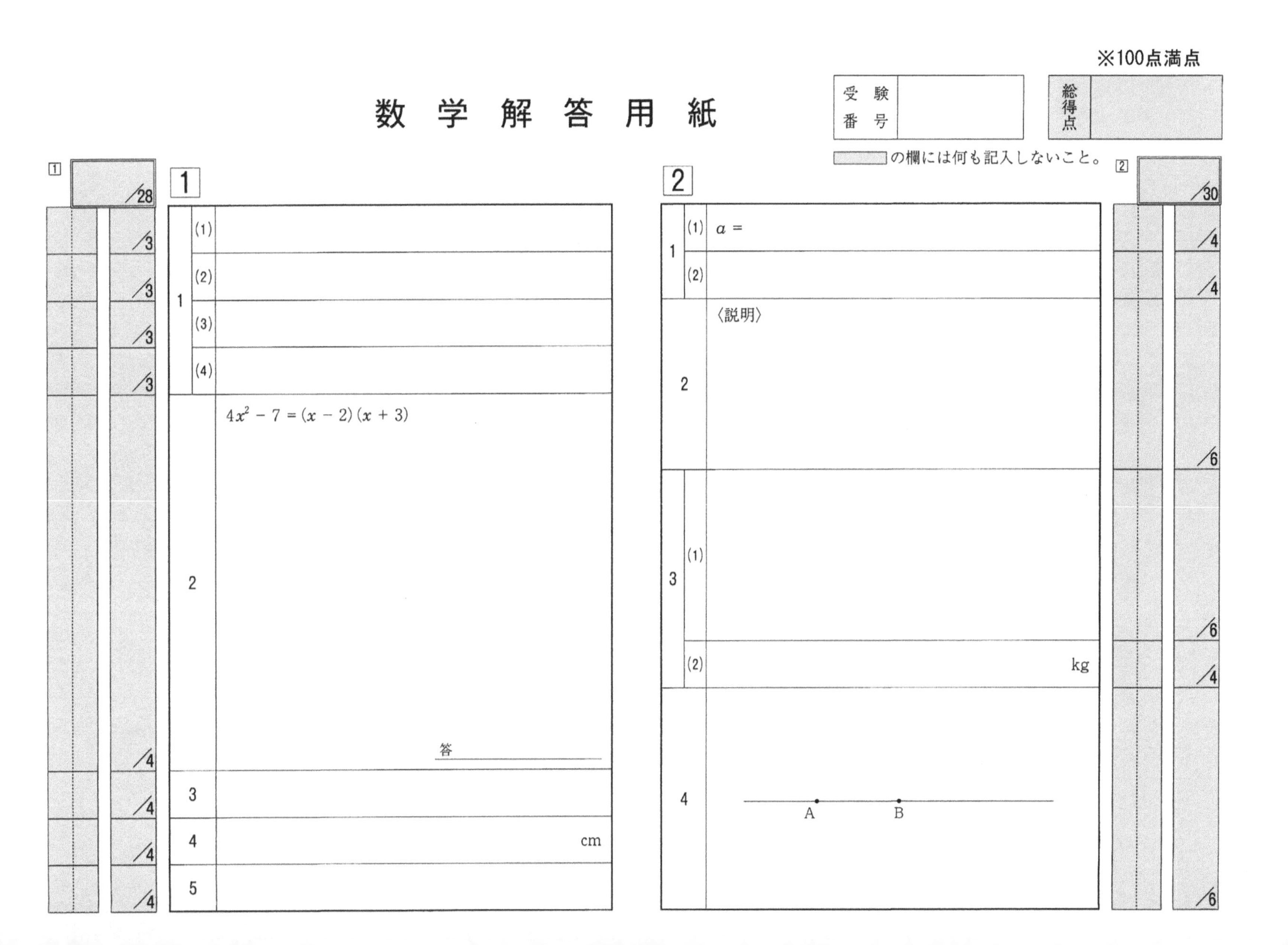

※100点満点

数 学 解 答 用 紙

受験番号	

総得点	

（灰色）の欄には何も記入しないこと。

1　（1）/28

			配点
1	(1)		/3
	(2)		/3
	(3)		/3
	(4)		/3
2		$4x^2 - 7 = (x - 2)(x + 3)$ 答	/4
3			/4
4		cm	/4
5			/4

2　（2）/30

			配点
1	(1)	$a =$	/4
	(2)		/4
2		〈説明〉	/6
3	(1)		/6
	(2)	kg	/4
4		A B	/6

【解答

国語解答用紙

※100点満点

受験番号

総得点

の欄には何も記入しないこと。

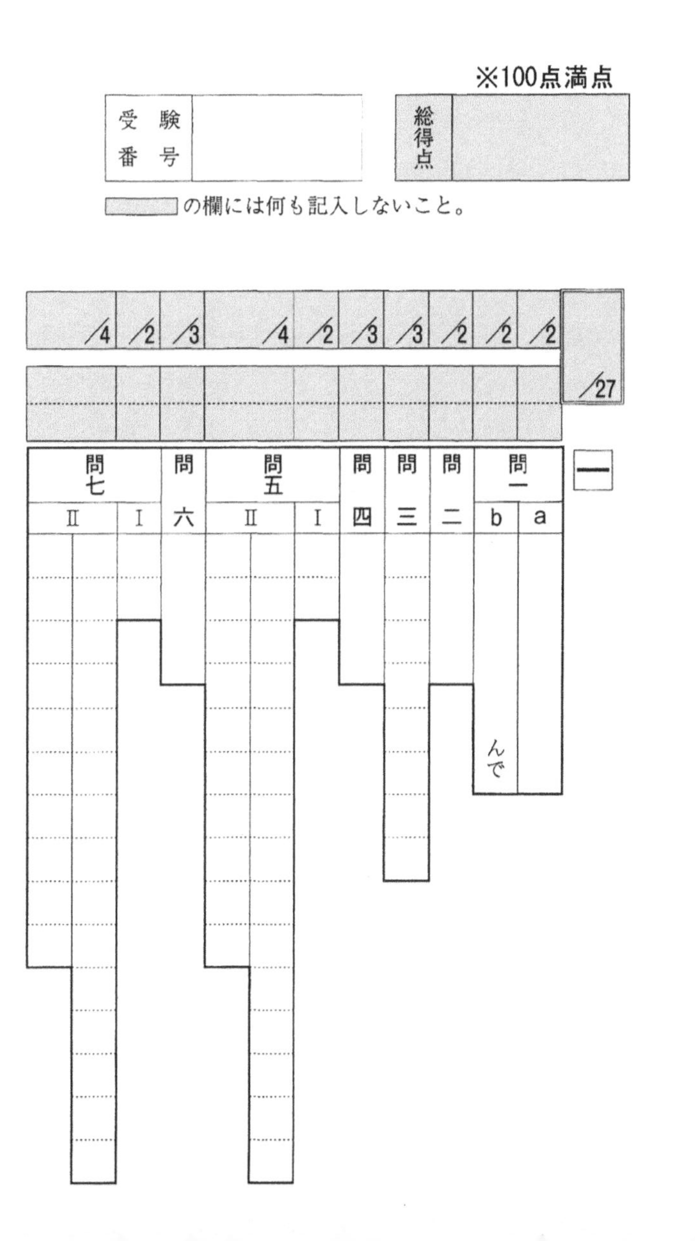

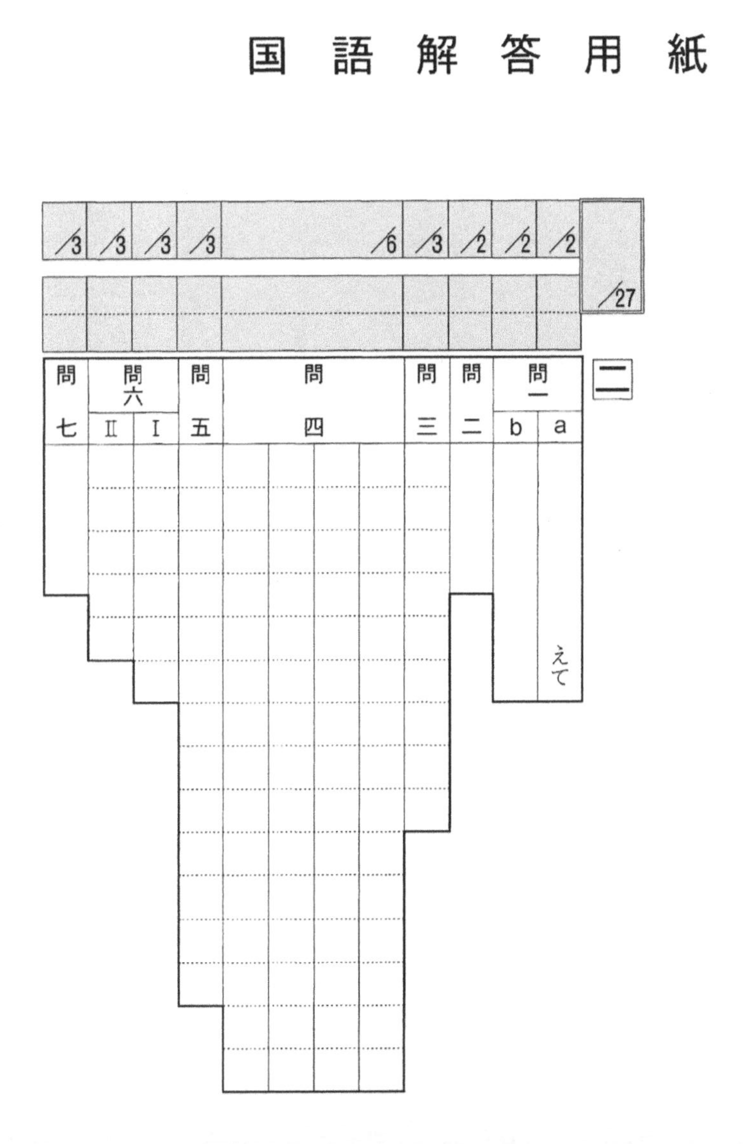

【解答

※音声は収録しておりません

英語リスニングテスト台本

〔注〕（　　）内は音声として入れない。

ただいまから，リスニングテストを行います。問題は１，２，３，４の四つです。聞いている間にメモをとってもかまいません。　（間３秒）

それでは**１**の問題から始めます。問題用紙１ページの**１**を見てください。　（間５秒）

これから，No.１とNo.２，それぞれの場面の対話文を読みます。それぞれの場面の対話文を読んだあと，クエスチョンと言って質問します。その質問の答えとして最もふさわしいものを，**ア**，**イ**，**ウ**，**エ**の中から一つずつ選び，記号で答えなさい。英文は１回読みます。　（間２秒）

では，始めます。　（間２秒）

No.1　*(Mother)*: Can you go shopping, Nick?

(Nick): Yes, Mom. But now I'm writing an e-mail to my friend. So, I can go in ten minutes. Is that OK?

(Mother): Sure. It's going to be rainy soon. You should take this.

(Nick): OK.　（間２秒）

Question: What should Nick take to go shopping?　（間５秒）

No.2　*(Bob)*: Hi, Aki. Did you see Takeshi?

(Aki): Yes, Bob. I saw him at the gym an hour ago. If he isn't there now, he may be in the library or the science room.

(Bob): Really? I was with him in the library thirty minutes ago. Then he left the library. What is he usually doing around this time?

(Aki): He usually visits the teachers' room to help Mr. Kato every day.

（間２秒）

Question: Where did Aki see Takeshi an hour ago?　（間10秒）

これで，**１**の問題を終わり，**２**の問題に移ります。問題用紙１ページの**２**を見てください。（間２秒）

まず最初に，そこにある「由紀さんが使っているメモ」をよく見てください。（間５秒）

これから，中学生の由紀(Yuki)さんが，留学生のマイク(Mike)さんにインタビューをします。これを聞いて，「由紀さんが使っているメモ」の**ア**，**イ**，**ウ**にそれぞれあてはまる日本語を書きなさい。英文は２回読みます。（間２秒）

では，始めます。　（間２秒）

(Yuki): Hello, Mike. I hear you have lived here in Yamagata for six months. Did you come to Japan six months ago?

(Mike): No, I came to Japan two years ago and lived in Yokohama for one and a half years. Then I moved here.

(Yuki): I see. Well, what clubs are you in?

(Mike): At first, I was in the soccer club. But I became interested in Japanese art when I visited an art museum. And now I'm in the art club.　（間10秒）

3 山形県酒田(さかた)市に住む中学生の次郎(Jiro)さんは，社会科の授業で食料自給率(food self-sufficiency rate)について学習したとき，日本における過去約50年の食料自給率の推移と，国内のランキングに興味を持ち，インターネットで調べました。次は，グラフと表を見ている，次郎さんと留学生のアン(Ann)さんの対話です。グラフ，表および対話について，あとの問いに答えなさい。

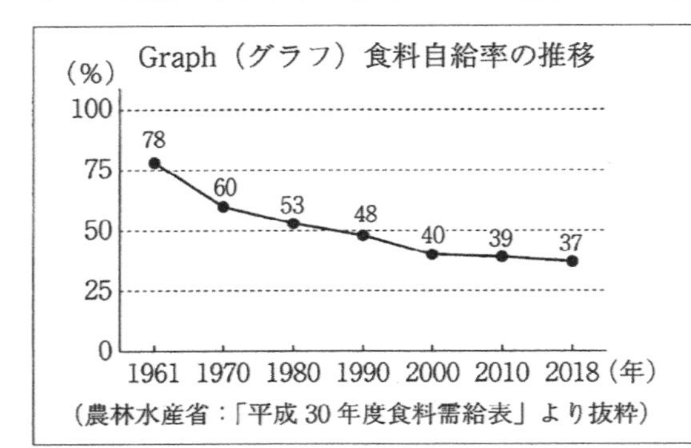

（農林水産省：「平成30年度食料需給表」より抜粋）

Table(表)　（令和元年食料自給率　%）

X	216
秋田	205
Y	145
Z	123
新潟	109
岩手	107

（農林水産省　都道府県別食料自給率　カロリーベースより作成）

Jiro: My grandparents have been farmers and have grown rice for about half a century in Tsuruoka, Yamagata. And my parents go there from my house in Sakata to help them. I'm *proud of their work.

Ann: That's so nice! I like rice. Most people in Japan eat rice every day, right?

Jiro: It's difficult to say. I think more people have bread or noodles in Japan, so the food self-sufficiency rate has been going down. We can see it from the graph.

Ann: Do you know why?

Jiro: Yes. I checked Japanese *eating habits on the internet. ①<u>I learned that they have been changing these fifty years</u>. Many kinds of different food from abroad are liked by Japanese people.

Ann: I see.

Jiro: The table shows the *rankings of food self-sufficiency rates. You see the *rates of the north part of Japan are high. The rate of Yamagata is higher than that of Aomori.

Ann: I see. Hokkaido is the highest, right?

Jiro: That's right. The *government says it will try to increase the food self-sufficiency rate up to 45% by 2030. I think we should have *domestic crops.

（注）proud　誇りを持った　　eating habits　食生活　　ranking　順位　　rate　割合
government　政府　　domestic crops　国産農作物

1　表中のX～Zには，山形，青森，北海道のいずれかの都道府県名が入ります。対話の内容に即して，X～Zのそれぞれにあてはまる都道府県名を，日本語で書きなさい。

2　下線部①について，次郎さんはこの50年間でどのような変化が起きていると述べていますか。対話の内容に即して，具体的に日本語で書きなさい。

3　グラフ，表および対話の内容に合うものを，次のア～オから二つ選び，記号で答えなさい。

ア　The table shows the food self-sufficiency rate of Iwate is higher than that of Niigata.
イ　Jiro's grandparents have been rice farmers for about fifty years in Yamagata.
ウ　Ann thinks that most Japanese people eat rice every day, and Jiro agrees with her idea.
エ　We can see the Japanese food self-sufficiency rate has been going down from the graph.
オ　Jiro doesn't think that trying to increase the food self-sufficiency rate is good.

4 中学生の将生(Masaki)さんは姉の詩(Uta)さんと話し合い，入院中の妹の春奈(Haruna)さんを励まそうと考えました。次の英文は，その前後の関連する事柄を書いたものです。これを読んで，あとの問いに答えなさい。

Masaki is a junior high school student. He lives with his parents and two sisters in Tokyo. His *elder sister, Uta, is sixteen years old. His younger sister, Haruna, is nine years old. His parents are busy, so Masaki and Uta sometimes take care of Haruna. They sometimes take Haruna to the park near their house and enjoy looking at flowers because she likes flowers. Haruna also likes rabbits and has a rabbit at home. She calls it "Mimi."

One Sunday in March, Haruna got sick and had to be in hospital. Then, the next Saturday, Masaki visited Haruna in the hospital with his family. When he saw her, she looked sad. "How do you feel, Haruna?" he asked. "Not so good. ①<u>This is not my home.</u> How is Mimi?" she said. (A) Her voice was very small.

When they left the hospital, Haruna was still worried about her rabbit. At home, Masaki asked his parents, "How long will Haruna have to be in hospital?" His father answered, "Her doctor says she has to be in hospital for about three weeks. She can't go to school, though the new school year will start on April 5th. She has been in hospital for six days, and she will have to be there for two more weeks. She'll have a difficult time." Uta listened to them and said, "I want to do something for her." (B) He wanted to do something, but didn't know what to do for his younger sister.

A few days later, Masaki was reading a book about arts and crafts. It showed some *works made with many kinds of *fallen leaves. He found one interesting picture among them. Fallen leaves were put on a *corkboard with *glue. A picture of an animal was drawn on the corkboard. "It looks fun. We can *cheer her up with this," he thought. "Uta, I have a good idea to cheer up Haruna," said Masaki. "What is it?" said Uta. (C) "Look at this. Let's draw Mimi with *cherry blossom *petals. I'm going to collect fallen petals in the park. Haruna loves cherry blossoms in the park. I'm sure she will like it," said Masaki. "Sounds nice! I'll go to the shop to get a corkboard and glue. We'll visit Haruna this Saturday, so ②<u>we don't have much time to do that,</u>" said Uta.

The Saturday came. Masaki, Uta and their parents visited the hospital. "This is for you, Haruna," said Masaki and Uta. When their sister saw the corkboard, she was surprised and said, "Oh, is this my rabbit, Mimi? Did you make this for me?" Masaki said, "Yes. The petals were in the park we often visit. We made this with them." (D) *Below the rabbit on the corkboard, she saw the message from Masaki and Uta: "Get well, Haruna! Your rabbit, Mimi, is waiting for you." She read the message and said, "Thank you very much. I'm happy to feel *as if I were with Mimi. I'm sure I can go home soon." Masaki, Uta and their parents were all happy to see Haruna's smile.

(注) elder 年上の　work 作品　fallen leaves 落ち葉　corkboard コルクボード
glue のり　cheer up ～ ～を元気づける　cherry blossom 桜の花　petal 花びら
below ～ ～の下に　as if ～ まるで～のように

1　下線部①と言ったときの，春奈さんの気持ちに最も近いものを，次のア～エから一つ選び，記号で答えなさい。

ア　I feel this room is good.　　イ　Staying here is very nice.

ウ　I want to go home soon.　　エ　I know this is not my home.

2　次の英文を，本文の流れに合うように入れるとすれば，どこに入れるのが最も適切ですか。（ A ）～（ D ）から一つ選び，記号で答えなさい。

Masaki thought so, too.

3　下線部②について，詩さんは何をする時間がないと言ったのですか。本文の内容に即して日本語で書きなさい。

4　本文の内容に即して，次の問いに英語で答えなさい。

(1)　Why do Masaki and Uta sometimes take care of their sister?

(2)　When will Haruna's school start?

5　次の英文ア～オは，それぞれ本文の内容の一部です。ア～オを，本文の流れに合うように並べかえ，記号で答えなさい。

ア　Masaki and Uta made a picture with the petals of cherry blossoms.

イ　Masaki found a good way to make Haruna happy in a book.

ウ　The picture given Haruna by Masaki and Uta cheered her up.

エ　In March, Haruna got sick and was taken to the hospital.

オ　Masaki didn't know what to do for Haruna.

6　将生さんは，将生さんが姉の詩さんと作ったコルクボードの絵を，学校の作品展で発表しました。次は，発表したときに交わされた，将生さんとＡＬＴのエマ(Emma)さんの対話の一部です。対話の［ Ⅰ ］，［ Ⅱ ］に入る適切な英語を，文脈に合うように，それぞれ**4語以上**で書きなさい。

Emma: Masaki, your work is very nice.

Masaki: Thank you. One day, I was looking for some good works in a book about arts and crafts. In the book, I saw a work ［ Ⅰ ］ many kinds of fallen leaves. The work looked great. It was spring, so I couldn't find fallen leaves. There were a lot of petals of cherry blossoms, so I used them.

Emma: I see. Is it for someone?

Masaki: Yes, it's for my sister. When my younger ［ Ⅱ ］ for about three weeks, my elder sister and I made it for her.

5 あなたの学校の英語の授業で，ＡＬＴの先生から次のような話題(Topic)と質問(Question)が与えられました。質問に対するあなたの考えを，まとまりのある内容になるように，**４文以上の英文**で書きなさい。

ALT の質問

> **Topic**
>
> We can get information through different *media. The number of people who read newspapers has been going down *year after year. *On the other hand, many people get information through the internet today. Let's think about how to get information.
>
> **Question**
>
> Do you get information from newspapers or from the internet? Tell me your answer and the reason.

（注） media(medium の複数形) 媒体　year after year 年々　on the other hand その一方で

4 里香さんは，山形県のある地点で気象観測を行った。次は，里香さんがまとめたものの一部である。あとの問いに答えなさい。

【気象観測】

山形県内のある地点において，その日の天気，風向，風力を調べた。表は，その結果をまとめたものである。また，気象観測を行った日の日本付近の天気図について，インターネットで調べた。図1は，その結果を示したものである。

表

天気	晴れ
風向	西北西
風力	3

図1

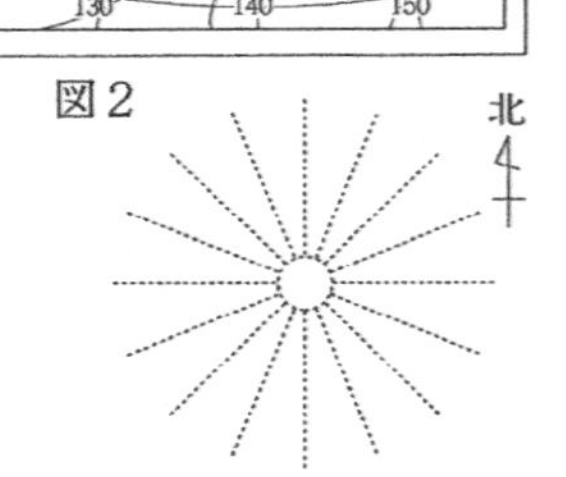

1　表から，里香さんが気象観測を行ったときの天気，風向，風力を天気図記号を用いて図2にかきなさい。

図2

北

2　図1は，日本の冬に特徴的（とくちょうてき）な天気図である。次の問いに答えなさい。

(1)　次は，図1の天気図についてまとめたものである。［　X　］にあてはまる言葉を書きなさい。

> 図1のような，日本の冬によく見られる気圧配置を，［　X　］の冬型の気圧配置という。

(2)　低気圧の中心付近の風のふき方を表したものとして最も適切なものを，次のア～エから一つ選び，記号で答えなさい。ただし，➡は地上付近の風の向きを，⇨は下降気流または上昇気流を表している。

ア
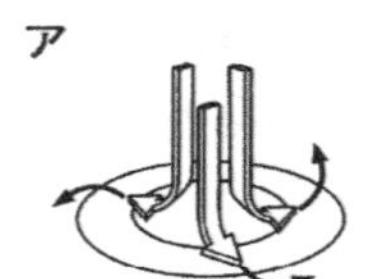

イ
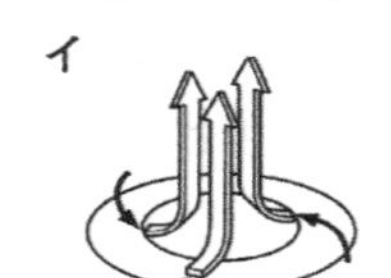

ウ
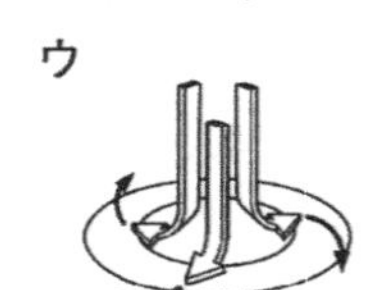

エ
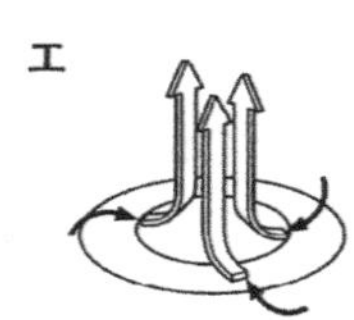

(3)　冬の天気には，大陸上で発達するシベリア気団が大きく関係する。シベリア気団について説明したものとして最も適切なものを，次のア～エから一つ選び，記号で答えなさい。

ア　暖かく湿った空気のかたまりである。　　**イ**　暖かく乾いた空気のかたまりである。

ウ　冷たく湿った空気のかたまりである。　　**エ**　冷たく乾いた空気のかたまりである。

(4)　山形県のような日本海側の地域では，冬に多くの雪が降ることがある。次は，その理由についてまとめたものである。［　Y　］，［　Z　］にあてはまるものの組み合わせとして最も適切なものを，あとのア～エから一つ選び，記号で答えなさい。

> ［　Y　］からふき出した大気が日本海の上を通過するときに［　Z　］，この空気が日本列島の山脈にぶつかることで雪を降らせる。

ア　Y　オホーツク海高気圧　　Z　温度が下がり

イ　Y　オホーツク海高気圧　　Z　水蒸気をふくみ

ウ　Y　シベリア高気圧　　Z　温度が下がり

エ　Y　シベリア高気圧　　Z　水蒸気をふくみ

5 美希さんは，携帯用カイロについて調べるために，次の①～④の手順で実験を行った。あとの問いに答えなさい。

【実験】

① 図１は，市販（しはん）の携帯用カイロのつくりを表したもので，カイロは外袋でおおわれている。カイロを外袋からとり出し，その直後の質量を電子てんびんで測定した。

② カイロを軽く振ると温かくなった。このカイロを，図２のように袋に入れて密閉すると，しばらくして発熱が止まった。

③ 発熱が止まったカイロを袋からとり出し，その直後の質量を電子てんびんで測定した。

④ 袋からとり出したカイロは，しばらくするとまた温かくなりはじめた。カイロの発熱が止まってから，カイロの質量を電子てんびんで測定した。

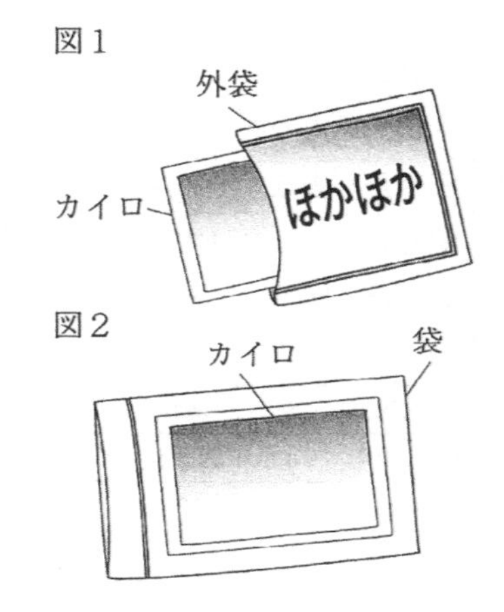

1 カイロと同じように発熱する反応の例として最も適切なものを，次の**ア**～**ウ**から一つ選び，記号で答えなさい。

ア 炭酸水素ナトリウムにクエン酸を加え，水をたらす。　**イ** 酸化カルシウムに水を加える。

ウ 塩化アンモニウムと水酸化バリウムを混ぜる。

2 実験の①で測定した質量をP，実験の③で測定した質量をQ，実験の④で測定した質量をRとするとき，P，Q，Rの大きさの関係はどのように表せるか。等号，不等号を用いて書きなさい。

3 カイロの外袋に記載されている成分を調べると，鉄粉の他に水がふくまれていた。そこでカイロを振ったときの化学変化について調べると，鉄（化学式：Fe）と水（化学式：H_2O）が空気中の酸素（化学式：O_2）と反応して水酸化第二鉄（化学式：$Fe(OH)_3$）を生じていることがわかった。このときの化学変化を化学反応式で表しなさい。

4 実験の②で，温かくなったカイロを袋に入れて密閉し，しばらくすると発熱が止まったのはなぜか，書きなさい。

6 牛脂などの油脂に多く含まれる成分であるパルミチン酸の状態変化について調べるために，次の実験を行った。あとの問いに答えなさい。

【実験】 図１のように，試験管に固体のパルミチン酸を入れ，温度計をとりつけてビーカーの水につけた。ビーカーを加熱し，パルミチン酸の温度を１分ごとに測定して記録した。図２は，その結果を示したものである。

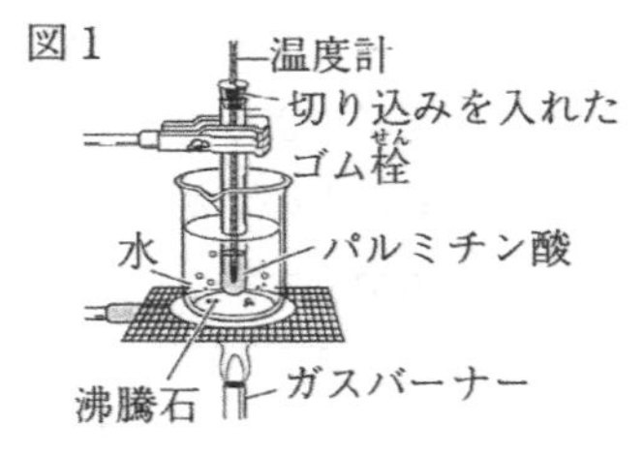

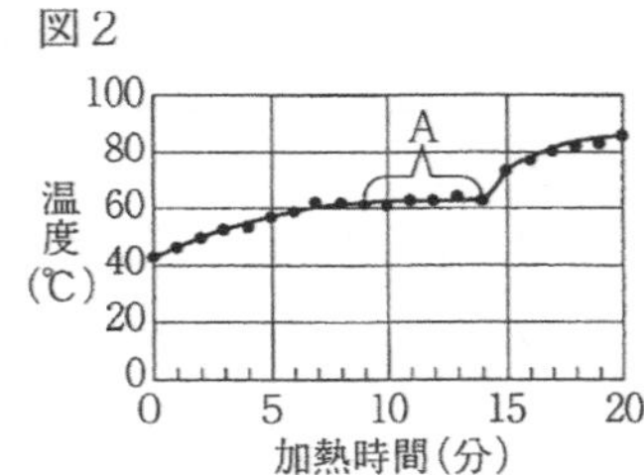

1 固体のパルミチン酸は，ある温度で液体へと変化した。このような，固体が液体に変化するときの温度を何というか，書きなさい。

2 図２のAの区間におけるパルミチン酸の状態として最も適切なものを，次の**ア**～**エ**から一つ選び，記号で答えなさい。

ア 固体のみ。　**イ** 固体と液体が混ざっている。

ウ 液体のみ。　**エ** 固体と液体と気体が混ざっている。

3　固体のパルミチン酸をすべて液体にしたときの質量と体積について説明した文として最も適切なものを，次のア～エから一つ選び，記号で答えなさい。

ア　固体から液体になると，質量と体積は大きくなる。

イ　固体から液体になると，質量は大きくなるが，体積は小さくなる。

ウ　固体から液体になると，質量は変化しないが，体積は大きくなる。

エ　固体から液体になると，質量は変化しないが，体積は小さくなる。

4　次は，実験で気づいたことについてまとめたものである。［ X ］にあてはまる言葉を，水の沸点とパルミチン酸の沸点に着目して，書きなさい。

> 実験でビーカーを加熱すると，水は沸騰したがパルミチン酸は沸騰しなかった。これは［ X ］からであると考えられる。

7　音の伝わる速さについて調べるために，次の観測を行った。あとの問いに答えなさい。ただし，空気中を音が伝わる速さは340m/sであるものとする。

【観測】　花火大会の日に，マンションの屋上から花火を見ると，花火の中心が目線とほぼ同じ高さに見えた。また，花火が見えてからしばらくして花火が開く音が聞こえた。このときの<u>花火が見えてから花火が開く音が聞こえるまでの時間を調べると1.5秒であった</u>。

1　音の伝わり方について説明した文として最も適切なものを，次のア～エから一つ選び，記号で答えなさい。

ア　空気中でのみ伝わり，液体中や固体中，真空中では伝わらない。

イ　空気中と液体中でのみ伝わり，固体中や真空中では伝わらない。

ウ　空気中と固体中でのみ伝わり，液体中や真空中では伝わらない。

エ　空気中や液体中，固体中では伝わるが，真空中では伝わらない。

2　観測で，花火が見えてからしばらくして花火が開く音が聞こえたのはなぜか，書きなさい。

3　下線部のとき，花火が開く音は山で反射し，3.5秒後にも花火が開く音が聞こえた。図1は，観測者と花火の中心，花火が開く音が反射した位置を模式的に表したものであり，観測者の目線の高さに花火の中心と花火の音が反射した位置があるものとする。このとき，観測者の位置から花火の音が反射した位置までの距離は何mか，求めなさい。

図1

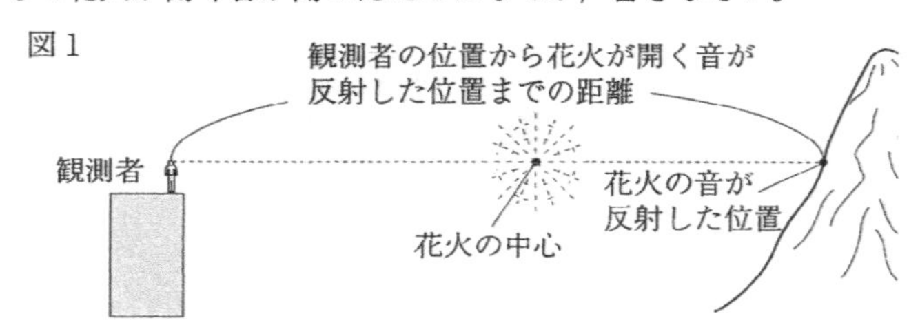

4　花火大会のとき，プールの水面に花火がうつったことに興味をもち，水をはった水そうの近くで線香花火に火をつけ，線香花火の像ができる位置を調べた。図2は，そのようすを模式的に示したものである。線香花火の像ができる位置として最も適切なものを，図2のA～Fから一つ選び，記号で答えなさい。

図2

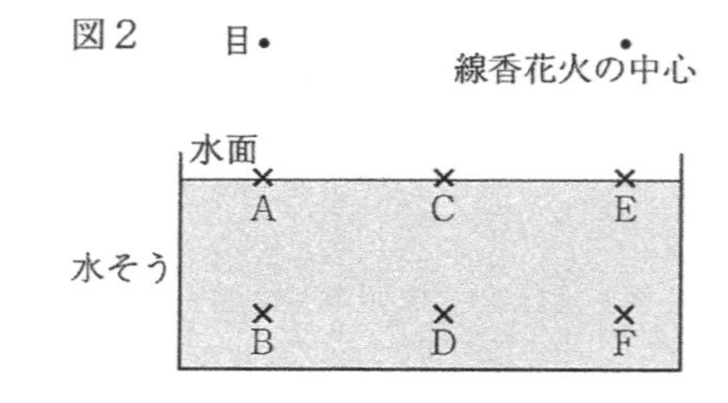

8 結衣さんは，滑車を用いたときの仕事の大きさについて調べるために，次の①，②の手順で実験を行った。あとの問いに答えなさい。ただし，物体や荷物以外の質量，ひもや滑車にはたらく摩擦は無視できるものとし，質量100g の物体にはたらく重力の大きさを1Nとする。

【実験】

① 図1のように，定滑車を使って質量2kgの物体を床から0.20m の高さまで，ゆっくりと真上に引き上げた。

② 図2のように，定滑車と動滑車を使って質量2kgの物体を床から0.20m の高さまで，ゆっくりと真上に引き上げた。

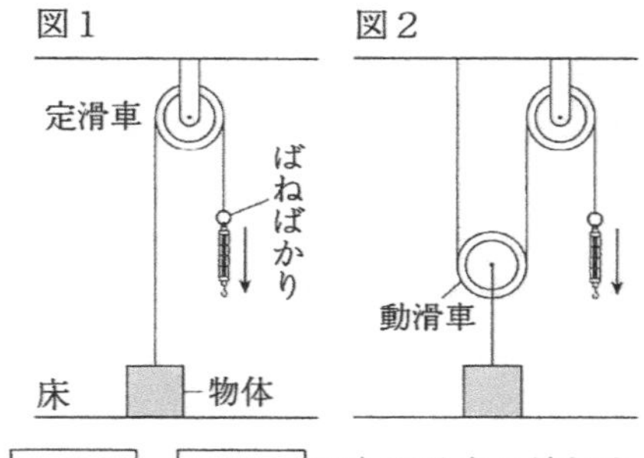

1 実験の①で，物体を床から0.20m の高さまで引き上げたとき，物体にした仕事の大きさは何Jか，求めなさい。

2 次は，実験の②についてまとめたものである。[X]，[Y]，[Z]にあてはまる適切な数値をそれぞれ書きなさい。

> 実験の②で物体を引き上げるとき，動滑車と物体を２つの力で支えているので，実験の①に比べて実験の②では，ひもに加える力の大きさは[X]倍になる。一方，ひもを引いた距離は[Y]倍になり，実験の②で物体を0.20m 引き上げたときの仕事の大きさは[Z]Jである。

3 荷物などを持ち上げるために利用されるクレーン車は，図3のように，複数の滑車を組み合わせることで，重い荷物を小さな力で持ち上げている。図4は，クレーン車に利用される滑車を模式的に表したものである。図4のクレーン車で300N の力を矢印（↓）の方向に加えて荷物を持ち上げたとき，持ち上げられる荷物の最大の質量は何kgか，求めなさい。

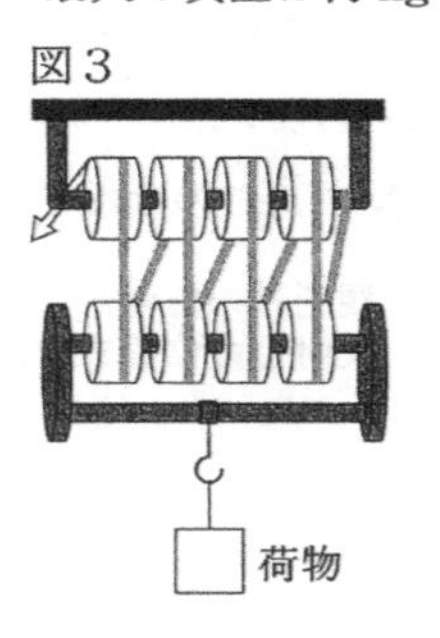

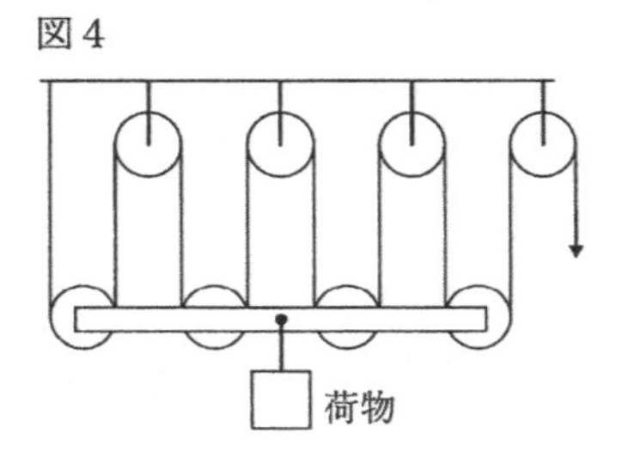

3 詩織さんは，古代から近世までの歴史の授業で，教科書に出てきた資料のうち四つをとりあげ，関連することがらを調べて表にまとめた。表を見て，問いに答えなさい。

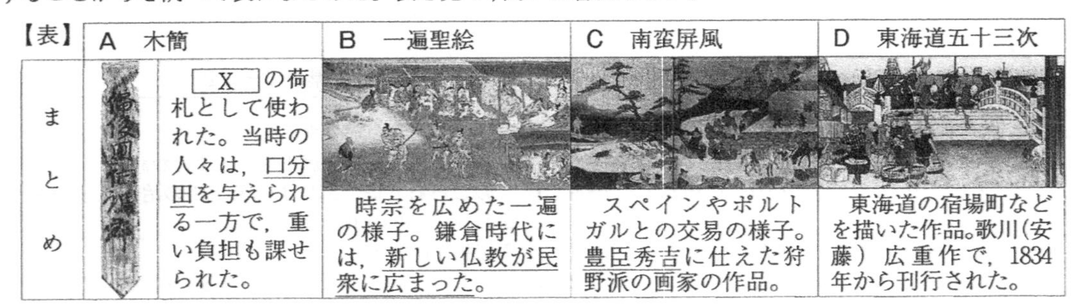

【表】	A　木簡	B　一遍聖絵	C　南蛮屛風	D　東海道五十三次
まとめ	[X]の荷札として使われた。当時の人々は，口分田を与えられる一方で，重い負担も課せられた。	時宗を広めた一遍の様子。鎌倉時代には，新しい仏教が民衆に広まった。	スペインやポルトガルとの交易の様子。豊臣秀吉に仕えた狩野派の画家の作品。	東海道の宿場町などを描いた作品。歌川(安藤）広重作で，1834年から刊行された。

1　Aについて，次の問いに答えなさい。

(1)　[X]にあてはまる，地方の特産物を都へ運んで納める税の名称を，**漢字1字**で書きなさい。

(2)　下線部について，次は，詩織さんが，口分田の不足などに対応して出された法令についてまとめたものである。[Y]にあてはまる言葉を，**開墾**，**永久**の二つの語を用いて書きなさい。

> 土地の開墾を奨励するために墾田永年私財法を出し，[Y]ことを認めた。

2　Bについて，次の問いに答えなさい。

(1)　鎌倉時代の農村の様子の説明として正しいものを一つ選び，記号で答えなさい。

ア　千歯こきなどの新しい農具が使われた。　　イ　農民らが土一揆を起こすようになった。

ウ　統一した基準で全国の検地が行われた。　　エ　草木を焼いた灰が肥料として使われた。

(2)　下線部に関連して，次は，詩織さんが，鎌倉時代の新しい仏教の特徴をまとめたものである。[Z]にあてはまる言葉を，**実践**という語を用いて書きなさい。

> 鎌倉時代に広まった新しい仏教は，貴族を中心に信仰されていた平安時代の仏教とは異なり，武士や庶民に広く伝わった。その理由は，[Z]からである。

3　Cの下線部について，豊臣秀吉が出した法令の一部を一つ選び，記号で答えなさい。

ア　キリスト教の宣教師は20日以内に帰国せよ。

イ　御家人の領地の質入れや売買は禁止する。

ウ　人を殺し，盗みをはたらいた者は引き回しの上獄門とする。

エ　許可なく勝手に結婚をしてはならない。

4　Dについて，次の問いに答えなさい。

(1)　次のア～エは，徳川家康が東海道の整備を始めた1601年から東海道五十三次刊行の1834年までの時期の外国のできごとである。ア～エを，起こった年の古い順に並べかえ，記号で答えなさい。

ア　アメリカ独立戦争が始まった。　　イ　ナポレオンがフランスの皇帝となった。

ウ　イギリスで名誉革命が起こった。　　エ　フランス革命が始まった。

(2)　1834年以後に山形県内で起こったできごとを一つ選び，記号で答えなさい。

ア　酒田を起点に西廻り航路が整備された。　　イ　清河八郎（きよかわはちろう）が尊王攘夷の活動を始めた。

ウ　上杉鷹山（うえすぎようざん）の改革で天明の飢饉（ききん）を乗りこえた。　　エ　松尾芭蕉が立石寺（りっしゃくじ）などを訪れた。

4 次の略年表は，悟さんが，近現代の日本や世界のできごとと，同時期に山形県で起こったできごとについて調べ，まとめたものである。略年表を見て，問いに答えなさい。

【略年表】

年	日本や世界のできごと	年	山形県のできごと
1876	日朝修好条規が結ばれる ……①	1876 ↑	現在の山形県が成立する
1890	第１回衆議院議員総選挙が行われる ……②	1890 A	初の衆議院議員選挙が４選挙区で行われる
		1909 ↓	このころ石井虎治郎（いしいとらじろう）による最上川の治水工事が終わり，現在の川の流れとなる
1914	第一次世界大戦が始まる ……③	1914	酒田駅が開業する
1933	ドイツで［ X ］が政権をにぎる	1933 ↑ B	山形市で当時の日本最高気温 40.8℃を記録する
		1944 ↓	山形県内に学童疎開を受け入れる
1950	朝鮮戦争が始まる ……④	1950	山形県の人口が調査開始後最も多くなる

1　略年表中の①に関連して，この３年前，征韓論をめぐって政府を去った人物がいる。そのうち二人の人物の組み合わせとして正しいものを一つ選び，記号で答えなさい。

ア　板垣退助，大久保利通　　イ　板垣退助，西郷隆盛

ウ　大隈重信，大久保利通　　エ　大隈重信，西郷隆盛

2　略年表中の②について，大日本帝国憲法のもとで衆議院とともに帝国議会を構成していた，もう一つの議院を何というか，**漢字３字**で書きなさい。

3　略年表中のAの時期の社会や文化の説明として**適切でないもの**を一つ選び，記号で答えなさい。

ア　芥川龍之介が理知的な短編小説を著した。　　イ　北里柴三郎が破傷風の血清療法を発見した。

ウ　夏目漱石が知識人の苦悩を小説に描いた。　　エ　与謝野晶子が情熱的な短歌を発表した。

4　略年表中の③について，資料は，第一次世界大戦の前のヨーロッパ列強諸国および日本の関係を示している。［ a ］にあてはまる国の名前を書きなさい。

【資料】

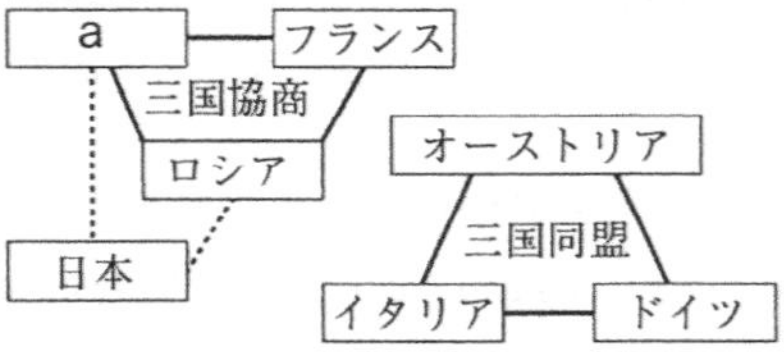

a ― フランス（三国協商）― ロシア

オーストリア ― イタリア ― ドイツ（三国同盟）

日本

……三国協商や三国同盟とは異なる同盟（協約）

5　略年表中の［ X ］にあてはまる人物名を書きなさい。

6　次のア～エは，略年表中のBの時期のできごとである。ア～エを，起こった年の古い順に並べかえ，記号で答えなさい。

ア　日本軍がハワイの真珠湾を奇襲攻撃した。　　イ　二・二六事件が起こった。

ウ　盧溝橋事件をきっかけに日中戦争が始まった。　　エ　国家総動員法が制定された。

7　略年表中の④について，このできごとによる日本への影響としてあてはまるものを一つ選び，記号で答えなさい。

ア　石油危機が起こり，日本の高度経済成長期が終わった。

イ　日本の国際連合への加盟が認められた。

ウ　軍需物資の生産による特需景気となった。

エ　バブル経済が崩壊して不景気となった。

5 優子さんは，2023年４月に行われた統一地方選挙のニュースを見て，選挙や地方自治に関連することがらを調べた。メモは，そのときにまとめたものの一部である。メモを見て，問いに答えなさい。

【メモ】

○　日本では，［　X　］が憲法の三つの基本原理の一つとなっていて，この原理に基づいて議会制民主主義（間接民主制）を採用している。このため，選挙は国民として政治に参加するための最も重要な機会となっている。

○　日本の選挙制度については，公職選挙法で具体的なことがらが定められている。選挙権年齢については，現在すべての選挙で満18歳以上となっている。①被選挙権年齢は，行われる選挙によって違いがある。

○　公職選挙法では，戸別訪問の禁止や，ポスターの掲示場所，ビラの配布枚数など，選挙運動にさまざまな規制を行っている。これは，日本国憲法で保障された表現の自由に対する制限にあたるが，公正・公平な選挙を守るために②必要な制限だと考えられている。

○　③国会については，衆議院議員の選挙では④小選挙区比例代表並立制が，参議院議員の選挙は，一つまたは二つの都道府県単位の選挙区選挙と，全国一単位の比例代表選挙が採用されている。

○　地方自治では，選挙による政治参加だけでなく，直接民主制の考え方も取り入れて，⑤条例の制定・改廃，議会の解散，議員・首長の解職などについて住民の直接請求権が認められている。

1　メモ中の［　X　］にあてはまる原理を何というか，書きなさい。

2　メモ中の下線部①について，被選挙権年齢が同じ組み合わせとして正しいものを一つ選び，記号で答えなさい。

ア　衆議院議員選挙，参議院議員選挙　　イ　衆議院議員選挙，都道府県知事選挙

ウ　参議院議員選挙，都道府県知事選挙　　エ　参議院議員選挙，都道府県議会議員選挙

3　メモ中の下線部②に関連して，人権が制限されるときに使われる「社会全体の利益」を，日本国憲法では何と表現しているか，書きなさい。

4　メモ中の下線部③に関連して，国会のうち特別会（特別国会）の説明として正しいものを一つ選び，記号で答えなさい。

ア　毎年１回，１月中に召集され，150日間開かれる。

イ　衆議院の解散による総選挙の日から30日以内に召集される。

ウ　衆議院の解散中，緊急の必要が生じたときに，内閣の求めにより参議院だけで開かれる。

エ　内閣が必要と認めたときや，いずれかの議院の総議員の４分の１以上の要求で召集される。

5　メモ中の下線部④について，資料は，小選挙区制と比例代表制の選挙について優子さんが見つけたものである。優子さんは，資料を見て，「二つの選挙制度のうち，より民意を反映させているのは比例代表制である」と考えた。その理由を，資料から読み取れることに触れて，**死票**という語を用いて書きなさい。

【資料】

		得票数	結果
小選挙区制	A候補	500票	当選
	B候補	300票	落選
	C候補	200票	落選
比例代表制（定数３）	A党	1,500票	２人当選
	B党	900票	１人当選
	C党	600票	当選なし

6　メモ中の下線部⑤について，ある市で住民が条例の制定の直接請求をする場合，その市の有権者数を20万人とすると，最低でも何人分の署名が必要になるか，**算用数字**で書きなさい。

6 哲郎さんは，テレビやインターネットなどのニュースを見て，疑問点についてまとめた。表のA～Cは，そのときまとめたものの一部である。表を見て，問いに答えなさい。

【表】

	A	B	C
ニュースの内容	円安ドル高が急激に進むなど，為替相場（為替レート）が短期間に大きく変動している。	各銀行が，ATMなどの利用手数料を引き上げている。また，日本銀行の総裁が10年ぶりに交代した。	③国の税収が，2022年度に3年連続で過去最高となった。一方，国は2024年度から森林環境税の導入を予定し，ほかにも増税を検討している。
疑問点	以前円高が急激に進んだときも，経済に大きな影響が出て問題になったという。円高・円安は，国の経済にどのような影響をおよぼすのだろうか。	①手数料以外で，銀行が利益（利潤）を得る方法はないのだろうか。また，②日本銀行の働きや役割とは，どのようなものなのだろうか。	税金の種類にはどのようなものがあるのだろうか。また，山形県では2007年度から「やまがた緑環境税」を導入しているが，その内容や国の森林環境税との違いを知りたい。

1　Aについて，為替相場（為替レート）が円安から円高に変化したときの，日本の企業に対する影響の説明として正しいものを一つ選び，記号で答えなさい。

ア　輸入品の国内での価格は上昇し，自動車など日本の輸出企業は利潤が増える。

イ　輸入品の国内での価格は上昇し，自動車など日本の輸出企業は利潤が減る。

ウ　輸入品の国内での価格は下落し，自動車など日本の輸出企業は利潤が増える。

エ　輸入品の国内での価格は下落し，自動車など日本の輸出企業は利潤が減る。

2　Bについて，次の問いに答えなさい。

(1)　下線部①について，資料Ⅰは，銀行と一般の家計・企業との間の金融のしくみを示している。次は，哲郎さんが資料Ⅰを見てまとめたものである。［　X　］にあてはまる言葉を，**利子**，**貸し出し**，**預金**の三つの語を用いて書きなさい。

【資料Ⅰ】

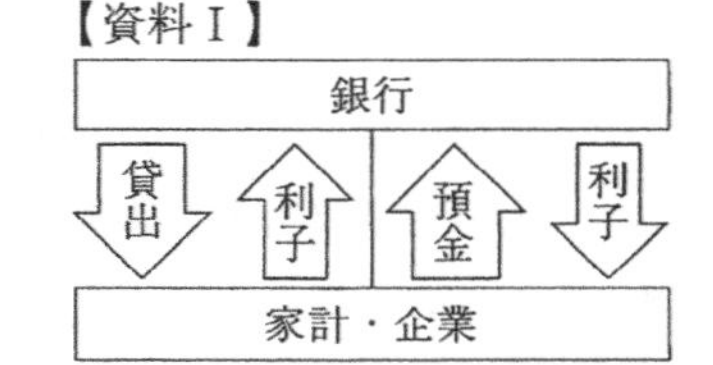

銀行は，［　X　］。その差額が銀行の利益（利潤）となる。

(2)　下線部②についての説明として**適切でないもの**を一つ選び，記号で答えなさい。

ア　日本の紙幣を発行できる唯一の銀行である。　イ　政府の資金の出し入れを行う。

ウ　家計や企業から高額の預金を受け入れる。　エ　一般の銀行に対してお金を貸し出す。

3　Cについて，次の問いに答えなさい。

(1)　税金を負担する人と，その税金を納める人が同じである税を一般に何というか，書きなさい。

(2)　下線部③について，国に納められた税金はさまざまな用途に使われており，中でも社会保障費の割合が最も高くなっている。資料Ⅱのa～dは，社会保障における4つの柱を示したものである。a，cの説明として正しいものを，それぞれ次のア～エから一つずつ選び，記号で答えなさい。

【資料Ⅱ】

a　社会保険
b　公的扶助
c　社会福祉
d　公衆衛生

ア　国民が健康に生活するために生活環境の改善や感染症などの予防を目指す。

イ　国民が病気やけがなどで収入を得られなくなった際に一定の給付を行う。

ウ　最低限の生活が困難な人々に対して生活費や教育費などの給付を行う。

エ　高齢者や障がいのある人など，社会の中で弱い立場になりやすい人々へ支援を行う。

3　次の問題について，あとの問いに答えなさい。

〔問題〕

　ある中学校では，古紙を集めてトイレットペーパーと交換するリサイクル活動を行っています。集めている古紙は，新聞紙，段ボール，雑誌の３種類で，右の表は，トイレットペーパー１個と交換できる重さを表したものです。

古紙の種類	トイレットペーパー１個と交換できる重さ(kg)
新聞紙	12
段ボール	14
雑誌	17

　ある日，古紙の重さを量ってみると，３種類の古紙を合わせて577kgで，トイレットペーパー41個と交換できました。また，トイレットペーパーと交換した古紙のうち，段ボールはトイレットペーパー20個と交換できました。トイレットペーパーと交換した新聞紙の重さは何kgですか。

　ただし，交換したときに，３種類それぞれの古紙に余りや不足は出ていないものとします。

(1)　この問題を解くのに，方程式を利用することが考えられる。どの数量を文字で表すか示し，問題に含まれる数量の関係から，１次方程式または連立方程式のいずれかをつくりなさい。

(2)　トイレットペーパーと交換した新聞紙の重さを求めなさい。

4　下の図のような直線ＡＢがある。次の【条件】の①～③をすべてみたす点Ｐを，定規とコンパスを使って作図しなさい。

　ただし，作図に使った線は残しておくこと。

【条件】

① 線分ＡＢと線分ＢＰの長さが等しい。
② ∠ＡＢＰの大きさは150度である。
③ 点Ｐは直線ＡＢより上にある。

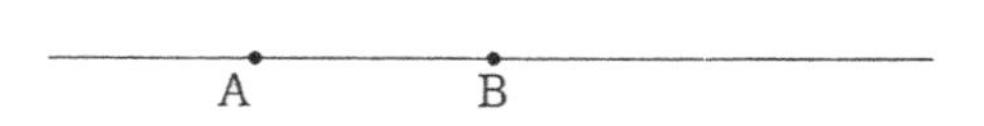

3 下の図1のような，1辺の長さが6cmの立方体ABCD－EFGHの頂点Aから2点P，Qが同時に辺上を進む。点Pは毎秒2cmの速さでA→B→Fと進み，点Qは毎秒3cmの速さでA→D→H→Eと進む。点Aを出発してからx秒後の三角すいAEPQの体積を$y$cm^{3}とする。このとき，それぞれの問いに答えなさい。

図1

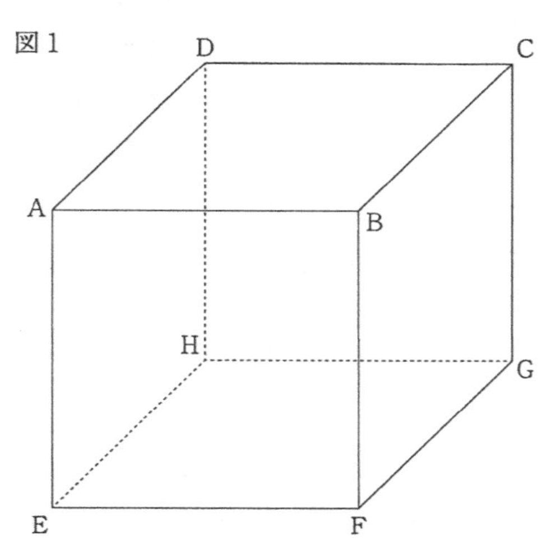

1　次の問いに答えなさい。

(1)　$x = 1$のとき，yの値を求めなさい。

(2)　下の表は，点PがA→B→Fと進み，点QがA→D→H→Eと進んだときのxとyの関係を式に表したものである。［ア］～［ウ］にあてはまる数または式を，それぞれ書きなさい。

表

xの変域	式
$0 \leqq x \leqq 2$	$y =$ ［ア］
$2 \leqq x \leqq 3$	$y = 12x$
$3 \leqq x \leqq 4$	$y =$ ［イ］
$4 \leqq x \leqq 6$	$y =$ ［ウ］

図2

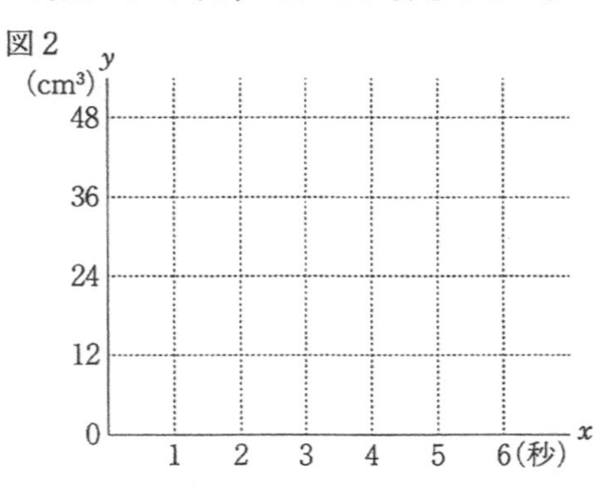

(3)　(2)のときのxとyの関係を表すグラフを解答用紙にかきなさい。

2　$y = 18$ のとき，x の値をすべて求めなさい。